上海交通大學

百年报刊集成

第一辑（1896—1949）

学 术 学 科

国文卷（第三册）

上海交通大学
档案文博管理中心 编

目　录

《南洋大学国文成绩第三集》简介

该书出版于1926年，由南洋大学国文教员李颂韩、邹登泰评选，邹登泰校订[①]，1922年书稿即成，并由交大时任校长卢炳田、李颂韩分别作序，延至1926年即30周年校庆之际付梓出版，由时任校长凌鸿勋题署；书册为铅印线装本，全8册（卷），32开，定价每部大洋1元，由上海天一书局印行，苏州振新书社、上海苏新书社总发行，上海商务书馆、扫叶山房，南京天一书局，无锡文华书局及商务印书馆各省分馆分发经售。

该书延续《南洋公学新国文》《南洋公学国文成绩二集》，"宗旨之纯正一如前两编，程度之高超一如前两编，文笔之奇逸一如前两编"，因此结合出版时校名"南洋大学"，定书名为《南洋大学国文成绩第三集》。收录的文论，"凡二集以后未经采选者均行采选，亦五六年校课之菁华也"。至于具体收录年份，卢炳田校长所作序中称系"丁巳、庚申间之课艺"，[②]也就是1917年至1920年之间的学生优秀国文课业作品。

该书编纂体例大体如前，分17类，共计318篇。具体类别、篇数、例文标题、所在卷数，如下表：

序号	类别	篇数	例文标题	所在卷数
1	原类	7	《原才》	卷一
2	释类	8	《释气》	卷一
3	读类	13	《读王右军兰亭集序》	卷一
4	经论类	24	《惟天地万物父母论》	卷二

① "版权页"，《南洋大学国文成绩第三集》，上海天一书局，1926。

② 卢炳田：《南洋大学国文成绩第三集·序》，《南洋大学国文成绩第三集》，上海天一书局，1926。

续表

序号	类别	篇数	例文标题	所在卷数
5	性理论类	10	《以仁治人以义治我论》	卷二
6	史论类	64	《尧置谏鼓立谤木论》	卷三、卷四
7	子论类	17	《杨之学似老墨之学似佛论》	卷五
8	合论类	14	《曹沫荆卿合论》	卷五
9	通论类	31	《沃土之民不材瘠土之民莫不向义论》	卷六
10	书牍类	4	《拟上大总统论清理外债书》	卷六
11	时务论类	15	《中国宜注重满蒙主权论》	卷七
12	说类	14	《说电》	卷七
13	书后类	25	《书史记儒林列传后》	卷七
14	问类	22	《问柳子厚在柳州设法赎回奴婢其用意安在》	卷八
15	感言类	8	《五国公使劝告南北息争感言》	卷八
16	杂文类	17	《吊屈原贾谊》	卷八
17	古今体诗类	25	《泛舟至梅园》	卷八

所收文论，形成于1917年至1920年之间，正值新文化运动、五四运动前后，各种思想文化风起潮涌，政治流派竞相登台。五四运动前后，工人运动在全国逐渐开展起来，知识分子开始关注劳动群众。不少新思潮反映在《南洋大学国文成绩第三集》中，“时务论类”便收录郭守先的《劳农神圣论》和曾宪烺的《劳工神圣论》。

本集所收文章署名作者共计132位，多为在校附属中学部、大学部学生，此后成为近代各界知名者，除前集陈柱、邹韬奋外，还有陈维敏（即沙可夫，1919年入读附中，中国艺术教育家、剧作家）、范存忠（1920年入读附中，英语语言文学家）、沈观澜（即沈志远，1922届附中学生，经济学家、1955年当选哲学科学学部委员）、吴保丰（1921届电机专科，曾任交通大学校长）、高尔松（1922届附中学生，社会科学家）、赵曾珏（1924届电机专科，工程学家）、陈大燮（1925届机械专科，工程学家，1956年被评定为全国一级教授）、许国保（1925届电机专科，物理学家，1956年被评定为全国二级教授）、蒋士麒（1926届铁路管理科，会计学家）、沈奏廷（1921年入读附中，1928届铁路管理专科，铁路运输学家）等。

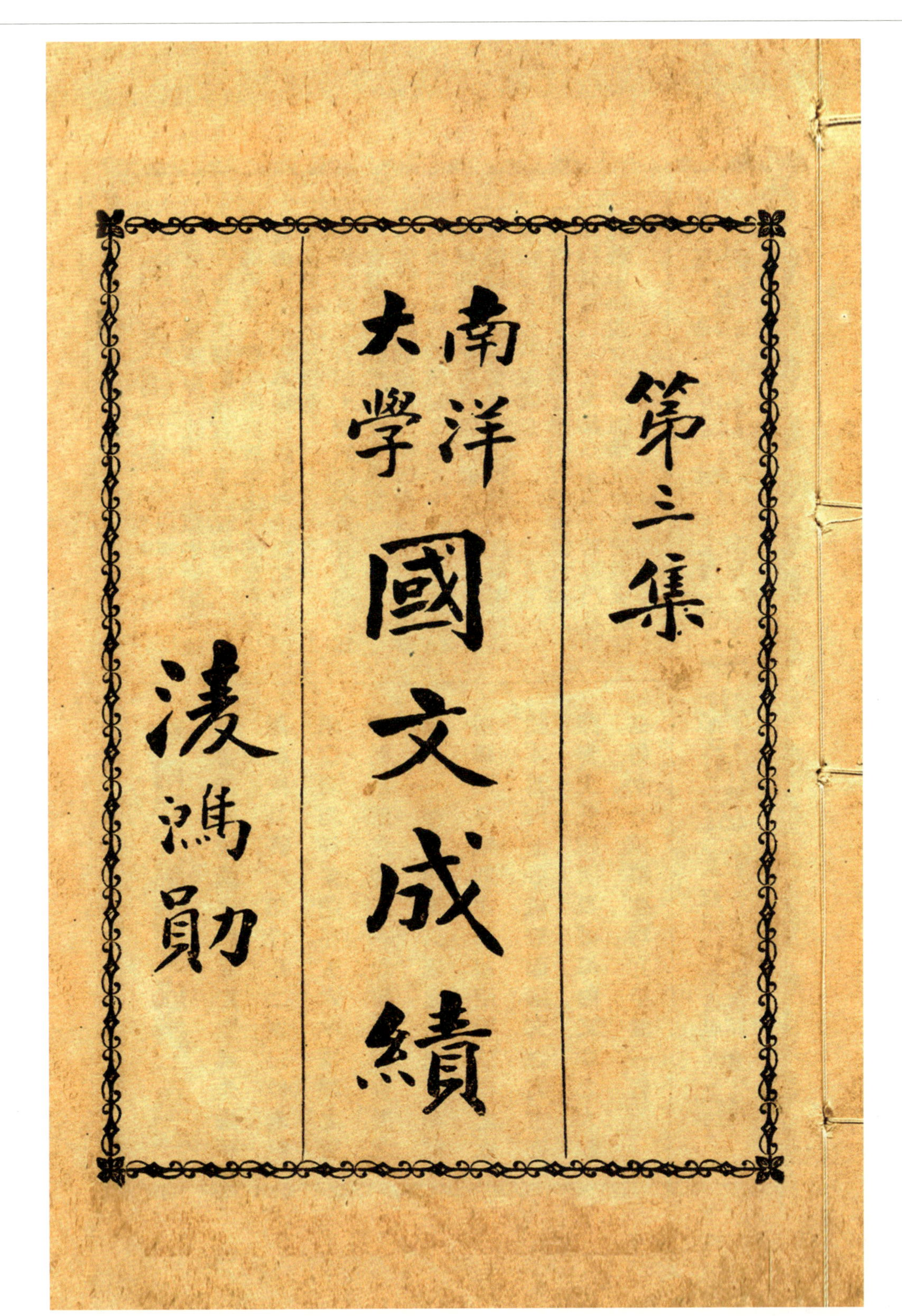

南洋大學國文成績

第三集

淩鴻勛

南洋大學國文成績初二集 巴拿瑪賽會得頭等獎

是書爲校長唐蔚芝先生鑒定原名新國文論說今改是名以昭核實將意趣揭出

一上海南洋公學開學界風氣之先國文程度久爲海內所推許本編搜羅七年校課之菁華誠學界未有之大觀也

一本編約計二百四十編無題不新有美必錄爲教育部所獎許二集尤爲豐富

一本書門分類別曰原曰釋曰說曰讀曰書後曰合論曰論曰問曰雜文雜文中若擬若傳若記若賦若文若記事各臻美備

一本編理想高超文筆奇逸脫胎於莊荀馬班諸家故多唐宋八家氣息

一本書於巴拿瑪賽會得頭等獎價値可知

一本編爲海內大文章凡高小以上若專門若師範若中學並女子各種學校均宜備置交換智識

●南洋大學國文成績三集 出版

是書爲本校國文教員鄒登泰先生評選經校長簽題印行凡二集以後未經采選者均行采選亦五六年校課之菁華也宗旨之純正一如前兩編程度之高超一如前兩編文筆之奇逸一如前兩編門分類別亦如前兩編該校之成績本爲海上各校冠而國文之高古亦非海上各校所及誠海內文章之大觀也男女各校學生均宜手置一編

定價 二集八冊一元 初集四厚冊八角 三集八冊一元

上海南京 天一書局發行 蘇州振新書社 各省商務書館 經售

南洋大學國文成績三集序

寰宇皆文也日月星辰者天之文山嶽河海者地之文典常道義者人之文飛潛動植者物之文文之爲義博矣哉彼區區揮斥筆墨論古談今者乃其顯而小焉者耳雖然言之無文行將不遠四科以文爲殿四教以文爲先聖訓煌煌光昭日月後世賢哲無不奉爲圭臬焉非盲從也文以載道屬於形上故也不寧惟是古之爲教也六藝今之爲教也三育三育者德育智育體育也六藝者禮樂射御書數也禮樂屬德育書數屬智育射御屬體育括言之六藝三育又卽孔門三達德之智仁勇也古今科學繁簡雖殊其必藉文以闡揚而光大之中外古今一焉而已天下豈有不文之人能發科學之精蘊者耶余從海外歸時輒聞文學界人云今之學堂不注重國文偏注重形下之器而形上之道將熄矣言下若不勝其忿慨者後檢南洋大學國文課藝初二兩集閱之精深茂實博大昌明多能擧天地人物之文運以精思傳以妙筆千巖競秀萬壑爭流郁郁乎大觀焉方歎人言之不足信今秋奉命來長斯校値校中改組經營擘畫日夕爲勞未暇觀風一徵其文藝之今而異於昔否適教師鄒君聞磬以代刊三集請序於余因取而閱之知爲丁巳庚申間之課藝瀏覽一過覺其精茂昌博不讓於前西子王

嬙無可軒輊此雖學子奮進之效倘非大師指導之善恐亦無以至斯也夫國家文運之盛衰世道之隆汚繫焉以一校言其文氣之醇駁亦學風之美惡繫焉庚申以前吾校固以工業專門稱而其文藝之優美乃如此是形下與形上幷進大體與大用同精彼藐視學校制之老學究見之當自愧其隘陋而曩者學風之醇美又曷怪其馳譽中外乎余喜極暇乃檢其傑出者贅以批評非但藉以誌欣慰也幷欲樹諸正鵠以召來者噫當此國學絕續之際環球獨擅之文學近且爲提倡新文化者所排莽莽前途烏知所屆余不能不爲諸生慮或曰子乃反對新文化者耶余曰否否使所謂新文化者能如宋元學案語且用諸國民教育及小部分之科學余亦極端贊同倘舉一切舊學而敝屣之而惟近所提倡之新文化是務是下喬入幽也是喜粗厭精也是鄙稻麥之常而羨稊稗之異也余則期期以爲不可知我罪我聽諸世人惟望在校諸生毋河漢斯言使過來人笑汝拙而吾校文風之盛亦因得與職業方駕無負國家作育之盛意焉幸矣壬戌重陽前三日香山盧炳田甫序

南洋大學國文成績三集序

文化者國家治亂盛衰之標準也文化進而國有不勃興乎吾未之前聞也文化退而國有不遞降乎吾亦未之前聞也吾國文化莫盛於虞夏商周之際時則歐美各國尚未開化而吾國文字如謨誥之所陳雅頌之所載日月經天江河緯地尼山紹述燦乎大備是故言吾國今日之文化不能不慨其退步此莫可諱言者也揆厥所由文化進退實視教育之興廢而定漢唐宋崇太學故文化寖昌而寖熾元明清尚科舉故文化日凌而日替其尤甚者如六代之淫荒五季之擾亂教育衰廢絃誦輟響博士倚席不講文化於是大壞而其時之文字亦多勦說雷同而無可觀本實先撥亡焉忽焉文化之於國家顧不重哉唐師之來長吾校在清光緒三十二年時進諸生循循善誘諸生亦各自矜奮彬彬焉有鄒魯遺風所有國文成績初二集由鄒聞磬先生先後出資選刊業已風行海內不脛而走乃自五四而後政治潮流之猖獗波及學界唐先生既辭職歸山弦歌之聲稍稍寖息論者追溯昔日學風之盛未嘗不咨嗟歎息焉雖然風雨如晦雞鳴不已近數年來國事蜩螗人情燕雀鄉校有廢學之憂子衿無嗣音之美而吾校學子猶得於專門學問而外研究國學固由諸先生之熱心贊助亦足徵諸生之

不自滿假引埃及印度爲己恥毅然有繼絕學開太平之宏願焉今歲夏五國文教師鄒聞磬先生又彙選成績第三集既成問序於予予維西儒以文學與美術爲文明之花斯言也蓋以美術況文學非以文學爲同於美術也自古美術之優劣亦本文化爲轉移商鼎周彝秦盤漢斝下逮唐宋之法物縷刻精美夐絕等夷泰西博物院中珍而藏之考訂者據以爲古代文明之證至若南朝纖豔之文章元代佻達之詞曲媲靑耦白徒襲陳言祭獺雕蟲無裨宏旨此類文字宜付秦燔而論者并爲一譚稱曰美術之文字不亦傎乎且所謂文明之花者花之發必有其本本茂而其花始胎花之結必有其果果大而其花益碩文明之本何在哲學是也文明之果何在科學是也有哲學以爲之本有科學以爲之果而後達之於文交柯跗蕚煒煒有光是則文學之爲文學未花以前有本以植其權輿既花以後有果以嬗其曼衍文化由是而隆文明由是而啟豈若美術之僅供人嗜玩也哉嗟乎世變日新天演淘汰歷數萬里瀛海之遙溯數千年神明之胄爲之比較其國勢吾見他國文化之普及矣他國文明之進步矣而於吾國未之見也徒見吾諸生之篤志孟晉者尚能博觀愼取合歐亞學術爲一爐而鎔鑄之引端竟委斐然成章嗚呼其可嘉也夫嗚呼其亦可慨也夫壬戌六月朔李聯珪序

南洋大學

國文成績三集目次

卷一

△原類

△釋類

卷二

▲經論類

▲▲性理論類

卷三

△史論類上

上海天一書局印行

卷四

△史論類下

上海天一書局印行

卷五

△子論類

△合論類

卷六

△通論類

上海天一書局印行

△書牘類

上海天一書局印行

卷七

△時務論類

▲說類

▲書後類

卷八

△問類

△感言類

▲雜文類

上海天一書局印行

國文成績三集目次終

南洋大學國文成績三集卷一

△原類

◉原學

范存忠

夫垂天之鵬起於一卵拔地之才始於一核然則學之起其殆權輿於人類求智之心乎學之興其殆昌明於人羣進化之中乎學之極其殆與天地並存與造化相始終乎夷攷太古混沌未鑿飢則求食飽則棄餘其民老死不相往來固無需乎學厥後生齒日繁以生計之需要於是不得不用其心以思思則得之不思則不得也勞其體以役役則能之勿役則勿能也人類求智之心日切而後世之所謂學卽胚胎乎是權輿乎是厥後人羣進化學乃益盛自片段之鑽營進而爲程序之研究卽膚淺之專攻進而爲高深之寖饋仰觀於天乃有天文之學俛察於地乃有輿地之學內省於心始有哲理之學外察於物始有博物之學惟其有學於是由穴居野處以至於華屋大廈由茹毛飲血以至於肥鮮珍饈由舟車牛馬以至於潛艇飛機由結繩書契以至於鉛機石印倘其無學則振古如斯矣其焉能文明乎且也有聖人作以爲逸居而不學則近於

禽獸。爰本人情以勸學。弱者學爲强。闇者學爲明。懦者學爲剛。愚者學爲智。春夏學詩書。秋冬學羽籥。煌煌乎極學術之盛。觀有數千年之涵煦教學而後有今日之文明焉。雖然。今之學術猶未臻乎極則也。後生者動其心以思。勞其心以役。則後此學術之盛未有限量也。後之視今。亦猶今之視昔。造化之歷程無窮。斯學術之進化亦無窮。然則學者其殆與造化相終始。其極吾不得而知之矣

筆意奔放浩乎沛然

◉原才

許應期

易之繫辭曰。一陰一陽之爲道。繼之者善也。成之者性也。性者。才之處者也。才者。性之實者也。人之生也。稟萬物之精英。吸陰陽之蘊奧。有至明之性。靈得至善之才。質固可以贊天地參化育矣。及夫物欲引誘。稟持不堅。遂至陷溺而不悟。沈淪而不返。此人格之所以有高下。而世之所以少善人也。孟子悲世人不知其才之本善而日趨於惡也。大聲疾呼。以倡性善之說。告公都子曰。若夫爲不善。非才之罪也。蓋亦慨乎其言之矣。夫性善也。才亦善也。明者知乎才之不足恃。而性之易汩滅也。擴張而光大之。充其極則爲聖賢矣。黠者陷乎利之誘。而幸乎爲惡之不足懼也。鏟除而消滅之。充其極則爲

愚不肖矣人見其人之不同而謂其才之異也又見夫世之人爲惡而謂人才惡也哀哉中庸稱天命之爲性率性之爲道率者不失其性不削其才之謂也人之才質必有道焉以濟之有道則爲善無道則爲惡有道則足以保四海無道則不足以保其躬嗟乎今世人心之惡世道之險與孟子時又加遠矣有志之士蹙首痛心於世之廉恥道喪而思欲以振救之於是倡教育以明人心然不躬行實踐而徒空言教育其害亦有不可勝言者學識足以濟其姦文章足以蔽其惡言論足以怙其過其才質愈戕賊則其爲惡亦愈甚彼非不知其才之爲善爲惡之足以戕賊其才也然倒行逆施而不顧則雖欲與言才質之善以返其迷又安可得耶夫愚而不知足以去其迷知而入愚無以解其惑其惟躬行君子乎正人心以興民德斯世之望其在茲乎

清言屑玉語妙如環

原仁

虞漢

仁之道一而所施者衆發於心爲惻隱爲羞惡爲辭讓爲是非著於外爲仁義禮智無仁則三者皆不立故合之爲一曰仁聖人盡心乎其一而其他皆至焉顧仁道恢恢至大至剛浩蕩渺茫不可端倪求仁得仁道在提綱挈領當夫獉狉之世渾渾噩噩洪水

泛濫猛獸橫行人無爪牙之利城堡之衞戮力同心相生相養冒萬難罹萬死卒能驅獸入山歸水於海民得安居凡此犧牲豈古人貪以求名哉亦盡人道之當然耳茹毛飲血穴居巢處其勢不可久迨夫聖人出爲之構宮室立市廛作之君作之師於是人類之生活備而進化之軌範立凡此制作非以求尊榮亦盡人類之責任負先覺之義務耳草昧初開無聖人之制作人類之不淪於禽獸者幾希乂安所得今日之文明哉天生蒸民於斯久矣治亂相乘災害時聞而卒有斯錦繡河山以貽吾子孫皆仁之一字所以維繫之也是故人生於世當盡一己之力行有餘力則老吾老以及人之老幼吾幼以及人之幼孤寡是恤煢獨斯矜四海一家天下大同此卽所謂仁也亦卽爲人之道也行人道之當然而仁在其中矣聖人致力於仁必先求己身之無虧人格之無缺是故正心誠意仁之本也聖人之行仁始於家庭愛己及親知末守本是故孝悌慈惠仁之始也稟斯性行斯道則四端備而仁道立推而至於四海則其爲仁也大矣吾嘗怪夫世人惽惽焉自賊自棄終身不明乎仁徒驚其大而震其難不亦哀哉吾今大聲疾呼以告世曰自身者仁之練習所也家庭者仁之試驗室也社會者仁之應用地也不知爲仁者不可以爲人也作原仁

真體內充能見其大

●原禮

徐承煥

禮者所以別尊卑分上下束身心定名分者也上古穴巢野處渾噩無知無所謂禮也然而孩提之童莫不知愛敬其長上何哉曰是天性也親親之誼不自覺而油然以生愛極而生敬故舉措之間莫不示其所以敬之之道雖不知禮而禮在是矣及於後世智識漸開而邪說亦起於是聖人防患於未然制禮以節之使無泯長幼尊卑之別非好爲繁文瑣儀以拘束天下之士也凡人自有生以來卽不能離羣而此一羣之中亦無日不相接觸苟非禮以節之則長幼無序尊卑無別大則犯上作亂小則放檢踰閑於是上下之防缺而親親之誼絕爲上者不足以御下在下者不肯以事上是大亂之徵也故管子曰禮義廉恥國之四維四維不張國乃滅亡信哉言乎且也人之身心不束則放其決也微其潰也大舉凡飲食應對進退之間無所檢束則暴亂傲慢之象相因而生再進而放檢踰閑靡所不至矣則防微杜漸可不慎哉慨自國體改革以還海內之士誤解自由平等之說而決禮義之防人倫之間無所維繫天下騷然放蕩無恥之說羣然以興其故何哉無禮以節之耳觀於此則聖人制禮之旨豈不大哉

深入顯出題蘊畢宣

原兵

沈嗣芳

在文収斤爲兵謂人拱持斤斧也國之干城手持斤斧以捍衛民故謂之兵而傳曰兵猶火也弗戢將自焚也嗟乎兵乎何昔者爲民利今則爲民害乎蓋自有飲食男女之大慾而爭端起渾噩之民角抵膚搏不知用械黃帝作五兵以戰蚩尤始知礪五金以爲殺人之器人類浩劫自茲啓矣或曰黃帝戰於涿鹿之野逐蚩尤遂奠華夏子孫世世蒙其賜曷云人類浩劫自茲啓乎曰子不見中國自黃帝以還蓋無百年而不亂者亂必戰戰必用兵暴秦七國逐鹿爭雄壯者散而之四方老弱轉而塡溝壑劉項相爭滎陽成臯之間連年不解丁壯苦軍旅老弱罷轉輸降及漢末黃巾之亂五胡南北之爭風聲鶴唳草木皆兵其後又經金元之擾滿洲之侵綿綿延延以至今日南北紛爭阻兵安忍强梁者擁兵以求其大欲懦弱者供其刀俎中原虎鬥災及無辜蕩析離居不遑寧處而海外諸國兵禍亦正未艾也然則人類浩劫非兵造之耶有識者見燎原之可畏知弗戢之將焚創爲弭兵雖然蒙有猜也夫人有爭心始有兵禍人無爭心禍不自作欲弭兵亦弭其心而已矣書曰唯口出好興戎戎之生心兵禍乃見欲弭兵亦

弭其口而已矣。不弭厥心。不弭厥口。而肆言弭兵。吾未見其有驗也。有人於此。殺人以及曰。非吾也。兵也。人有諒之者乎。徒言弭兵者。何以異此。嗚呼。古之聖人。懼茹毛飲血之傷體和也。故爲之火食。懼風雨霜露之侵肌膚也。故爲之衣服。爲之宮室。禽獸食人。夷狄侵擾也。故又爲之兵以爲捍禦。豈知適授人以自相殘殺之具乎。豈爭奪之心。根於天性。聖人欲豫防之而固有所不能乎。

始作探原之論。繼及末流之禍。高瞻遠矚。態度不凡。

●原佛

陳文松

佛教自東漢傳入中國。至今二千餘年。韓文公以一代儒宗。原道之作。於佛教未嘗研求。貿然攻擊。吾無取焉。佛爲世界大宗教之一。其能相傳至今者。自有真理在。必不與白蓮等教之僅以迷信惑人者比。苟徒逞其談鋒。肆其筆舌。加之詬誶。庸有濟乎。作原佛。

一　哲學上之佛教觀　佛者。唯心派之哲學也。其言曰。三界唯心。萬物唯識。又曰。心即是佛。曷言乎三界唯心。萬物唯識也。蓋宇宙間形形色色。本無定名。因人心之所繫而遂以名焉。本無定境。以心境之不同而因以異焉。天吾不知其爲何物也。以其氣之輕淸能覆萬物吾心以爲是殆天焉則遂天之云爾地吾不知其爲何物也以其氣之厚濁能載萬物吾心以爲是殆地焉則遂地之云爾推而至於日月山河飛潛動植其究爲何物吾不知也吾心以爲是日也月也山也河也飛潛動植也而日月山河飛潛動植遂因以名物焉推而至於紅黃黑白朱紫靑藍其究爲何色吾不知也吾心以爲是紅焉黃焉黑焉白焉朱紫靑藍焉而紅黃黑白朱紫靑藍遂因以名色焉同一境也樂者見之則花香也鳥語也山色之葱蔚也水聲之琮琤也在在足以娛人無往而非樂土憂者見之則反是同一地也畫家見之則處處足供描摹詩人見之又在在足資吟詠故三界本無定象萬物本無定名舉凡天地間一切事物皆心爲之也故曰三界唯心萬物唯識也曷言乎心卽是佛也佛也者具大智慧抱大神通不可思議心之於人亦若是也萬物皆有定界惟心無之忽驚忽喜乍怨乍愁火星與地球相距不知其幾千萬里也而一剎那間心已飄越而遨遊其間焉天堂與地獄相去不知其幾千萬重也而一瞥眼頃心已上下而往復一週焉大浸稽天而不溺大旱金石流土山焦而不熱唯心能之乘雲氣御飛龍而遊乎四海之外亦唯心能之佛之智慧佛之神通佛之不可思議不過爾爾故曰心卽是佛也或問神於揚子揚子曰心請問之曰潛天而天

潛地而地佛之所謂心所謂佛皆當作如是觀故曰佛者唯心派之哲學也佛者又達觀主義之哲學也我佛世尊見大千世界之營營擾擾無時寧息也乃創爲虛無之說謂五蘊皆空百爲盡妄何謂五蘊皆空色空受空想空行空識空是也色空者如觀畫然未加丹靑以前畫之本色存焉旣加丹靑以後而畫之本色空矣浸假而黯淡焉而毀滅焉則畫之諸色悉空矣不特此也今日所見之畫已非復昨日之畫夫昨日所見之畫已隨昨日而俱逝今日者特今日之所見耳然則昨日之畫空矣此時所見之畫已非復彼時之畫彼時之畫已隨彼時以俱逝而無復存在矣則彼時之畫空矣若是者謂之色空推之於受想行識莫不皆然卽推之一身亦莫不然今日之我非復昨日之我今年之我非復去年之我未生之前我不知其何來旣死之後我不知其何往昔者莊周夢爲蝴蝶栩栩然蝶也俄而覺則蘧蘧然周也然至於今則蝴蝶固空而莊周亦空矣此之謂五蘊皆空何謂百爲盡妄方曹孟德之釃酒臨江橫槊賦詩也固所謂一世之雄也而今則何如一坏黃土千古長埋則孟德之所爲寧非妄乎方唐明皇之夜半無人切切私誓也固所謂款款深情也而今又何如馬嵬坡下泥土中不見玉顏空死處則明皇之所爲亦妄也然則凡百所爲雖有轟烈幽鬱之不同其爲虛妄一也

故曰一切有爲法如夢幻泡影如露亦如電應作如是觀故達者處世不以境遇動其心不以外物易其志隨遇而安隨緣而住此佛教之精義也故曰佛者達觀主義之哲學也此哲學上之佛教觀也

二宗教上之佛教觀　佛既以心即是佛故其教義以明心見性爲第一義蓋人之初生其心本空洞光明毫無塵滓故不識不知何思何慮天真未鑿之前固人生至樂之時也迨年事漸長知識漸開天真日漓人欲日多於是種種魔障種種業緣因之而起浸假而魔障益深業緣益衆於是忘卻本來專爲形役以至於老以至於死而曾不能一悟故佛以明心見性爲入道之本謂心本無塵魔由心起能了覺本來掃除人欲者便能剗平魔障立地成佛故曰花開見我我見衆人所謂花者即光明無滓之心也所謂我者即佛也花開之際即心明性見之時而成佛之候也是故人人心中皆有一佛特人人不自覺耳人人皆可成佛特人人不自爲耳此明心見性之義也佛既以萬象皆空故其教義以解脫爲第二義蓋人生上壽不過百年過此百年即返太虛一無所有故天地如逆旅光陰如過客營營擾擾徒爲身外所累百年之後身且不有遑論其他而世人乃終日僕僕役心於形寧非至愚顧此理人人皆能知之而人人不能行者

則以不能解脫故故我佛教人以解脫之義能解脫卽能明心見性而成佛矣故曰苦海無邊回頭是岸又曰放下屠刀立地成佛喻解脫後成佛之易易也人茍真能大澈大悟解脫魔業則放下屠刀固可成佛卽提起屠刀亦未始不有佛在特此唯大智大慧者能之若中人以下則纔入於俗便爲俗累故不得不教以擯棄人欲潛志苦修俾不見可欲使心不亂則久而久之自能解脫矣此解脫之義也抑佛之爲教非徒欲人之自了而已也欲人之自了而卽以之了人使人人皆躋於聖域故普度衆生爲佛教之第三義唯其欲普度衆生也故無階級無疆界舉凡天地間之飛潛動植一切有性有命之物皆佛法所欲度者也唯其欲普度衆生也故不惜捐棄幸福身入地獄而思以造福生靈故曰我不入地獄誰入地獄偉哉佛乎善哉佛乎其胸襟何等廣大其志願何等宏偉他教莫與倫比也此普度衆生之義也此宗教上之佛教觀也

以上所論皆就其大者淺者言之至其深微之處則雖窮篇累牘亦不能盡且非淺學如予者所能道綜之佛實以宗教而兼哲學以哲學而闡宗教尚博愛尚平等爲天地間所不可磨滅上之可以悟人生之真理下之亦可警塵俗之迷夢其有益於世道人心者誠非淺鮮而於亂世爲尤要蓋治平之世政治民和舉國皆熙熙自樂不必有佛

上海天一書局印行

而人心自正即令有佛而人亦鮮有信者蓋佛欲拔人於苦海而其時固無苦也惟其世亂故其苦愈甚其溺愈深而佛之爲益亦愈大然則佛固未可厚非也惜其言專尚虛無而無積極之術故高僧悟道者枯坐窮山一以禪宗爲指歸不復演教以闡明妙諦下焉者假借其說以惑世人於是種種之附會生焉而佛之爲教遂由大乘而降爲小乘由小乘而流爲野狐禪以致失其本眞而有益者反以爲害焉此實佛教中陳義過空之弊其高於儒者在是其不及儒者亦坐是雖然佛之本身非若此也所望世之研究佛學者闡明之光大之使勿流於野狐禪之途則佛教庶可昌明而人心亦庶可挽救矣

本宗教哲學兩義闡發佛旨詞理闓達識議明通雖非提要鉤元然已於爭奪之場作一棒喝有功世道之文　盧炳田加評

原佛

汪仁鏡

梁任公之言曰宗教者亦循進化之公例以行者也其在野蠻時代人羣智識卑下不得不歆之以福樂慴之以禍災故惟權法得行也及文明稍進人漸識自立之本性斷依賴之劣根故由恐怖主義而變爲解脫主義由利己主義而變爲愛他主義此實法

之所以能施也徵諸佛教斯言益信

夫佛者覺也覺一切種智覺一切有情如睡夢覺故名爲佛其覺有三義一曰自覺二曰覺他三曰覺滿自覺者解脫罪惡利己主義也覺他者普濟衆生愛他主義也先自覺而后覺他覺他之極遂生覺滿覺滿云者功德圓滿由利己主義而變爲愛他主義之果也

佛說之初行也以他力教義感化愚夫愚婦謂有七佛者在主宰人生之運命爲善者賞爲惡者罰天堂地獄之論此初民時代愚人之策也佛滅而教分爲大小乘阿難創大乘迦葉創小乘大乘渡人小乘自渡五百年而有馬鳴者出作大乘起信論次七百年而有龍樹者出造大不思議論而佛教之宗旨益純勢力益張其教以慈悲智慧大無畏爲三主旨其證道之究竟也在覺悟其入道之法門也在智慧其修道之得力也在自力非嚮時之迷信懺悔藉他力以求解脫者所可同日而語矣當此之時佛教已達極盛時代其說蓋含有宗教哲學兩義由恐怖主義而變爲解脫主義此其時矣

佛說既含宗教哲學兩義其學說遂滔滔披靡天下智者研究其教理參解其精義愚者廣被其勢力威懾其儀式於是佛說遂有兩方之觀察

一、佛說在哲學上之觀察　英儒斯賓塞嘗分哲學爲可思議不可思議之二科佛說其哲學之不可思議者乎佛以戒定爲因智慧爲果攝心爲戒因戒生定因定生慧知慧之生由於先天苦海茫茫汩沒性靈於無形之中慾塵滾滾營逐心情於物欲之間先天之智慧盡梏亡於六欲五濁惟能參彼上乘悟性心之真諦掃除垢穢覺五蘊之皆空佛說一度遂悟三昧然後智慧可復良心無慚外不愧於主宰內不怍於心志禪經云直指本心見性成佛其斯之謂歟

二、佛說在宗教上之觀察　佛教創天地淪壞刼數終盡之說以爲惟佛尊之體常年不滅往往開刼渡人凡一切衆生咸皆平等不問其所自出但能杜絕邪慾脫離世網即可造未來無量之福且其得道之術可分三乘一曰聲聞乘悟四諦而得道者也二曰緣覺乘悟因緣而得道者也三曰菩薩乘行六度而得道者也信佛之說過盛舉凡難解之教理概置不論於是有淨土宗者以念佛懺悔藉佛力解脫爲教義於是有佛教今日之濫觴盡舍自力智慧覺悟三名旨而佛教僅含宗教上之觀念矣

由此觀之則佛教之有功於世與否自可斷皆質言之哲學上之佛爲有益於世道者而宗教上之佛僅足戒愚夫愚婦之心而於奸盜巨蠹反授以懺悔之機知有佛而不

知有心貽天下國家以無窮之戚也溯自佛教之入我中國已數千年迄於今日佛教幾全屬宗教上者而一輩愚頑之民不思光大其教之哲學而欲從事提倡其迷信之糟粕以爲可正人心警兇頑能助教化之不及余是以曉之曰佛不異心心不異佛佛卽是心心卽是佛佛心相應斯爲真諦至於佛自佛心自內怍於心而欲念佛懺悔以解脫亦多見其愚耳作釋佛以警愚頑而息邪說

深明佛理洞悉源流箴愚砭頑發人深省此亦文中之上乘也

佛法分大小乘大乘者慈悲救世也小乘者戒殺放生也初祗大乘一法恐其高不可扳故設小乘以養其慈善之心爲入大乘之門徑詎吾國信佛者以戒殺放生爲無上法門失其旨矣作者深明佛理說來洞中肯綮傑作也　盧炳田加評

▲釋類

●釋氣

顧懋勳

爰有大物絪縕繚繞鼓盪旁礴含之則生失之則死養之則充塞之則噎縱之則肆暴之則殘善用之則足以鼓盪倫類斡旋世運不善用之則足以摧殘人道夷滅萬物蒙愚不識敢問之太素太素曰此非渾渾而無邊涯者乎非遼廓而無際極者乎視之不

見聞之無臭乎載華嶽而不重振河海而不洩乎天得之以清地得之以寧人得之以成萬物得之以敷榮乎歸之靈臺靈臺不居歸之廣莫廣莫不有歸之幻冥無何有之鄉無何有之鄉不能容積是其惟氣乎氣本作气其字象形其理則運行於方寸之中主宰於宇宙之內自鴻濛開闢以來潛移默化遞相轉移者皆氣之所浸潤而漸漬也人知天地爲無極焉知天地之表更有大於天地者乎昔者女媧氏練五色石以補天斷鼇之足以立四極使無是氣以彌綸之天地且有時而敝矣共工氏與顓頊爭爲帝怒而觸不周之山天柱折地維絕賴有是氣爲之充塞故天傾西北日月星辰就焉地不滿東南百川水潦歸焉亭之毒之鼓之盪之無極之外復有無極此天地之所以永永無極也杞國之人有憂天地崩墜身無所寄廢寢食者客有曉之曰天地空中一細物也其外有大物以包之難終難窮故天地不憂乎崩墜噫、是固然矣然天地非積塊也虹霓也雲霧也風雨也四時也此積氣之成乎天者也山岳也河海也金石也水火也此積形之成乎地者也惟積形之物包乎積氣之中是以天不崩而地不墜也且萬物皆出乎氣入乎氣有生者有生生者有形者有形形者有聲者有聲聲者有色者有色色者有味者有味味者能陰能陽能柔能剛能短能長能圓能方能伸能縮能暑能涼能浮能沉能宮能商能榮能枯能玄能黃能飛能跋能潛能藏能甘能苦能羶能香無知也無能也而無不知也無不能也是何也曰氣也其在人則爲齊太史簡晉董狐筆秦張良椎漢蘇武節蜀嚴將軍頭晉嵇侍中血唐張睢陽齒顏常山舌宋陸秀夫之蹈海以亡明方正學之九族同滅節凜乎冰霜光爭乎日月天柱賴以尊地維賴以立三綱繫命道義爲根此物此志也是以夷齊不食周粟以作殷頑民之氣孔子作春秋以攝亂臣賊子之氣孟子善養氣挽戰國已倒之狂瀾廉頑立懦使百世而下聞者爲之興起氣之爲用亦大矣哉作釋氣

擷淮南之菁英可作鴻寶讀 蔚芝加評

◉釋氣

陳壽彝

彌綸宇宙而無垠推行寒暑以不忒降施風雨而無端開闔晦明而無跡大哉造化之功也浩浩蕩蕩杳杳冥冥民無得而稱焉亦嘗穆爾深思邈然高矚視於無色聽於無聲察乎肢體之外嗅乎毫末之間呼濁納清似天行之不息浮輕凝重與日華而常存噫是非所謂氣耶故其磅礴太虛參贊萬化著天衢之蒼蒼成羣類之斐斐高者爲雲低者爲霧流動生風陰沈致雨春夏則揚六合之和秋冬則匿三光之煥飛鳥覺而歸

巢晨雞感而報曉。雖曰造化之功。亦可以驗之於氣矣。彼曆象家之言。謂日月星辰。山川陵谷悉爲星氣所凝成。豈謂是歟。是以人可朽也。物可凋也。而氣不可滅也。峯巒可夷也。河海可塡也。而氣不可滅也。其間新陳之跡。盛衰之軌。榮枯之度。特元氣之變遷耳。聖人之贊易曰。精氣爲物。游魂爲變。然則品物之成。以氣有所賦也。杳冥之化。以氣之能動也。聖人豈誣我哉。萬物之中。生民爲貴。而靈氣亦似有所獨鍾焉。孟子曰。我善養吾浩然之氣。又曰。其爲氣也。至大至剛。以直養而無害。則塞乎天地之間。而文信國亦凜然而歌曰。是氣所磅礴。凜冽萬古存。當其貫日月。生死安足論。地維賴以立。天柱賴以尊。三綱實繫命。道義爲之根。此氣之著於人者也。夫氣者。志之卒徒也。在心爲志。宣之爲氣。言而有聲。怒而有威。持之有力。攖之有稜。匹夫之志。且勇於三軍之帥。況其氣之所凌耶。故君子養之以中和。守之以貞諒。貞斯不回。諒亦不妄。中爲天下之達德。和爲天下之達道。致中和。天地位焉。萬物育焉。此孟子所以不枉尺以直尋。信國所以不汚身以辱節也。其躬之氣。乃與天地之氣純然無間。何有於謗議之加。幽囚之苦哉。吾嘗瞻仰前修。披懷史錄。覺生民所稟之氣。亦至不同。於以攷其得失。斷其盛衰焉。昔唐虞三代之時。得天氣之清。故其民淳厚。戰國强秦之世。得雲氣之濃。故其民鷙擾。思亂漢承秦後猶大雨而霽氣稍肅清故其民頗崇禮讓謹節操六代而還四夷多事實嚴冬之寒氣蕭瑟不堪故其民畏葸有不可終日之勢下逮唐宋以迄明清雖其間治亂相尋要不外秋氣颯然細民如昆蟲唧唧寒林動受君主之蹂躪矣吾又嘗稽諸坤輿案諸圖籍南窮嶺海東瀕吳會以爲百粤之間原野紆徐山崗起伏其民多乘險厲深苟務榮利吳越之郊無山巒之壯關塞之雄其民多柔懦性成彬彬文采至於幽燕秦晉之都河流峻急地勢高聳其民多任俠重義固守不變其餘若滇黔巴蜀湘鄂之屬險阻天然交通頗便其民躬己食力有足多者由是言之山川之氣其關於民生者如此風氣所趨其關於朝野者又如彼氣乎氣乎顧可忽乎諺云和氣致祥乖氣致戾我堂堂華夏據數萬里之膏壤統四萬萬之民籍其和耶乖耶祥耶戾耶吾味斯言吾爲滋懼

精理爲文秀氣成采入後尤見波瀾壯闊

文氣質實奇恣有上下千年縱橫萬里之概　蔚芝加評

筆情廉悍似蘭陵理解超脫似漆園詹詹小言者不敢望其項背　盧炳田加評

◎釋忠恕

曹麗順

聖人之道至大而至精微擴而充之塞於天地之間惟其大故能成其道惟其精與微故能成其大世人但見其大而不知其精與微故孔子曰吾道一以貫之而門人不知獨曾子曰夫子之道忠恕而已矣竊嘗怪忠恕二字何以能盡聖人之道不知天地之間不外人己二途聖人之道亦不外人己二途忠者盡己之謂恕者推己及人之謂不能盡己何以及人故人先當盡己若者我所好若者我所惡若者善若者惡而後推己以及於人則我所好者人之所好也我所惡者人之所惡也我之善善惡惡人亦善善惡惡也然而我之所好望人之施於我也我之所惡望人之勿加諸我也則人之所好我必與之人之所惡我必勿與之故孔子言恕道可以終身行之不外乎己所不欲勿施於人卽己之所欲然後施於人是人己一貫之謂也忠與恕相輔而行者也夫如是我得其宜而人人得其宜修己治人之學不外乎是治國平天下之學不外乎是聖人之大道所以終身行之者亦不外乎是且忠字从中从心人之心必處於中不偏不倚而後可以修己而後可以治人若其良心之旣沒禮義廉恥之心無存則欲其忠於人不可求其忠於己亦不可恕字从如从心言人之行當一如其心也當從其良心之指導也若心知其善而不敢行心知其惡而必欲行則其所爲皆倒行逆施傷理背性之

事可知也孟子曰强恕而行求仁莫近焉仁者二人也有己有人也人能推己之心以及人之心視人之好惡一如己之好惡則其爲仁也大矣嗚呼聖人之道雖大忠恕二字而已聖人之道雖精微忠恕之心而已豈有他哉

掃盡膚詞獨標精理

◉釋國與家之關係

徐嘉元

試觀吾國歷史而比擬其今昔家國之關係則吾知其關係之輕重必隨文化同趨太古之時文識未開各聚部落固無所謂國家也及黃帝滅蚩尤始立國家而種族戰爭以起其後君權日增王號益貴而國與家之關係猶未著也故雖爭攘踵起互相吞併而民仍得安居樂業蓋古之戰爭實私人之攘奪其目的惟在帝王之富貴耳且既屬同種尤不欲盡殲其民故國雖亡家仍保也今則不然愛國卽所以愛其家國立則家存國亡則家亡家亡則其種族亦不能存蓋家國之關係益臻密切矣高麗之被滅也不特失其位而已矣財產自由剝奪靡遺且滅其文字弱其人種昔之亡國及其君今之亡國及其民故文化日進國與家之關係日益重夫所謂家國之關係何哉家盡義務之責國盡保護之責也愛國卽盡義務既盡義務則得保護既得保護則家存矣故

愛家必自愛國始清季末葉割地讓權相繼以起而當時默然無所表示則時人不知家國之關係可見矣今外患四迫國民欲保其家而全其身盍先愛國乎

文化進則國家之關係日重一語破的非通才不克有此見地

釋民權

蔣鍾燦

昔者國體專制天子稱萬民之首操重權以馭宇內履至尊而制六合天下之大鹽鐵之富山林之利視爲一姓之私產蓋有君權而無民權也迨君權滅而民權興於是民之與國有參政權焉有言論自由權焉有集會結社權焉此其最著者也顧權者責之所附也既握其權必盡其責不然則失其爲民矣法美爲共和之邦民權最崇民責亦重有議會以監督政府有報紙以發表輿論集會演說白民意於天下評論時政考得失而究興廢此皆法美國民所享之民權也若夫興教育倡實業納稅當兵乂其樂盡之責也夫如是國安得不强我國亦共和之制也然數年以來議會之解散報館之封閉則時有所聞而漠視輿論箝制民口之事尤更僕難數民權剗削亦殆盡矣原夫賦與民權之道者蓋使其共負興亡之責而不至若專制之民視國家之危亡若越人視秦人之肥瘠也譬如建屋築宇而盡收匠人之斧尺欲求屋宇之成不亦難乎使與以

斧尺則屋宇不成匠人將共負其責矣彼又安得不竭力於營造哉故執政者苟非下愚決不甘剝削民權而自侮也且夫英日之君非小弱也猶不敢有摧殘民權之舉豈其闇昧愚弱不若我國執政者之精於制民之術乎蓋知夫國家之治非一人之力而求夫人人盡力於國家則非賦予權利不可也不然若墨西哥之總統假名共和陰行專制釁亂數載至今未已項城當國挾主君之威握天下之權可謂盛矣然外侮頻來內亂時起一旦土崩瓦解而不可救民權之盛衰係乎國家之興亡爲何如哉吾悲夫吾國執政者之自侮故推原民權而論之以盡傳言之責焉嗟夫如歐美民權之發展而後有歐美之强盛我國執政者果能效法歐美之政府則我國民之竭智盡忠以爲國者又安知不如歐美之人民乎

國民不放棄主權政府不剝奪民權兩義俱寫得明透章妥句適粹然無疵

◉釋民氣

張紹琨

國於天地聚億萬人民以立必有物焉爲億萬人心之所趨向爲國命之所維繫得其物則國昌失其物則國亡縱觀古今而不謬橫覽中外而無疑是物也民氣是已民氣盛則國强民氣薄則國弱民氣息則國亡吾嘗攷之東西各國矣凡國之强弱存亡莫

上海交通大学百年报刊集成·第一辑（1896—1949）·学术学科

不以民氣主之故德用俾斯麥之鐵血主義而其民氣勇美用華盛頓之獨立主義而其民氣奮英斯賓塞以堅忍主義倡而民氣壯法智耶爾以恢復主義倡而民氣剛日本之民氣强伊藤以軍國民主義養成之也俄羅斯之民氣悍大彼得之進取主義養成之也各抱其唯一之目的以養成其民氣振作民氣以鑄國魂此其民氣盛而國所以強也至若印度朝鮮之亡人第知英日亡之而不知其實有自亡之道也數年前遊其都野者見其街市之汚穢風俗之頑固人民之懶惰大臣之奢侈察其民氣之衰靡未有不慨然嘆息印度朝鮮之亡將不旋踵也即以我國而論三代之民氣厚樸故享國壽考相安於無事戰國之民氣兇悍故天下多亂侵伐相尋秦隋之世始皇作阿房窮極豔麗煬帝造龍舟遊宴南北其時之習尙奢華而民氣委靡故不旋踵而身死國滅宋之民氣不振以偷安爲主以避讓爲務而半壁江山終亦不保元太祖本其勇悍之風入主中原其時民氣之盛迴古莫京故拓地千里侵入歐洲此民氣之盛衰與國存亡之關係散見於各書昭昭可考也是則民氣之爲用大矣哉然有囂陵之民氣焉有暴悍之民氣焉有剛愎之民氣焉是皆無用之民氣徒足以破壞而不足以建設國家不免板蕩而已矣譬如有人焉苟使奄奄一息毫無生氣則雖生猶死也然使其氣

大盛。暴悍兇悖。殺人越貨。無所不爲。則亦不免爲人所殺。故民氣必得其中。以合羣爲本。以保國爲的。有互相救助之民氣。則外人不敢輕視。有同讎敵愾之民氣。則外人畏懼。雖然。民氣之盛衰。奚自乎。自夫一二人之所向而已。水流濕。火就燥。故一人倡之。天下從之。相習成風。而民氣出焉。昔普之勝法也。毛奇不歸功於戰場之戰士。而推成於學校之學生。夫豈學生而能禦外侮哉。抑以其尚武耳。又豈學生之武力。優於戰士耶。抑以其有尚武精神耳。夫學校爲國家文化之主腦。爲社會之模範。足以轉移社會之民氣。而民氣者。實撼敵之利器也。此毛奇所以推成於學校之學生也。夫我國承數千年之舊。而君尙專制。民受壓力。雖欲一發揮其民氣。一揚其國威。而不能遂志。雖革命之時。略揚其氣。然不久。又歸寂然。今幸學生有五四運動。而民氣之發揚。於斯爲盛。若能將此氣。發揮而光大之。以養成一國之民氣。以當外來之氣。則是氣之所磅礴。即國魂之所附麗。我國前途。庶有豸乎。余有厚望於今日之國民。更有厚望於今日之學生。釋民氣。

發揚蹈厲。氣倍詞前。

●釋主權

華祝

上海天一書局印行

有主權而後謂之國。能自保其主權而後能立國。此天演之公例也。觀主權之有無。可以知其爲國與否。亦觀其保主權能力之大小。可以知其國之存亡强弱。有國而無主權。寧謂其無國。有國而保主權之能力甚弱。寧謂其不能立國。故國之所以能立。能自保其主權而已矣。我國自乾隆末葉以迄於今。土地財產人民。屢爲外人所侵蝕。以致弱者爲餓莩。强者爲盜賊。民不聊生。內亂蠭起。此皆由國人不知同心戮力。自保其固有主權耳。夫保主權謂何。謂保守其一國所有特利。不許他國偶侵犯也。如國家之土地。屬於其國所管轄。國家之財產。屬於其國所享受。他國不能稍有所顧問者也。他國如有所侵犯。而能以外交禦之。或兵力禦之。卽謂之能保有其主權。如不能禦而任其魚肉其國之人民財產。卽損失其主權也。我國之所以弱者。損失其主權耳。歐美之所以强者。保守其主權耳。然察其所以損失主權而不能自保者。由人民無結合力耳。蓋國爲人民所集。爲人民者當同心保守。一致對外。方不受虧。我國人民有四萬萬之衆。而不知上下一心。各自顧於一時。遂致紛如散沙。任他國侵犯而無力對付。誠自愚亦自羞也。今者華府會議。各國皆許有相當之主權。我國雖不能得十分利益。然以公理相對。則亦不致受侮於外人。乃食肉者竟不顧公德。戚戚於私利。以國人之財產爲己之財產。居則高堂華屋，出則僕從如雲。甚至粉白黛綠者，列屋而閒居。尤有甚者，竟諂媚外人，以國之土地財物，與外人交易，所得盡入私囊。外人雖授我以主權，亦將爲若輩斷送，況乎國民向外所力爭者乎。若長此以往，主權喪盡，國且不保，不知若輩將何以免也。彼雖智於一時，貪圖一己之利，以喪國之主權，終則愚耳。雖然，官僚如此，人民亦鮮有知公益者。是以一人如此，一國亦如此，以致主權薄弱，行且不保。嗚呼，痛哉。我國欲有主權難，已欲自保有其主權則更難。若能自保有其主權，則我知國之必強也。國民其醒乎，盍不去其自私自利之心，合力同心，保有我國之主權，以圖強乎。否則殆矣。

詞氣透達，暢所欲言。

釋義務

章作霖

有義務乃有權利，享權利必盡義務，此人類組織之要素，亦卽國家法律之通例。蓋所以遏止人類之爭端，而預防團體之渙散者也。權利之輕重，一視義務之大小。是以盡一分義務者，必能享有一分權利；享有一分權利者，必先盡一分義務。故盡一分義務而欲享二分權利者，不可能也；盡二分義務而祇享有一分權利者，亦不可能也。國家政府之征賦稅於民間徵軍隊於民間此人民應盡之義務也人民之有選舉權及被選舉權以及生命財產之受護於國家法律軍隊之下者人民盡義務後所享之權利也地方機關之募捐於民間此人民所盡之義務也而地方機關卽以所得之款建立與公衆有利益之事如市政廳救火會圖書館公園公學警察隊以及其他機關人民得自由享受上例一切權利此人民盡義務後所享之權利也卽小言之一會社之創設會員必有納會費之義務然後能享有該會一切權利由此而觀則義務權利之分配義務權利之了解在世界人類有集合有團結能力之民族之時代所不可須臾或缺之元素也昔者法學未明在上者但責其下之聽從而不知愛護在下者但望其上之撫恤而不願輸將由是各爭權利而不盡義務此皆人類爭端之由組織渙散之因也蓋本人類好爭之天性加以所享權利之多寡待遇之不平而無盡義務然後能享權利之爭義以繩之欲其上下相得共謀人類幸福烏可得哉法治之國政府職員雖居要津而不能克盡厥職一經議會彈劾法庭證實卽當免職查辦至於人民之生命財產既皆受國家之覆庇而納稅當兵則莫不爭先恐後蓋上下之於權利義務之明意皆有真實之了解而亦能力行不怠之良果也反觀我國雖號稱民國以立法爲先

考其內容則淩亂不堪於義務權利之真義雖爲政府辦事人員每不能十分了解故內亂頻仍而無寧日也今之爲人民辦事者上自元首下至警士皆享不盡義務之權利有一人而兼數職者平日未嘗能盡該兼職之義務至發薪之日則錙銖未可或少也若是輩者皆禍國之元凶而亦人民之公敵也嘗讀某外人論文一篇謂中國官僚之兼職足以使其國家永久在危險時期之中誠知言也

明白條暢通人之文

△讀類

◉讀緇衣

季宗隨

自古賢聖之君所以平治天下戡亂四方建鴻勳圖駿業未有不好賢禮士者成湯聘伊尹而商祚開武王任太公而周鼎定蓋賢人國之至寶民之司命也親賢人遠小人國家所以興隆也親小人遠賢人國家所以傾頹也吾嘗誦詩至鄭風緇衣見鄭武公之好賢解衣推食君臣同樂開誠布公以納士心嗚呼開創之君固宜如是也夫緇衣授粲微事也然觀人之心不在大而在細察人之意不在顯而在晦惟出於至誠發於摯情則雖一襲一酌之微亦足多矣況天下之事靡不有初鮮克有終始厚者未必能

保其終之不薄始勤者未必能保其終之不怠惟緇衣則改造改作既始終之無間適館授粲復先後之如一蓋發於情出於誠也彼夏屋之渠渠其始非不盛也而終或每食之無餘不誠故也不誠則一時雖或强制勉爲優厚然苟歲逝月移未必能保其始終不移先後無二也此君子所以歎權輿之不繼也嗚呼若緇衣者其亦鹿鳴之餘意也歟

相題有識筆意蘊藉

●讀陟岵

季宗隨

嗚呼背井離鄉別父母棄兄弟捨家庭之福天倫之樂作客他鄉託足異處勞勞車馬僕僕風塵此人情之所最難堪者也若夫登高遠眺仰視俯察則觸景生情更足動心矣登太行而望白雲此狄仁傑之所以思親也彼孝子者離父別母行役在外罔無日不思親無時不思親者也一日陟岵陟屺登高眺遠常人猶不能堪況征人乎況孝子乎仰視白雲層層是殆我父我母之所居乎遙瞻綠樹叢叢其殆我鄉我里之所在乎風起矣我父其寒乎日落矣我母其飢乎回思丁甯之言訓誡之語聲聲在耳也追憶父母之形兄弟之貌歷歷在目也然而天涯地角各處一方呼父母而不應也喚弟而

不答也我不侍奉父母其疾病歟我離膝下父母其歡樂歟於是徘徊於山谷之間徜徉於屺岵之坡躑躅往來不覺慘然無已其惟切記父母之言乎謹守父母之訓乎猶來無已猶來無死好自爲之耳嗚呼不言己之思親而言親之念己婉轉悱惻更足動人此所謂孝子也此所謂至性至情也

心裁獨出委婉有致

●讀鹿鳴

朱恩圻

君臣之分嚴而已矣朝廷之禮敬而已矣嚴與敬所以限君臣之界定尊卑之別於是上下之情遂以杜絕而不通上下之情不通則上不得下之志上不能得其志而欲其盡忠告者難矣故必思所以求其樂我使彼示我以大道則其政愈行而愈善而其道亦常興此所以有燕享之樂也此鹿鳴之所以作也既飲食之復實筐篚多幣帛以將其厚意更歌鹿鳴之詩以感之則君可得羣臣之盡忠告羣臣得君之歡亦樂爲效忠君臣和樂各得其益此鹿鳴之功也鹿鳴於野呦呦然有至誠懇切之意天子之欲羣臣示以大道亦皆鹿鳴之呦呦而懇切求之也爰爲鹿鳴之詩而羣臣易爲所感益欲盡其心竭其力以事其君矣至誠發乎中而言行達於外故必飲晏羣臣而後可飲晏

之猶不足以達我之至誠相求故有鹿鳴之詩以動羣臣嘉賓此所以和樂而不淫也古者君臣之樂在於晏會晏會之樂在於鹿鳴蓋鹿鳴所以激羣臣之盡忠也其爲功不亦偉乎

說經鏗鏗言之有物

◉讀伐木

薛椿蔭

余讀毛詩至伐木一篇而知古人交友之有道焉夫人生於世孰能無交際有交際則孰能無友有友而切磋焉規劘焉增進學識所以通人道之情和陰陽之氣者也是以交友必以誠誠則情密情密則人好我而肯示我以大道也然而情或有所不合意或有所不和故常設燕饗以聚會之使其情之不合者合之意之不和者和之非徒以酒食爲事也而鄉黨燕會之禮送往勞來之節亦於以興焉然莊而矜密而周和而不淫樂而不流推誠相待以禮相處蓋所以通人道而和陰陽者也苟鄉黨燕會嘉賓之節不作送往勞來之禮不行則情意不和情意不和則人道不通人道不通則陰陽否隔和氣之不興未始不由此也詩云民之失德乾餱以愆其斯之謂乎由是觀之則朋友燕饗之禮豈可忽哉後之人不明斯意徒知以酒食相徵逐樂而忘倦而以爲交友燕

饗之道盡乎此矣是不啻買櫝還珠舍本逐末不亦大可痛哉是以古之人交友以誠今之人交友以僞古之人燕饗以禮今之人燕饗以淫噫何古今人之不相若一至於此耶

經義紛綸語有心得

讀荀子榮辱篇

王遵軾

余讀荀子書而後知榮辱不可不講義禮倫常不可不辨也夫好榮而惡辱人情之所同也好利而惡害亦人情之所同也然求之之道各異而榮辱之分定焉荀子之言曰榮辱之大分安危利害之常體先義而後利者榮先利而後義者辱是故義利之辨即榮辱之判富貴不可強求名分不可或亂也然而知者鮮矣飲食起居人之所同也而安危好惡不同飲食起居而必求精美人所同欲也求之而非其道則辱莫大焉義利之分非庸人之所盡知故弱者不敢動而强者怒起求榮安也而好勇鬬狠內忘其所親外忘其所禁罹於法而不自知反得辱危荀子比之狗彘可哀已是故君子自知而不怨人知命而不怨天樂天安命顏子居於陋巷人不堪其憂而顏子自若雖然此可爲知者道不足爲庸人言也故古之聖人制禮以分之人倫以別之有貴賤之分有長

幼之別有知愚賢不肖之判各如其分各安其等是故監門御旅之輩抱關擊柝之流知其命而安其分融融如也安分知命雖貧榮也吾知其可免辱矣噫今之世倫理之學未定尊卑之分將泯學說日新未見其有所折中世亂方殷芸芸之衆動而靡定安分知命之譚雖大聲而告之不免爲世吐棄矣荀子曰君子道其常小人道其怪值索隱行怪之時欲求受辱也噫亦難矣哉

包掃一切識見超越

●讀史記平準書

張有楨

史公作平準書譏橫歛之臣也時漢武事邊功興土木國庫不充而欲取之於民以奉一己之需於是言利之臣進其最著者則孔僅桑弘羊是也夫國之於民固休戚相關取之於民而病民則國亦病矣是濫用國庫牟利之主所爲也牟利之主出必有橫歛之臣進誠理運氣數之所必然此孔桑之所以應運而出也平準一書瑰瑋奇變感養民之無政傷心時事之作也蓋自秦火既熄漢德踵興開關梁弛山澤之禁是以富商大賈周流天下交易之物莫不通而各得其所欲迨至武帝之世彼以雄略之姿日拓疆土又繼以神仙土木之事國帑於是乎耗竭矣國帑雖匱雄心未已其勢又不得不

與民爭與貧民爭而鬻爵輸粟入羊爲郎之令下矣與諸王列侯爭而朝賀皮幣荐璧以酎金坐失侯者百餘人矣與商賈爭而鑄鐵煑鹽算緡告緡之法縱橫四出矣置平準於京師受天下委輸設大農諸官以籠天下之貨物貴卽賣之賤卽買之列肆居奇以天子而下同駔儈持籌握算以執政而雜廁市廛豈養民富國之道乎衡物價之法乎徒以竭中原之物力恣一己之所欲而已耳以至男子力耕不足以轉餉女子紡績不足於征衣民怨滋甚天下大亂矣於是敲吸而外復張網羅法吏張湯亦遂應時而生矣鈇趾之條決無寬假死罪之坐國有憲章盜鑄則入其器物便農則沒其田僮是不啻官家而成爲窩贓朝廷亦流爲攘竊矣舉累朝富庶之風蕩滅殆盡雖其雄略過人日拓疆土而勞民傷財得不償失推厥原由雖武帝之侈心過甚要亦孔桑張湯有以導之也夫理財之政莫患乎有自私自利之見用財之道亦莫患乎有揮霍縱慾之心括天下之利藪而擁之於上既不惜夫民生又不恤夫民產卒至國庫不充民財亦匱民怨則嚴刑以制之民亂則重刑以遏之重刑厚歛行於一時此武帝以開拓之功不能避擾民之責孔桑張湯諸臣以興利於國之績不能償殃民之罪也蓋嘗論之平準一書言天下之利盡歸之於國也夫民財卽國之財也賢明之主爲民興利雖天下

上海天一書局印行

之利盡聚之於上民亦不之怨昏庸之主稍一取之於民則怨聲載道矣蓋從未謀公共之利益徒恣一己之私慾而已耳然竊以爲利之歸於上者其利國福民之效必較利之歸於民者爲更著三代以上山海之利雖與民共從未嘗私之於國然民風淳樸未至逐末忘本故與之共利尙無流弊三代以下民風漸澆苟盡弛商賈之禁聽民擅山海之權則深居幽谷姦猾交通山海之際必生大姦乘利驕溢敦樸滋僞此吳王濞以鑄錢煮海國用益饒稱疾不朝陰懷逆謀可爲殷鑒者也不早絕其源而憂其末若決呂梁然而不可遏其所傷必多矣惟三代以上之德化乃可以與民共利而成爲善治者也不然民之變詐也愈多則國家之防之也愈密防之也密則重刑必隨其後於是國病民傷誠非致治之道也惜乎武帝僅知歸利於國而不知歸所歸之利以供一國之公用貪慾無厭侈心過甚日與小民爭什一之利而天子經營產業揆之於義豈能合乎惜乎武帝徒知禁民擅山海之權鹽鐵之利而不知斟經濟之分配俾免貧富階級之爭酌盈絀以均調俾消攻取攘奪之行不然國利與民福胥在是焉史公感憤作此諷武帝徒知聚利而不知養民繩吏道之賤而曰桑弘羊以賈人子進上方尊顯之譏切之意見於言外嗚呼風會所遷滄桑增感財政紊亂治道乖方既每下而愈況

亦奚咎於昔人

將全書大旨融會貫通乃能有此盛大昌明之作至謂利權宜歸諸上尤屬通達治體確有見地之言

●讀王右軍蘭亭集序

韋同芳

吾嘗讀莊周書見其均物我外形骸遺生死遊心於無窮以求所謂真解者味其言真河漢而無極也及觀王右軍蘭亭集序則言趣舍萬殊靜躁不同欣戚一惟其所遇而以一死生爲虛誕齊彭殤爲妄作於是渙然於周之所云者蓋有激而然也彼見夫當時諸侯之放恣處士之橫議懼天下之入於淪胥不忍其忿忿之心乃辯其辭激其情設爲寓言以攄其傀儡之氣雖然猶有不能掩焉者彼雖甘曳尾而卻犧牲之聘然其貸粟於監河說劍於趙王是意猶存乎救世既而見天下之終不可爲斯志之終不可達乃放心於無何有之鄉廣漠之野彼豈真以死生爲可一彭殤爲可齊哉嫉時焉而已設周不生戰國之時其言未必若斯激昂也晉之嵇阮值典午受禪之際或逃於酒或逃於琴以冀自全其天祖周之言而爲清譚至東晉而其風益甚八王尋釁五胡亂華說者謂皆清譚誤國之所致嗚呼痛哉若逸少生於東晉洞見其隱嘗作蘭亭序闡

其誕妄其所言超乎當世之士夷考其時江左偏安中原板蕩羣臣相長未能協恭觀其與殷謝諸人書所以致其拳拳之思者不一而足然而當時崛强若桓溫未能喻其志也曠遠若殷浩未能識其心也蘭亭作序之後越三年而遂爲誓墓之文觀其賦詩云寓目理自陳適我無非新則知逸少之心猶夫莊周之心其斥之曰虛誕曰妄作者非以譏莊周乃以譏並世之好爲清談者若王夷甫諸人之類是也嗚呼莊周所謂作齊物論言激者謞者吐者吸者叫者譹者宎者咬者咸其自取亦右軍所謂情隨事遷感慨係之之意也非通於天人之際又烏能自主而達其所謂天籟者哉史稱逸少爲人鯁直余讀蘭亭集序有感故推其前後始終之際並論及之朱子稱兩晉無文章只有陶淵明桃花源記一篇余謂如逸少之蘭亭集序足以配之云

夷猶跌宕自饒雅興

●讀王右軍蘭亭集序

劉侃

晉代風氣崇尙清談朝士大夫日以飲酒賦詩爲事置國事於不顧溯其病源蓋皆中老莊之毒也當是時八王稱兵五胡雲擾內憂外患相逼而來君臣上下宜朝夕憂勤惕厲之不暇乃天之方蹶不一警悟上恬下嬉馴至亡國彼王夷甫之徒無論矣謝安

爲江左東吾與王導齊名當苻堅大舉入寇都下震恐仍命駕出游山墅相與圍棊從容暇豫不減平時噫淸談之誤賢者亦將不免耶求如陶侃之運甓劉琨之擊楫祖逖之枕戈王事勤勞不懷晏安作爲詩文忠義奮發可歌可泣固不可多得矣王羲之少具雋才嘗爲右軍將軍會稽內史時殷浩與桓溫不協羲之以爲國家之安在於內外和嘗與浩書勸誡之浩欲北伐又貽書止之其言甚切有大臣之度非崇尙淸談者可比惜當世不能大用之僅爲會稽內史落拓一官溫蠖無所表見耳蘭亭集序作於永和九年考是時殷浩方再舉北伐其秋九月浩大爲姚襄所敗走保譙城右軍所言至是始驗序中有言感慨係之者蓋逆料其禍必至此特未便明言耳不然蘭亭觴詠事至樂也何感慨之足云哉史稱右軍秉性鯁直固與殷浩之虛聲純盜不同殷浩爲老莊之學東晉之終不能振以至於亡蓋殷浩之罪也吾讀斯序亦不禁有無窮之感矣

獨具隻見迥不猶人

◉讀陶淵明桃花源記

沈三多

靖節桃花源記之作蓋感時而發者也何以言之先生所處之世非晉室偏安江左之日乎當是時也五胡南下華夷雜處民苦鋒鏑雞犬不寧而彼誤國之小人猶不知祖

國沉淪之可恨爭權奪利排斥異己一二名士崇尚清談輕言北伐茫茫中原幾無一片乾淨土三代熙皞之治兩漢淳樸之風蕩然無復存矣先生目擊時艱心竊傷之而又進無以展其才退無以明其志隱居肥遯虛構桃源一境以自娛觀其所稱源中之良田美池視祖國之銅駝荆棘爲何如黃髮垂髫並怡然自樂視鳩形鵠面流離四方之民爲何如後無問津恨舉世滔滔盡迷於勢利而不返乎是則桃花源者卽先生之意源也惟其爲出意之所之也故於琴書消憂之際一閉目靜思歷歷如在無異於身游其境先生嘗作五柳先生傳曰先生不知何許人也亦不詳其姓氏自擬爲懷葛之民固已神游於三代上矣然則桃花源境宜乎非秦漢以下所可知先生之高風亮節於此可見非必恥爲五斗米折腰而始賦歸去來辭也吾讀斯記不禁撫今懷古爲之低徊不置云

意境超卓迥不猶人

◉讀陶淵明桃花源記

歐陽崙

嗚呼晉太原時之禍亂亟矣靖節先生恥屈身亂世自劉裕有異志不肯復仕所稱文章永初以來止題甲子而桃花源記一篇顯然表避秦之志蓋當時之國政日非宵小

執政亡國之禍近在眉睫故先生特寄慨之深也桃花源非真有其地世以爲鼎州桃花觀卽是其處非也先生生當晉末見夫東南半壁危如累卵劉裕隱有篡位之志干戈擾攘民不安業鋒鏑所至雞犬不寗爲問斯時之民有良田美池之屬者乎無有也有閭閻歡樂之聲者乎無有也有黃髮垂髫怡然俱三代之古風者乎更無有也士大夫務尚淸談不理政事國勢日衰民風日下凡當時有志之士莫不欲引身自退以全其貞其所謂桃花源者豈真有其地耶所謂武陵人者豈真有其人耶所謂設酒殺雞作食豈真有其事耶無其地無其人無其事而先生記之何也蓋先生具避世之深衷記中云自先世避秦時亂率妻子邑人來此絕境則知是記爲先生避晉宋之亂作也夫以先生先祖嘗爲宰輔痛祖國之淪亡憤新朝之改革進不願事篡位之君退亦無以明其畢身之志於是觸景興懷藉物發揮憑心構造幻作舉世無有之佳境寄以恢詭之情抒其隱逸之氣其曰避秦非避秦也實避宋也篇首稱晉示不忘本也曰太原中卽暗指劉裕篡位之時末言無問津者見同志之希也自首至尾似全爲遊記而其逸韻悠然超然脫俗亦不啻先生之自道也今也强隣環視無異胡人之逼晉武人干政無異劉宋之用權水旱兵災連年不絕無異饑者無食寒者無衣餓莩載道慘不堪

上海天一書局印行

聞無異當時人民所受之痛苦也惜乎無桃花源其境者避於其中躡輕風以高舉焉

思清筆雋瀟然絕俗

讀李太白春夜宴桃李園序

徐名植

李白之序春夜宴桃李園幽懷逸趣辭短情長予每讀之未嘗不令人慨想而羨其曠達之樂也夫天地至大也萬物至衆也人生其間誠渺然耳俯仰一世囿於環境而有憂樂之情然不知大塊假我以文章凡天地之間形形色色變更代謝世人所以爲戚戚者自達者觀之皆至樂之所寓也莊子得此妙理而發之於文太白得此妙理而發之於詩是以南華之書與青蓮之集獨絕於千古彼庸夫俗子不能仰觀俯察事物之來茫然無主美惡橫生而憂樂出焉是以爲形骸所累役役於名利榮辱之間以入於困苦之境而終不是覺其詩文亦卑鄙不足道惟明達之人心無所蔽與天地相並生覺物我無間任天理之自然緣督爲經不以外物傷己性不爲形骸役己心死生超然無所往而不快蓋其超塵埃而樂天命爲樂固未有以易此也其序首曰天地者萬物之逆旅光陰者百代之過客超然物外達觀一世白其能樂天者乎不然何其曠達之甚耶蓋必其曠達於懷而後憬然於浮生之若夢覺及時盡歡之不可失是以際陽春

之煙景作秉燭之夜遊賞桃李以益趣宴骨肉以叙情銜觴賦詩怡然自得人皆知斯景斯情之足樂而不知太白之曠達超然卽無斯宴其心亦甚樂也樂於中而發爲文是以情見乎辭令人讀之不禁深有慨也嗟乎曠達之士視衆人爲醉生夢死而自謂獨覺已醒假令爲後世明達者見之覺夢中占夢旣爲逆旅中人雖如太白尙未逮莊生之曠達彼謝氏之康樂惠連益不足道矣

獨有作意語不呆板

●讀李太白春夜宴桃李園序

郭守先

天地幻耳死生夢耳此莊子所以悲人間世也雖然自有南華之文覺天地幻而非幻死生夢而非夢也不惑于幻不迷于夢乃所以保身而全生以唐堯之聖而心懷汾陽以子晉之賢有志洛濱古來泥塗軒冕浮雲富貴第求寧神以怡志忘憂而逐驩者正不乏人李白之與從弟宴桃李園蓋會斯意也彼其汲汲不遑戚戚靡盬貿非金石而感心以百憂楛形以萬事不亦大可哀乎陶徵士曰寓形宇內復幾時誠悟道之言也是以至人與大塊而盈虛隨中和而任放花朝月夕及時行樂知美景之易逝悵韶華之難再飛觴醉月春夜之讌謫仙其解是乎讀其序覺大塊文章於今尙在一時宴會

栩栩然如莊生之化蝶與道大適豈俗子足與語此彼蘭亭修禊而動生死之慨者宜乎陋矣

窺破作意語意曠達

讀韓退之上張僕射書

林德昭

戰國之世周道陵夷當時策士羣以口舌諂諛其主惟命是從而取卿相孟子承孔子之後倡言仁義周遊列國而卒不見用蓋當時諸侯無一好臣其所受教也夫帝者與師處王者與友處霸者與臣處至於恣睢叱咤斯諂諛之徒進矣與諂諛之徒共國事其能久治乎此戰國諸侯所以無大相過者也昌黎韓公爲有唐一代之文宗以道自任孟子後一人而已故直己而行道不敢有所屈於己夫晨入夜歸僕射所示人以從命耳以公浩然之氣何獨不能忍此細事而必曰抑而行之必發狂疾非失其浩然之氣也不屈己以諛人所謂好義者耳書中引孟子之語陰諷僕射即以孟子自比其高尚之風溢于言外以道自任于此益顯余嘗諷誦其文而想見其爲人決非子雲長卿可倫匹也

文氣朗暢筆亦簡淨

南洋大學國文成績三集卷一終

蘇州觀前大街振新書社發行

教科適用 **讀文法** 洋裝上下兩冊 定價大洋八角

先哲有言熟讀唐詩三百首不會吟詩也會吟惟文亦然欲求文章之工妙須多讀古人之文章由明清而唐宋而漢魏而周秦升堂入室纔成名家三蘇文章冠海內固由善讀孟子與戰國策歐陽文忠既讀古書復得舊本韓文而讀之卽如昌黎韓子亦自謂非三代兩漢之書不敢觀可知唐宋八家文章之工妙皆由讀三代兩漢之書而來近今文運衰敝欲求文筆之進化舍讀古文末由唐文治先生之課徒也常選古文教以讀法並加符號經鄒登泰先生裒集成篇自左國而下遞至明清凡若干篇加以詳註遂爲教科適用之本顏曰讀文法蓋以讀法爲主而箋註又復詳明誠空前未有之讀本也欲於國文中討生活者不可不手置一編

上卷

▲雄健之品第一

▲精誠之品第二

▲靈警之品第三

▲雅逸之品第四

▲倜儻之品第五

下卷

▲恬適之品第六

▲名雋之品第七

▲詼詭之品第八

▲妍麗之品第九

▲怪奇之品第十

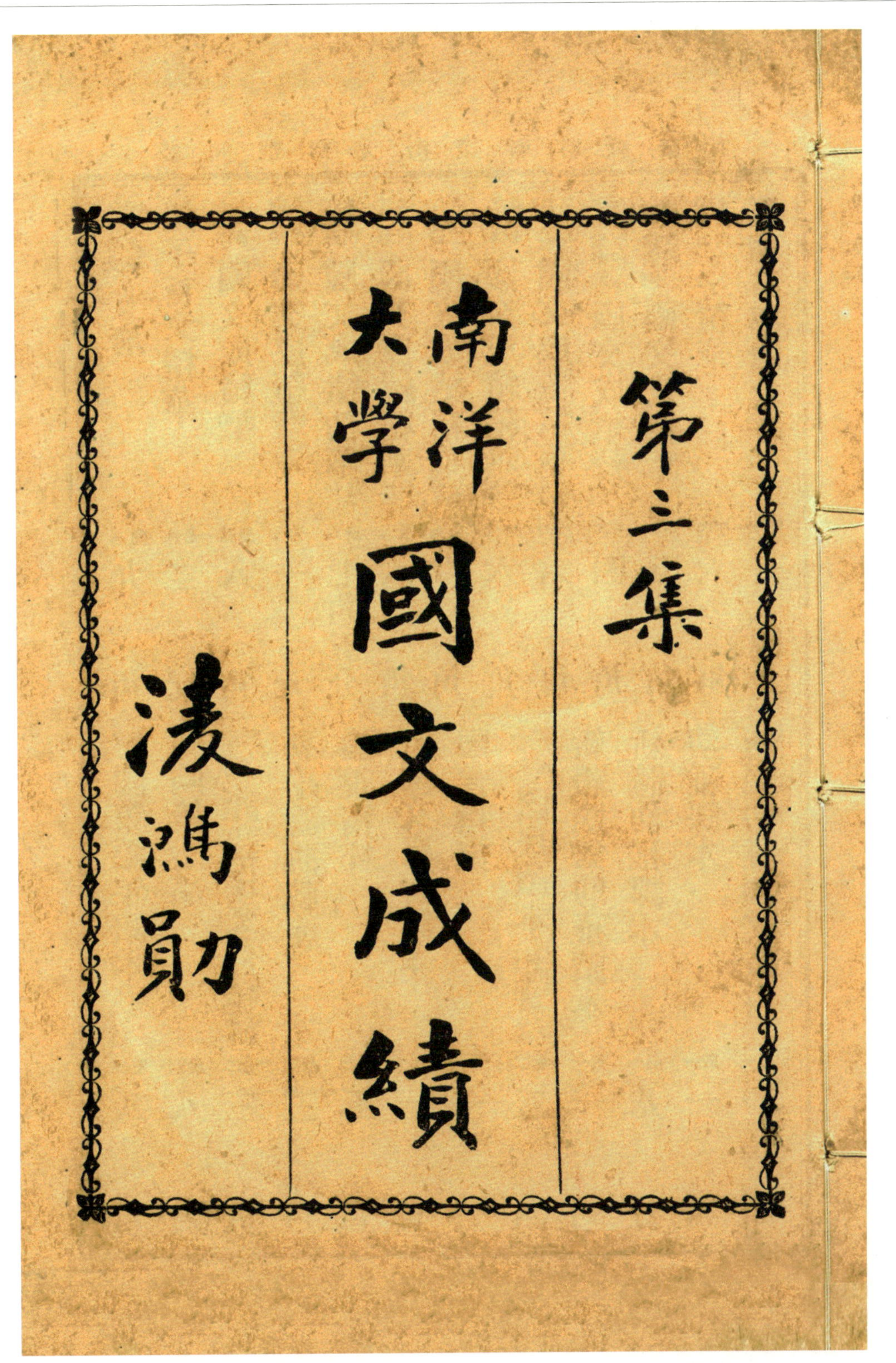

第三集

南洋大學國文成績

淩鴻勛

蘇州觀前大街振新書社發行

全國學校國文成績 文府	八冊	九角
諸子百家精華	八冊	二元
南洋公學 國文成績初集	四冊	八角
南洋公學 國文成績二集	八冊	一元
江蘇各校 國文成績精華初集	六冊	七角五分
江蘇各校 國文成績精華二集	六冊	六角
江蘇各校 國文成績精華三集	六冊	六角
江蘇各校 國文成績精華四集	六冊	六角
江蘇各校 國文成績精華五集	六冊	六角
上海徐家匯函授學校 國文成績初集	四冊	四角
上海徐家匯函授學校 國文成績二集	四冊	五角
陸象山王陽明 學精華	四冊	六角
五朝詩學津梁	六冊	一元四角
評註 國策編年讀本	四冊	八角
評註 國策小品	四冊	八角
音文對照 評註作文初範 高小適用	二冊	三角
初學論說軌範	四冊	三角
論說精粹	四冊	五角
新式 國文自習讀本	一冊	一角
國音指南	一冊	一角
音文對照 國民讀本 國民學校用	二冊	二角
新體國語幼稚讀本	一冊	一角
新體幼稚課本	一冊	八分
幼稚課本	一冊	一角
新編幼稚國文教科	一冊	一角

南洋大學國文成績三集卷二

△經論類

◉開國承家小人勿用論

陸競智

醫國猶醫病也天下無藥不可以活人亦無藥不可以殺人從來無法不可以利國亦無法不可以病國牛溲馬勃藥之下品也良醫用之則有起死之功有庸醫焉非不口金匱仲景之良方手羌桂參苓之妙劑而往往至於毒人孰謂此非救世之良方醫國之妙劑歟何以小人用之而輒敗也甚矣小人之不足用也諸葛武侯有言曰親賢臣遠小人此先漢所以興隆也親小人遠賢臣此後漢所以傾頹也嗚呼得親賢遠佞之道則國何患乎不興若由親佞遠賢之言則國無往而不敗君而明也用相賢良用將忠武用灑掃近侍之臣莫不謹恪君而闇也外鎭跋扈內官驕横舉目無親信忠純之臣君明臣良君闇臣奸古人之言不我欺也昔唐太宗詔內侍省不立三品官不任以事惟門閤守禦廷內掃除而唐祚卒喪於田令孜之手明太祖懲前代宦寺之弊令內官寺人不許讀書識字而明祚卒亡於魏忠賢之流區區立法之嚴禁錮之深抑何益

哉堯舜去四凶而用元愷而政得以不敗亂其能用人之效即其知人之明也故余謂君能知人雖內官皆閹宦不傷於治體君不能知人雖內官盡君子不可以爲治竊維小人何以能得人主之歡心蓋其爲事也近而習其爲心也專而忍能以小善中人之意小信固人之心爲人君而無知人之明而又無人焉爲之警戒其不入彀中鮮矣一旦觸悟漸知戒備而不知當斯時也戒之愈嚴而背之愈速防之愈密而蹈之愈多是豈有國家者終不免小人之禍哉非也蓋疏者易拒親者易暱情也亦勢也小人以陰險之心處親暱之境周旋於左右前後者日益親而奉令承教又善窺意旨故凡謀畫圖維有一不愼而即行商搉及之者此固人君所難也嗟乎賢奸忠亂黜陟皆宜使朝廷賢臣日進小人日退置國家於磐石之上尤豈庸君之所能哉

明於治體故能慨乎言之

●任賢勿貳去邪勿疑論

湯藩第

國家之治亂安危視乎賢者之去就與夫邪者之除否虞去百里奚而亡魯除少正卯而治此自古興危之大較稽諸前世無絲毫之或爽夫賢者之爲賢與夫邪者之爲邪昭昭然易明也然賢者難進而易退其治天下一以公平正直爲心先憂後樂無一毫

之私意至於奸邪之人易進難退阿諛諂媚不顧元元之痛苦逢君之惡以保其位故世常任賢而貳去邪猶疑致賢者不安其位懷促促不終日之勢退而在野處山林之地懷廊廟之憂邪者得以乘機而起易所謂君子道消小人道長是也至於去邪猶疑則邪者患失其職出其計謀集其黨羽與君子敵其於人主懼以禍福而把持之至於去無可去而不能不去禍亂以作生靈塗炭推其所以至此之原實由於真僞未明賢邪莫辨人皆曰賢不加以察而以爲不賢於是任不以誠人皆曰邪不加以察而以爲不邪因此去又猶疑昔在虞舜能集天下之善以爲善任四賢放四凶而國乃大治蓋一人之聰明必不如千萬人之聰明一人之心思必不如千萬人之心思是故集天下之視聽以爲視聽則所視者周而所聽者廣合天下之心思以爲心思則所慮者深無遠而弗屆本民意以爲好惡任賢何貳去邪何疑國家億萬年有道之基在於此矣尙何有禍患之可慮哉

緊切題旨後段特見精采

惟天地萬物父母論

康時振

今夫宇宙之內六合之中形形色色氣象萬千胎卵溼化包羅萬有生人也飛禽也走

獸也草木也蟲豸也無所不備其生也不知何來其死也不知何去孳生不已歷千萬禩他若日月普照衆星爍烱陵谷變遷山川易位風雲不測晴雨晦明孰主宰是孰綱維是冥冥之中何假使然竊嘗思之物之生也必有始始者果誰耶物之動也必有原原者果誰耶嗚呼天地而已易有太極是生兩儀即謂此也故天地者萬物之父母也衆生者皆我之昆弟也一草一木皆我之同類也是故天下有溺者我則援之有流連失所者我則安之有憂者樂之有愁者慰之以及一草一木不得其所者我則扶之植之天地好生之德我則行之奈何天下有見溺者推之失所者離亡之憂者甚之愁者增之甚至安者擾之生者死之納井者下石之嗚呼此豈天地生物之意哉

精心結撰於平淡中見渾厚

●春秋五伯論

陳文松

世之論五伯者皆推尊桓文予以爲五伯者皆三王之罪人孔門所羞道雖間有優劣要皆無足褒者必欲判之予則寧右楚莊秦穆而左桓文夫世之所以推尊桓文者以其伯業之盛也然而論人者非可徒論其功業也必也論其心術論其行事而後優劣分焉桓公九合諸侯一匡天下盛則盛矣然召陵之盟號稱服楚實未嘗得志於楚邪

衛之遷號稱繼絕而亦未嘗加兵於狄其功業固已卑矣且其所以能成伯業惟賴一管仲管仲既死伯業遂衰卒之身薨於亂五子爭立齊幾不國其伯業固未足爲盛也文公之伯業雖較盛齊桓然其爲人也器淺而易盈量褊而寡恩曹衛鄭三國皆姬姓也以睚眦之怨藉口從楚而破曹滅衛圍鄭衛君之命且幾不免較之桓公之釋曹沫返魯地相去遠矣襄王天子也以勤王之功而請隧請地蔑視天王較之桓公之下拜受胙相去又何如邪且文公之得入秦楚之惠也許秦焦瑕朝濟而夕設版焉圍鄭之役非不欲擊秦師也合兵圍人而內先自潰軍之危道也文公知其危而不敢擊秦師也其欲甘心於秦固不待子犯之請也故兵旋未久而襄公卽敗秦於殽所以承文志也則文公固負秦矣城濮之役惟恐楚之不戰也而多方以激之既激以不得不戰則姑辟三舍以驕之而又以沽信於人此其心寧可問邪則文公又負楚矣然則文公伯業雖盛而其心術其行事皆卑卑不足道又烏足以冠五伯也且桓公聲不絕於耳色不絕於目內嬖如夫人者六人與淫昏之行何異文公身亡在外輾轉流離而猶留戀齊姜不思返國此二君者志氣薄弱反不若宋襄之較有大志使無賢智之臣爲之輔佐則伯業且不能成遑論其冠五伯哉若夫楚莊秦穆則不然矣楚莊宅心寬厚近於

仁義內立樊姬外任蔿敖赦絕纓之罪收士卒之心克陳而不取入鄭而不縣不乘人之危不逼人於厄勝於晉文之睚眦必報不留餘地者多矣邲之一役勝而不驕殷殷以禁暴戢兵爲言蓋其心慈祥豈弟庶幾近於道者焉雖問鼎之事不免爲盛德之累然其時王室衰微諸侯之目無周天子習爲故常者久矣以晉文誼屬同姓號爲尊王而猶有請隧之舉則問鼎又奚足爲楚莊咎哉惜乎遠在蠻夷不列於華夏地勢之便名分之正舉不如晉故其伯業終不能如晉之盛要其心術其行事光明磊落固當爲五君之冠也秦穆忠厚長者雖屢見欺於晉而終以德報怨三定其君更能任賢不貳增修德政并國二十遂霸西戎而亦以僻處西陲見遏於晉故終不能逞志中原然其心術其行事有高於桓文者矣此吾所以右楚莊秦穆而左桓文也五伯之中以宋襄公爲最不量力欲以小國繼齊桓之業而卒敗於泓爲天下笑宜其不足論矣然其心術其行事亦自有可取之處讓國於公子目夷仁也勝桓公之殺弟文公之殺姪而得國者多矣平齊之亂而未嘗自以爲功義也勝文公之驕矜自滿請隧請地者多矣識公子重耳於患難之中而豫結其好其識見亦非常人所及惜國小力微雖有大志而終於不就此宋襄之過也孟子曰以力假仁者霸霸必有大國使宋襄與桓文易地而

居則其伯業或較桓文爲盛亦未可知也是故君子不以成敗論人而以心術行事判其優劣使其心術良行事義則雖蠻夷雖無成固無傷於德非然者則雖天子亦獨夫也故吾之論五伯以楚莊爲上秦穆次之齊桓又次之宋襄又次之若夫晉文之背恩忘惠以詐待人雖其伯業最盛吾無取焉孔子曰言忠信行篤敬雖蠻貊之邦行矣言不忠信行不篤敬雖州里行乎哉吾執此言以論五伯

熟讀麟經論斷正而不詭氣勢沛乎有餘正功力充滿之候

●楚蔿賈謂子玉剛而無禮不可以治民論

陸競智

天下之才多出儒林以之爲相則國治爲將則兵治未有既爲儒而不能爲國家柱石且爲人詬病者也儒者博通今古矜平躁釋說禮樂而敦詩書識見無所不精心性無所不純任官授職必無畏事喜事之心僨事敗事之理兵爲大事國君登壇拜將舍儒其誰與屬哉聖人制禮儒者學焉迂儒守其範圍通儒得其精意非僅如禮記所載典制所定也蓋禮者天人之節制萬事之權衡天下事物之理皆不出乎範圍之中有禮則吉無禮則凶證諸經史昭然若揭矣夫恭愼勇直美德也無禮以節制之孔子以爲必至勞葸亂絞若剛爲天德似無美不備矣孰知天道因剛健以運行亦有中昃盈虧

之理人之道猶天也天生五材缺一不可兵之用猶金也治兵者猶火也善將兵者其用兵如百鍊之金雖折而不缺其治兵如純靑之火雖猛而不傷有闔閭之溺愛不可無孫武之威嚴有莊賈之驕貴不可無穰苴之法令剛柔相濟乃天地生物之常而中庸無過不及之理也不知禮之經嚴於制度而禮之權通於事變是故御兵無禮則踰閑蕩檢待兵無禮則濫刑僭賞行兵無禮則旗靡轍亂戰兵無禮則勝爭敗擾進退之兵無禮則爭先落後攻守之兵無禮則輕戰疎防無禮之害一至於此人第知登降揖讓於朝廷之上者爲禮而不知縱橫起伏於行陳之間者亦禮也若春秋之郤縠蜀之諸葛亮吳之陸抗晉之羊祜杜預皆一時之儒將善於治兵者也昔楚將子玉治兵於蔿鞭七人貫三人耳蔿賈以爲剛而無禮必子玉驕暴猛烈之氣形諸外也不然鞭撻乃治兵之常軍法不嚴何以治兵蔿賈不審其用刑之是非而遽謂其不可以治兵此豈無因而至哉蓋剛而有禮則爲勇毅正直剛而無禮則爲驕暴猛烈子玉之剛無乃得氣之偏者歟觀其使伯棼請戰追三舍之師請與晉之士戲皆自恃其勇知進而不知退知存而不知亡有以致之也爲子玉者剛强自負若能參以楚子之持重晉侯之遜讓豈至喪師辱國而爲天下僇哉故曰將相之才多出儒林謂非禮足以制氣質之

偏哉。

貫穿經史。通達性理。兼有雄渾細密之長。斯爲傑構。

◉秦穆公不聽蹇叔之言而使孟明襲鄭論

陳文松

自古英雄之主。每遇一事。輒不顧利害。不度安危。貿然赴之。雖有忠言讜論。廷爭於前。不聽也。迨喪師辱國。而始悔焉。則無及矣。蓋英雄之主。類多好大喜功。計其利。不恤其害。圖其前。不顧其後。且血氣强盛。野心勃勃。常懷進取之念。不樂老成之言。是以每多僨事。穆王不納祭公之諫。親征犬戎。而荒服不至。苻堅不用王猛之言。大舉南犯。而兵敗國亡。職此故也。語有之。忠言逆耳利於行。因其逆耳而不聽之。鮮有不敗者。秦穆公不聽蹇叔之言。使孟明襲鄭。而卒喪師於殽。君子未嘗不笑其輕舉妄動也。推秦穆之心。必以爲我方與鄭和。鄭必不備。且三將在鄭。可爲內應。是以杞子之告至。即遽命興師。計誠得矣。而未嘗計及晉人之在其後也。獨蹇叔知越境襲國不可得志。又知晉人之夙怨於秦。必以兵邀其歸路也。故曰勞師以襲遠。非所聞也。師勞力竭。遠主備之。勤而無所。必有悖心。且行千里。其誰不知。又曰晉人禦師必於殽。其於事之利害。師之安危。敵之情僞。地之險隘。皆洞悉靡遺。計深慮遠。所謂老成持重也。穆公不察。倉猝出師。

卒爲弦高所遇。不得已滅滑而還。又爲晉師設伏於殽。遂以大敗。三帥就擒。車徒覆沒。雖素服郊次。鄉師而哭。又何及焉。雖然穆公之敗。固不免輕舉妄動。使他人當之。則出師之時。必將大怒蹇叔。而蹇叔且有不測之禍。返師之後。又必遷怒孟明。不自悔過。今秦穆當出師之時。雖不聽蹇叔之言。而恩禮不衰。返師之後。復能引咎自責。任用孟明。此其所以能終勝晉人而霸西戎也歟

剴切詳明。語多警闢。

楚莊王日討國人而訓之論

曾桐

嗟乎。時至春秋。周室衰。王綱廢。强陵弱。衆暴寡。爭城以戰。殺人盈城。爭地以戰。殺人盈野。當時之君。日事戰爭。以土地爲立國之本。霸王之資。凡可以擴充其土地者。即殫其心力。困其百姓。糜其府庫。躬冒殘酷之名。窮兵黷武。在所不顧。昭昭史策。可考而知。五霸繼起。挾天子以令諸侯。假仁義之名。陰行其侵略之策。其霸業之最盛者。民之受禍乃愈烈。吁。是何故歟。豈德之不逮。而力之有窮歟。不然。何僅及其身而遂已也。楚莊王自滅鄘之後。霸業遂成。於是馳騁中原。與晉爭强。雄心勃勃。秣馬厲兵。以圖一勝。不惜殫心竭力。從事於山東諸侯。日討國人而訓之。歷史傳爲美譚。愚謂不然。假令莊王真

知民生之不易禍至之無日當求所以養民弭禍之方廣施仁政弭兵革蘇民困乃不此之務昔歲入陳今茲入鄭民力疲弊而莊王不以爲意吾意楚之人民方苦戰爭久矣果爾又何貴其日討國人而訓之哉揣莊王之意以當時兵革繁興民不堪命欺其易動而悚以危辭使之聽命外示與民休戚相關而內存不測其用心愈巧而其詐益彰夫以民命爲孤注行詐術以欺其民復以欺天下後世之人莊公誠梟雄哉雖然莊王之徼幸得有孫叔敖耳否則邲之一役又安能以勝楚哉

切定楚莊語無泛設

●荀林父師敗請死士貞子引楚殺子玉事請晉侯勿殺論

薛椿蔭

士貞子請晉侯勿殺荀林父論者稱其識見以爲大將一國之干城勝負兵家之常事若以一敗而殺一大將是自壞其干城烏可出此昔曹沫三敗而卒雪魯之恥孟明屢北而卒復晉之仇設令二子一敗而死是秦不能霸西戎而魯不能返失地也雖然余竊有疑焉夫邲之戰荀林父以中軍元帥而牽于先縠駕馭乏術指揮無方是晉之敗林父實尸其咎殺之而爲庸臣懦將誤國喪師者戒誰曰不宜非誅其敗也誅其懦弱

無能也而士貞子請晉侯勿殺亦已謬矣而又復引楚殺子玉事以爲言豈不謬而益謬乎夫子玉雖剛而無禮然較林父之懦弱無能其相去奚如假令子玉不死而能爲孟明曹沫者可能之事也林父不死而能爲孟明曹沫者必不能之事也此晉文所以憂子玉之生而喜子玉之死也然則林父果死固於晉無失而於楚無得也焉可與子玉比耶況城濮之戰與邲之戰其間相離數十年其時異其勢異豈可同日而語哉意者林父與士貞子必先有謀約故一則請死一則爲之求免不然則林父欲死則死耳何以請爲其請者蓋希圖赦免而使士貞子得以救之也不觀乎士貞子之言乎一則曰林父之事君也進思盡忠退思補過社稷之衛也再則曰夫其敗也如日月之食焉何損於明其故意爲林父隱瑕舉瑜不亦昭然若揭乎是則林父之請死與夫士貞子之請晉侯勿殺蓋皆所以欺晉侯而已其引楚殺子玉事蓋託辭耳嗚呼苟林父可謂無恥矣士貞子亦可謂狡辨矣而其如晉之失刑何

前路清機徐引中後議論精卓

◉宋向戍弭兵論

張紹琨

兵也者所以保衛人民者也外患之來非兵無以禦之內憂之起非兵無以靖之兵可

百年不用不可一日不備誠思患預防之善策也春秋之世列國以兵力爭天下兵禍之酷消弭不易乃宋向戍獨創弭兵之說以求晉楚之成意欲以玉帛代干戈爲兩國弭兵端何意未及加盟而楚先衷甲吾未嘗不嘆其謀之不臧而計之左也蓋天生五材民幷用之廢一不可誰能去兵古今來有因武事廢弛而受意外之禍者秦始皇旣平六國囊括宇內以爲天下無事矣於是銷金鑄鐻以弱天下之民然未及二世斬木揭竿之徒相繼而起卒無以禦之而亡社稷宋太祖杯酒釋兵權廢弛武備及澶淵之役朝野震驚繼而遼夏事棘防禦無策致使趙氏山河終有南渡之禍豈非兵力不足之所由致乎由是觀之欲立國於世與列强相抗與天地相終始非兵力不爲功然則向戍弭兵之說非歟今夫爭城以戰殺人盈城爭地以戰殺人盈野碧血淋漓白骨橫飛此非兵禍之烈乎戮人父母殺人妻子孤兒寡婦哭望天涯荼毒生靈人民塗炭此非兵禍之慘乎茫茫平地烟塵窈邈無人日月異色晝夜常冥風聲鶴唳朱輪血轂氣象悲慘草木悽悲此非兵戰之爲害乎兵之爲禍如是其烈民之苦兵如是其甚兵固可不弭乎哉應之曰否否春秋之世以仁義爲迂闊惟兵威是尚欲於此時行弭兵之事則非其時也然晉自夷儀再會諸侯多攜趙孟執政而晉霸衰苟兵不止則北方

之勢日急宋實首當其衝故向戍啓謀欲令兩國行成以紓其難誠不得已之苦衷乎然兵未弭而反先召兵禍而宋亦不免被兵是不知所以圖自存之道徒欲依人以延殘喘吁亦難矣哉故爲向戍計見國勢之日衰必發憤爲雄力圖振作求整軍經武之略存有備無患之心勉國人以報國親上之誠勵將士以殺敵致果之效則强鄰不敢覬覦則兵不弭而自弭矣故弭兵之道先在强兵苟能春蒐夏苗秋獮冬狩整軍實而勤練之興富源以充軍實便交通以利行軍暇時則教以孝悌忠信之禮講忠報國之道雖罝兔之野人可以備干城小戎之女子可以敵王愾則外侮不足慮內亂不足治兵力已强則天下爲所震懾而兵禍不起天下之兵不弭自弭所謂制治於廟堂之上得勝於千里之外又何患乎强鄰哉願後之爲國者急圖自强之術毋徒恐於弭兵之說而苟且以偷安哉

筆陣縱橫如荼如火

鄭子產能知四國之爲論

楊耀恭

春秋之世羣雄並立爲之霸者則齊晉秦楚也齊據於東秦恃於西晉爲北方之霸楚則稱雄於南鄭以蕞爾小邦介於大國悉索敝賦國無寧日自子產相鄭執政二十年

而鄭得安平無事此無他子產有辭而又能知四國之爲也夫兩姑之間難爲婦兩大之間難爲小鄭以區區之邦介乎四大之間事之以玉帛不得免焉事之以犬馬不得免焉事晉則楚攻服齊則秦伐事一國則三國卽興問罪之師此時之鄭亦難乎其爲國矣然而子產爲政知小國雖不能以强示人然亦不可示人以太弱其於大國不事以犬馬玉帛而事之以禮不專事一國以招他國之怒常察四國之情形舉動而預籌對付之方凡事預則立有備則無患鄭之得以安寧二十餘年非子產之才能有以致之乎自非子產孰能周知四國之爲哉雖然子產之能使弱鄭安居四强之間又豈獨知四國之爲之效哉其治鄭也內政修明百廢俱舉實爲彼對外之一助使內政不修內亂不已則子產雖有辭雖能知四國之爲亦無所施其技矣是故以貧弱之國强鄰環伺而乃內政不明內亂不止則雖起子產使當其衝亦無所用之矣

切理饜心語不空滑

●鄭子產能知四國之爲論

陳祖光

立國之要道固在於內政而尤在於外交蓋內政之修其事易舉其跡甚明至於外交之得失其效難必其理無常此知幾君子所以常深謀遠慮慘淡經營切切於外交之

道也當三代盛時海內統一四夷賓服本無所謂外交也降至春秋諸侯雄立霸者繼起共相傾軋於是外交之道尙焉齊之管仲鄭之子產皆以外交才稱天下而就國勢論齊大國也鄭小國也子產之所處較管仲爲尤難子產之爲人也內文明外柔順孔子稱其有君子之道四又稱之曰惠人蓋中有得而發於外者也其論外交能知四國之爲昭悉無疑何其思之深籌之熟精密若此也夫鄭介乎秦晉楚齊之間欲與楚晉伐之欲與晉楚伐之而齊秦亦不可不與周旋大有左右兩難之勢然鄭之宗社終能保全無恙安於磐石之上者非子產其誰爲力然使子產不知四國之爲其應付外交亦不能措置裕如也蓋弱國處於大國之際力不足以敵勢不足以禦所可恃者理義而已矣所謂理義者以我之直制彼之曲也是在於洞察敵情能知其所爲然後可間其隙以理中之以義詰之彼大國將無如我何此弱國與大國交不易之道也嗚呼子產有辭鄭國賴之子產眞人傑哉可謂能識時務矣惜乎今日中國不復有子產其人使列强有所顧忌然以子產之才亦不幸生於春秋之時其功其勳不能盡展子產既沒是終不免於亡此豈子產之志也哉

文有內心動中肯綮

●仲尼以子產不毀鄉校爲仁論

曹麗順

孟子曰大人者不失其赤子之心又曰仁者愛人易曰天地之大德曰生蓋爲人上者當秉天地好生之心愷惻慈祥愛其庶民如父母之愛赤子夫如是則可謂仁矣仲尼不輕許人以仁而於子產之不毀鄉校則曰人謂子產不仁吾不信也一若不毀鄉校卽足當仁字而無愧此何故也天下之事不外公私二途人己二界其機至微其較至大仁者二人也吾有我亦有人也至公無私人人得其平也同一事也我以爲善人亦以爲善則足以利己而利人我以爲善而人不以爲善則寧舍己而從人毋以私而廢公厲王監謗始皇阬儒爲箝制人民之口也而其初不過一念之私而已有己無人而已遂至偶語棄市道路以目殺人之多何可勝計於是積怨愈深不平愈甚而其力愈大一旦潰隄毀岸至一則出居於彘一則國隨身亡載舟覆舟抑何可畏是則其初有己無人者其終幷己而無之也故子產曰大決所在傷人必多以一念之公而愛人卽所以愛己是鄉校何殊於舜之諫木謗鼓焉其爲仁也不亦宜乎或謂子產爲政尙猛鑄刑書作邱賦豈得謂之仁乎余以爲政不患猛而患苛猛政如火畏之而莫犯苛政如虎又如阱入之者莫得免子產之政火也非虎也愛人而非殺人也鄉校不毀民得

上海天一書局印行

議政行其所善改其所惡以不忍傷人而遂不忍毀校以不忍人之心發爲不忍人之政其好生之德爲何如其愛民之心爲何如其爲仁也不亦宜乎孔子曰天下有道則庶人不議不議者無可議也非不敢議也而天下無道往往箝民之口使不敢議遂至生靈塗炭喪身亡國而不恤不仁孰甚焉

處處扼定仁字發揮可謂枏題有識文亦詞氣渾厚饒有根柢

子胥復楚包胥與楚論

虞漢

自昔孤城孽子爲時勢所逼迫苦心毅旨冒大不韙以行非常之事後人不諒多求全之毀如子胥之復楚包胥之興楚論者譏其處置之失當多所貶責蒙竊以爲不然也夫平王執伍奢而召其二子本欲斬草以除根尙赴而員遁實具苦心使平王能早悔悟赦奢尙以不死員必感激涕零誓以死報國家不幸奢尙並誅冤恨莫伸員若不報豈復有人子之心哉夫君父之讎不共戴天平王密邇讒閒失所以爲君之道證以草芥寇讎之說則父讎必報無復疑義當子胥之適吳包胥知之知之而重勉之正見其道義相交既全子胥之孝復完朋友之義以興楚爲志公誼私交兩無妨害及至吳師入郢果能實踐其言如秦乞師庭立而泣七日不飲其忠誠爲何如耶或謂包胥不宜

隱縱子胥致有入郢之禍不知賣友不義逢君之惡不忠不義不忠豈申包胥所肯出此或有以爲父仇宜報而導吳入楚騷擾人民爲子胥病是亦不然夫子胥逃至異國烏能刼平王於禁衛森嚴宮室周密之地舍興兵攻楚無他策矣況吳楚之爭已久壽夢之世楚康之際交相爲雄迄乎王僚之立楚常絀而吳常伸微子胥吳亦能覆楚蓋闔廬之發憤爲雄遠逾前代而楚昭之信讒寵佞猶然平王之子也子胥因吳而復楚非吳因子胥而得入郢也子胥適吳而不奔他國正有見乎此是故興兵之罪子胥不與也平王幸而令終不覩兵革之災雖掘墓鞭尸猶爲倖事故子胥曰報其子不及其身莫釋予怨也可見怨毒之深入其心雖如此猶以爲未足乃後世反謂其已甚子胥聞之能不憤憤哉吾故曰子胥包胥二人之所爲皆是也無包胥無以成子胥之孝無子胥無以顯包胥之忠後人不察時勢妄加指摘安能服英魂於地下哉

議論發皇後段尤勝

夾谷之會孔子使齊還魯侵地論

陳大燮

國有內政而後有外交內政不修四維不張刑賞失其當官守失其職田野不闢貨財不積民有身家不能自保奚云保國於斯時也强鄰伺隙逞兵索地國無禦敵之備民

無忠國之心喪地受侮在所不免而敵人利己是圖見我之無力以制彼乃益肆其鯨吞之計蠶食之謀疆邑日蹙後患無窮縱有懸河之口曷能返已割之地哉魯以弱小之國與齊相抗夾谷之會孔子爲相兩君就壇兩相相揖將行盟會之禮齊人鼓譟而起欲執魯君非孔子以大義責之齊人且將執魯君以求割地矣齊承桓公之後非畏魯兵甲之堅非畏魯口舌之利也而還魯侵地者誠以魯任孔子又國內大治正名修政上下有序齊鄰國也魯之强非齊之利故於是年三月即與魯平且萊兵既卻優施既斬魯之威行於壇坫之上齊雖欲不還魯侵地而不可得也惜乎魯不克終用孔子女樂既受接淅遂行其所爲僅返侵地而止孔子之不幸亦魯之不幸也然近觀魯案之於太平會議欲提出而不能求返地而不得竊不禁神往於當日夾谷之會矣

陳古刺今筆意廉悍

來百工則財用足論

鍾森榮

國家之富源首曰天產次曰製造無天產無以爲製造之資無製造無以盡天產之利於是百工興焉百工愈多製造之業愈盛天產之利愈闢而國家之富源愈啓財用愈足然則百工與國家經濟其關係不綦重歟雖然彼百工者或散處四方不足以應國

家之需求或國家待遇不至不足以引其欣然嚮往之忱則製造將仍不振天產將仍不關富源將仍不啓財用將仍不足於是而來之之道在上者宜急急提倡之矣中庸曰來百工則財用足此物此志也夫窮其心思瘁其身力以從事製作百工之業至苦矣大之爲衞國保民之具小之則日用之常無一不須乎百工一人之身而百工之所爲備其效力於國家者至大矣顧乃盡其手足胼胝心思勞瘁之所入或無以供衣食之資工地之設備未週勞作之時日無限致其性命有危難之虞生活多困苦之感或不幸罹於變故撫恤之金僅數送死甚至幼而失學終其身無受教育之機雇用者奴隸之牛馬之而國家不爲之保護社會不爲之重視遂使已來者有誤蹈荊棘之嘆未來者懷裹足不前之意夫如是而欲百工之興財用之足得乎是故知百工之苦則必重其工資優其待遇知百工之效力於國家者大則必保護而尊重之若夫薄賦斂以推行百工之出品設工廠以廣示百工之進止立學校以培植百工之人才然後庶民有爲工之樂國家無無工之危而財用之足可望矣今世萬國勞工會有保護條例之發布其亦此意也夫吾中國今日之財政其窘狀至斯而極天產雖富而製造鮮聞百工之過歟抑爲國者之過歟甚至異國爲苦工之人受外人之虐待而國家不爲顧問

嗟夫惠工之舉此今日要務也願有國者其圖諸

洞達時宜卓有見地

學而優則仕論

鄒恩潤

嗚呼當今之世仕途龐雜有不諳法律而司法者矣有不識財政而理財者矣有懵於治道而行政者矣孰途人而使之割雞則謙遜不遑以未熟操刀之術也孰途人而使之爲官則坦然處之若有餘裕何也以今之仕不必學也夫不學而仕不至使政治受無窮之害也則予欲無言苟不然者君子誦先哲學而優則仕之遺訓安得不有餘痛也蓋天下事之愈大者則處理益難處理益難則非才識莫能善其後而才識必以學爲之基今夫事之大而且難者孰若國事未熟操刀不敢割雞未優於學獨敢任政使任政之事小於割雞則已不然將招折鼎覆餗之禍國事敗壞遂不堪問以不學無術而敗壞一身一家者其害尚輕以不學無術而敗壞一國之事者其害彌重無異持刃而刺千萬人之心也苟筮仕者必由士途人惟有力學舍此無他途以自見苟仕途皆不學之徒則奔走苞苴廉恥無復存者政治革新遂終無望是故學未優而仕其害非至陷國事於絕境不止而學優之仕固羞與小人爲伍即願側身其中作砥柱中流求

有濟於萬一。夫豈可得嗚呼君子誦先哲之遺訓安得不有餘痛也

借題發揮痛快無匹

●樂民之樂者民亦樂其樂憂民之憂者民亦憂其憂論

陸慶元

天生民而立之君以牧民也非以害民也爲君而害民是殘賊也是匹夫也安得謂之君哉身爲民率而不知民間之憂樂己處於樂而不知民之處於憂誠非所以安民也昔孟子見齊宣王於雪宮中之以根本大義諄諄然告之曰樂民之樂者民亦樂其樂憂民之憂者民亦憂其憂旨哉言乎蓋君之於民如家人父子然患難相共休戚相關也父母有患子弟奮臂而攘之矣子弟有難父母亦起而抗之矣三代而下愛民之君不概見興徭役重賦稅早令暮改民疲奔命庖有肥肉廐有肥馬民有飢色野有餓莩斯時之民何樂之有哉夫樂以一人樂非真樂樂安能常憂必及之觀於時日曷喪予及汝偕亡之言可痛孰甚焉然則如之何而可曰詳察民間之實情及憂樂之所在設身處地保民而王使老幼各得其所少壯勿失其業輕徭役薄賦稅此民間之大樂也癘疫之興災患之來民間之大憂也宜設法以除之暇時修以孝悌忠信使民知所守

設學校以求高尚之智識使戰禍不生田園共守父子不流離民間之大樂存焉斯則得牧民之要道矣

通達治體文亦簡勁

●國家閒暇及是時明其政刑論

虞漢

中庸有言凡事預則立故先事預備者自强之要道也若夫臨渴掘井亡羊補牢其能挽救於萬一者蓋不多覯讀史察治亂興亡之迹見國勢之衰民族之弱卽兆於閒暇之時豈日中則昃月盈則食滿必招損盈必有虧耶抑亦未知保盈持泰者有以自致悔吝也夫好逸惡勞有生之恆性而趨榮避辱亦人類之常情當國家多事之秋孰不思同心協力衆志成城上下交奮期致國家於富强勢使然也迨乎國家閒暇則主荒於上民嬉於下逸則思淫淫以忘善忘善則惡心生於是奸邪竊其權强鄰伺其側及時而發不可挽救馴至亡國禍不旋踵當此之時在上者鑒於否泰消息之源剝復乘除之理修明政刑舉賢任能庶百廢皆舉而國以永安蓋夫一國之國勢有如逆水行舟不進則退故善治國者安不忘危治不忘亂於此閒暇之時所當三致意焉噫歲不吾與時乎不再不及此時保持國勢奮發有爲博采輿論整頓吏治弭禍於無形興利

於將來而徒粉飾太平鋪陳盛治侈萌意而佞臣進驕心勝而正士退一旦饑饉荐臻戎馬倥偬禍患頻仍顧此失彼於此時而欲修政綱宣刑律兼籌並顧豈可得哉故夫爲人主者處憂患之時固難處閒暇之時亦不易孟子言生於憂患死於安樂正與此二句意相發明噫以積弱之國不知勵精圖治姑息偷安及至內憂外患相迫而來旣鮮預籌之策又乏應付之方行見淪亡之禍覆滅之慘爲期不遠讀詩至天之方蹶無然泄泄不禁愴然起無窮之感也

切理饜心語無泛設

●弱役強論

汪仁鏡

雀與鸛遇鸛能逐雀人不曰此鸛之無良也貓與鼠遇貓能捕鼠人不曰此貓之不義也天下事兩强相遇勢均力敵各不相下一强一弱强者生存弱者絕滅此天演之公例也孟子一書一則曰弱固不可以敵强一則曰弱役强戰國之天下一强凌弱之天下也孟子一生學問思欲以文武周孔之道詔當世諸侯王觀其平時立論曰地方百里而可以王曰以齊王猶反手也一若人君能行王道則强者失其爲强弱者可自至於强孟子之尊王斥霸卽伸公理抑强權之意也雖然吾竊有說焉凡人類世界當强

弱二者大相懸隔之時則强者每有役使弱者之權力最初之時所謂强者腕力相搏之謂也待世界漸進化由腕力一變而爲武備由武備一變而爲智識至以智識相尙彼之智識日進步我之智識日發達强弱之程度相隔不甚遠昔之所謂强者不得任意役使其權力非强者之甘心自减殺其權力也實則弱者之智識旣已前進不復安於前此弱者之地位而昔日之强者遂不得不變暴猛而爲溫和舍强權而言公理此其時矣國於大地之上必使國力之强弱相平等彼此箝制互保其均勢之局而不敢發難融融壇坫聘使往還而世界遂得相安於無事設有一弱者羼入其間强者各思伸張其勢力牽一髮動全身均勢之局往往因之而破在弱者宛轉於刀俎之下而不知强者視之正行使其當然之權力也如巴爾幹半島之爭是也設衆强之中而有至强者出挾其凌厲無前之概以掃蕩羣雄强者之不敵至强勢力限之也然使集衆强爲團體以制一至强至强之屈服仍屈服於强權也一切人道正義皆英雄欺人之語如歐美列强之戰勝德國是也康南海强學會序志曰天道無親常佑强者至哉斯言强者役人弱者役於人欲免爲人役惟當先求爲强者而已一民族之中必待人人之强相等而後人無所用其强一世界之中必待國國之强相等而後國無所恃其强是

謂強權發達時代是亦強權消滅時代夫然後而進於世界之大同

強則均勢之局成弱則均勢之局壞警心悚目語有鍼砭

●善戰者服上刑論

葉邦彥

月不能常圓有時而缺花不能常放有時而凋天下不能常治有時而亂故有圓有缺事之循環也有放有凋理之正軌也有治有亂天下之轉機也然亂之世必事戰爭是則戰者勢也亦時也而又何病焉且處競爭之世強陵弱衆暴寡弱肉強食不平之事莫甚於此況敵且蠶食我土地屠戮我人民刼掠我財帛蹂躪我市廛當是時非戰不足以自衛勝則國存敗則國滅存亡之機繫於一戰則善戰尙矣然則戰也者爲保民也善戰者爲存國也善戰何罪焉乃孟子獨曰善戰者服上刑何也夫有生必有死天之道也誠一戰而安天下雖百戰不爲病一戰而救萬民聖人有所不能禁也是以戰端開於軒轅而人不以爲暴弔伐始於湯武而人不以爲虐後世更目之爲聖彼之用兵蓋不得已也使不然必以戰爲罪以善戰爲罪是則軒轅湯武不皆爲後世所譏乎吾以爲孟子此言爲戰國發耳戰國之世戰禍烈矣爭地以戰殺人盈野爭城以戰殺人盈城嗚呼可不痛哉自有善戰者出而寡人之妻孤人之子殘民以逞靡所底止是

善戰者階之厲也上干天地之和下釀生民之禍亦豈天地之所能容哉揆之善惡之報禍福之機其服上刑也固宜

抑揚頓挫文心如剝繭抽蕉層出不窮

孔子聖之時者也論

曹天新

予嘗讀孔氏書竊怪其語意不一使後之學者多生疑問究之既久而始悟曰微斯則不能窺聖道之大也若孟懿子樊遲子游子夏同屬問孝而其答則異非孝道之有異也乃因才施教而異也醫之用藥也因疾而施故能成其功聖人之行道也因事而異因世而變故能成其大孟子願學孔子者也孔子尊周室而孟子說諸侯以王道何歟孔子尊君而孟子則曰民爲貴一尊君權一尊民權何歟豈孟子之學與孔子不同歟不知其不同於孔子者正以善學孔子也夫孔子之道原無定矩學孔子者貴明其理而通變其事春秋之際周室之餘威尙存勸諸侯而尊之可以除天下之難及至戰國周室衰微已極莫能爲力說諸侯以湯武之道庶可以解民之倒懸其事雖異而救世之心則一也孟子曰彼一時此一時也其是之謂乎嗟嗟鄉黨一篇詳記聖人之出處而修贊之以時時哉時哉記者卽孔子之言以贊孔子蓋真能知孔子者惟斯因時制

宜之道望之無形學之無窮此顏回所以竭畢生之智而終歎其高堅今之學者多以孔道爲迂腐噫學在四夷其言固出於孔子彼不知孔子者又安足與之論學者哉剝膚存液歛氣歸神

入則無法家拂士出則無敵國外患者國恆亡論　趙曾珏

孟子有言惟大臣爲能格君心之非欲求長治久安格君心其要也法家拂士足以強諫人主者國之柱石也敵國外患足以傾覆宗社者國之藥餌也專制之世天子最尊位既至極權又無限其所忌憚者不過法家拂士其所憂慮者不過敵國外患而已有法家拂士而常正率之則人君不敢自逸矣有敵國外患而時恐懼之則人主不敢偷安矣不自逸不偷安圖存之道也矧人君半多中庸之主性好晏安易入荒怠夫以漢文之仁而猶棄賈誼於遐荒以漢宣之明猶視霍光若芒刺蓋人主之所忌憚者惟法家拂士也恐法家拂士之正己也故不敢妄動以恣其欲壑斯民得以安全而國家賴以不墜也秦二世滅蒙氏而國遂亡蓋蒙氏者秦之法家拂士也晉武帝未滅吳時頗尚儉德晏寢早起勵精圖治卓然令主也然自平吳而還專事游宴掖庭萬人置國政於不理何哉蓋吳者晉之敵國外患也平吳之後武帝之心以爲敵國已除外患已去

可以高枕無憂遂恃以爲安於是驕奢淫逸何所不爲矣非特此也他若伍員沉江而吳遂亡勾踐沼吳而越終滅蓋中智之主苟內無法家拂士之正率其行外無敵國外患之憂慮其心往往易於驕慢荒淫偷安縱欲致傾覆其國者千古而下如出一轍焉舟之行也羅盤之針不失其方向風浪愈險駛者知之而愈謹慎故每得脫險而幸存焉苟風浪平靜駛者以爲可恃羅盤不用方向不明而舟楫每多覆沒焉斯蓋與孟子之言同一理也嗚呼有國者其鑒諸

文筆疎宕發揮切實

爲機變之巧者無所用恥焉論

張駿良

萬物莫不有機有機則有變人莫不有恥一爲巧則無恥蓋機由知而變發乎知而極乎巧莊子稱萬物皆出於機入於機斯其義也夫人生而有機長而漸近乎知狡黠奸滑而知遂同乎巧故機者人之基也基乎性則善趨乎知則巧基乎惻隱之心則發而爲仁而恥爲不仁基乎羞惡之心則發而爲義而恥爲不義基乎辭讓之心則發而爲禮而恥爲非禮基乎是非之心則發而爲智而恥爲非智機發乎中者也而恥生乎機中庸云知恥近乎勇子曰見義不爲無勇也恥原於有爲而貴乎奮發見義不爲是其

欺詐陰險務合乎巧而變其基矣惻隱之心變則巧爲僞仁而恥爲仁羞惡之心變則巧爲假義而恥爲義辭讓之心變則巧爲虛禮而恥爲禮是非之心變則巧爲小智而恥爲智機變乎巧者也而恥亡乎變矣恥爲不仁不義非禮非智是恥也是真發乎機者也恥爲仁義禮智者是無恥也是性之變乎巧者也無所用恥也戰國之際世風日衰民性奸宄廉恥喪亡朝秦暮楚之徒皆恥其所不當恥不恥其所當恥國家棼如天下爚亂其機皆狡黠奸滑之機其恥皆欺詐陰險之恥也其機若彼其恥若此雖曰無恥可也孟子曰爲機變之巧者無所用恥焉嗚呼世之喜爲機巧者可以鑑矣

相題精切中段以四端立說發揮尤爲透闢

善政民畏之善教民愛之論

陳文松

今世之言治者莫不曰當今之世不患國家之不治而患政刑之不善不患律令之不行而患威信之不立周禮以九職任萬民一曰三農生九穀二曰園圃毓草木三曰虞衡作山澤之材四曰藪牧養蕃鳥獸五曰百工飭化八材六曰商賈阜通貨賄七曰嬪婦化治絲枲八曰臣妾聚斂疏材九曰閒民無常職轉移執事以九賦斂財賄一曰邦中之賦二曰四郊之賦三曰邦甸之賦四曰家削之賦五曰邦縣之賦六曰邦都之賦

七日關市之賦八日山澤之賦九日弊餘之賦凡此皆政之善者也爲國者苟能參以周禮酌以時宜樹其威信嚴其法令國安有不治者哉予以爲此未能盡善也夫以九職任萬民富民之事也以九賦斂財賄富國之政也樹威信嚴法令厲民之法也國與民交受其利善誠善矣然民之從之也知利而已不知仁義之可貴也畏法而已不知忠信之宜守也迫於令怵於法非不知君相之以富利其身家而感之也然其感德之心終不敵其畏法之意不特此也逸居而無教則近於禽獸民既富矣而無以教之則民不知仁義不知道德富而不仁其害滋大及陷乎罪然後從而刑之是罔民也焉有仁人在位罔民而可爲也是故先王之治民也非苟富之而已必有以教之使其民漸漬乎道德之淵棲遲乎仁義之域知忠信之可寶故樂於從公非迫而强應也識廉恥之宜尙故不犯非義非畏而强抑也懷其德樂其道化其仁率其教故民之事其上也愛之如父母仰之如日月敬之如鬼神如此則王道隆而治功著矣孟子曰善政民畏之善教民愛之蓋謂此也昔春秋之世管仲相齊制邱賦行軍政阜財用明號令信賞必罰卒能一匡天下九合諸侯魯襄之時子產治鄭使都鄙有章上下有服田有封洫廬井有伍一年而民怨三年而民服卒能善事大國安其社稷此皆當世之賢臣也皆

能行善政者也然一僅於霸一僅保國何哉豈非有善政而無善教之弊與大抵善政者以智驅以術馭不若善教者之以德化以義感也智驅術馭霸者之術也德化義感王者之道也二子惟知善政而不能善教故其治功至霸而止也孟子曰霸者之民驩虞如也王者之民皞皞如也言霸者之民雖亦愉樂然其樂者富利而已免法而已非能樂道也治功之至而非性功之極也王者之民則不然容與乎道德逍遙乎仁義優游於光天之下翱翔於化日之中其氣象豈霸者所能及哉此王霸之辨也亦善政與善教之辨也然則僅恃善教而遂可以治天下乎曰何爲其然也衣食足而後知榮辱倉廩足而後知禮義無恆產而有恆心者惟士爲能苟無恆產則救死惟恐不贍奚暇治禮義哉昔孔子與冉有論治國之道富庶之後然後施之以教可知聖人之教固不躐等而施也故先王之治天下也政教兼施恩威並用務材訓農通商惠工政也謹庠序之教申之以孝悌之義教也民富然後安其居知孝悌然後知愛其父兄敬其長上能安其居則不淫矣能愛其父兄敬其長上則明倫矣然而不王者未之有也

精深宏博卓然名世之文

性理論類

●以仁治人以義治我論

鮑錫瑤

道無不常亦無不中故堯舜之於政左莊馬班之於文以至聖人之贊天地育萬物亦莫不有至道存焉蓋以天下之萬事萬理融會貫通而純然一出於中一出於常此董仲舒所以謂以仁治人以義治我也夫明於責人昧於責己人之常情也然而好責人過則怨讟叢生況又未能必其過乎不察己失則放縱恣肆況又習而益甚乎是故修己治人之分際其于仁與義之間未可輕忽視之也事有可以責人者可以無責者不責則過乎仁有可以責己者有可以無責者責之過乎義然治人而過乎仁不失爲厚治我而過於義不失爲克己仁可過也故可行者宜施諸人而後鮮尤且怨矣義不可過也故不可行者宜施諸己而後無損於人矣昔歐陽崇公治獄之言曰常求其生猶失之死況世常求其死耶以是知治人而不以仁者終必並義而失之也且夫聖賢之別於庸愚亦僅繫於一念之間耳夷齊之死首陽廉士之絕嗟來食更有太史之簡常山之舌非所蓄深厚豈易致耶今布衣韋帶之士坐誦詩書莫不欲樹功立德以康天下一旦臨小利害則已氣節蕩然失其故操是不能義以治己之過也以是知不以義治我終必並仁而失之也然而言以仁治人者非必不可以義也言以義治我者非必

不可以仁也蓋人每易以義責人而能以仁濟之而後義不可勝用也人每易以仁恕己而能以義濟之而後仁不可勝用也所以矯其枉而非治人專以仁治我專以義之謂也嗚呼方今天下滔滔世風澆漓坐皋比佩虎符者則不能負干城之寄矣峨大冠拖長紳者則不能建伊皋之業矣徒令莽莽神州歷盡沙蟲浩刼而敲剝荼毒未已也嗟哉斯輩亦足以言以仁治人以義治我之語否乎

命意遺詞具見慘淡經營之致

◉行毀於隨論

羅儁年

嗟夫滔滔舉世物感紛來善何所擇惡何所去擇之不明則處之不當處之不當而行以毀君子際此難矣夫生人之所欲義亦人所宜欲二者不可得兼寧偷生而背義抑捨生以取義非有剛毅果敢之志必將畏首畏尾不知所從委蛇苟且不能自決君子宜如何處之雖然寧爲玉碎毋爲瓦全古人慨乎言之矣韓文公語國子生曰行毀於隨其殆明瓦全之不可乎蓋聞之朝廷之士先名節名節之士不牽於苟隨惟義之求白刃之威有所不避容悅之態有所不爲無中立之義無兩可之見所以全其行也中立者謂之媮兩可者謂之巧唯媮與巧乃入於隨於是廉恥不計毀譽不顧欲全其身

而終於邪嘵夫全豈以隨以隨乃苟人無賢愚知不肖孰不欲自全然而禮戒苟免誠以苟免則所謂全者已失其所以全詭遇求合徒自苦耳蓋身之窮達在命行之毀全在己不能修己以俟命而其心內熱其行詭隨人之視之其謂之何裂其名毀其行不亦宜乎唐代士風至昌黎時而薄澳涊墮節爲當世所詬羞者比比然也而後世詭隨其行者尤多是則昌黎斯言不僅爲當世發已

精神團結筆筆中鋒

●主靜立極論

張承祜

陰陽天地之極也天地無聲而萬物化生四時序行是以天地靜而陰陽和人法天地主靜以立極仁義大道人極也人由之則爲聖賢棄之則爲庸人聖賢立人極而服之勿失此所以異於庸人也雖然聖賢豈難至哉囂囂擾擾熒惑其心而欲求至聖賢是猶南轅而北轍也主乎靜庶可以立人極矣孟子謂吾善養吾浩然之氣主靜者所以養氣也心主乎靜則自覺神志清明氣度雍容接乎目者莫不洞其天然入乎耳者莫不察其原始於是善惡立辨邪正自判守其善者正者而去其邪者惡者行乎中庸立乎中道大道坦然自現於我前矣世人不察以爲聖賢之道玄妙難達碌碌以求之適

以自擾而已矣然主靜之學豈外觀而已哉靜於內而發乎心者也學也而不專其心行也而不一其志或者名利動之物欲惑之富貴淫之貧賤移之豈足以主靜哉是以君子貴專其志定其心而不爲外物所移是所以主靜也是所以立中極也

了然於心脫然於口一起尤得題旨

●學欲博不欲雜論

武書麟

嗚呼三代而降大道閉塞百子奮興邪教並進堅白同異之流縱橫捭闔之談盛行於是而莘莘學子鮮知所本學之一道務以雜爲可貴而於孔孟博學詳說之本旨差之千里焉胡五峯先生處偏安之局當多事之秋國勢凌夷風俗頹敗思有以挽救之故爲之啓發曰學欲博不欲雜蓋先生知當時學者之徬徨於歧路駁雜相仍言聖教者輒浸漬於黃老言佛學者時蹂躪夫禮教不爲之指正迷途爲中流之砥柱則長此以往大道淪亡矣蓋異端之學驟視之千奇百怪包羅富有非不足以眩學者之目也自由道者觀之淆亂孰甚夫聖人之道至平易而極廣博造化生物之意無不備具使學者能守其一理行之天下而無所阻用之一身而無窮豈異端之鄙陋所能及哉苟以雜爲博則徒知涉歷諸子泛覽羣書注疏釋義汗牛充棟一字之解辨析秋毫尋枝順

流忘其本根既無選擇之力又乏辨別之知分離乖隔無所遵循卒致學術愈壞而欲求一能貫通經史匯覽羣書研百家之同異察羣賢之特殊者幾寥若晨星是可知今日學術之愈下而不能無憾於今之學者知其末而不揣其本以致離其道背其禮故雖讀聖賢書無益也孔子曰吾道一以貫之是求學在乎一而已固不務其雜博學必繼之以審問是則學之尤宜注重於審問明辨也方今新舊紛更教育之方針無定科學繁瑣求學之目的靡從其弊乃至駁雜而紛亂使國學日處於退化不亦大可哀耶然則今之學者曷不誦先生學欲博不欲雜之言以爲求學之宗旨而於諸子百家中外名哲之書加以審問明辨之功耶

識議明通才氣發越

●聖賢可學而至論

瞿汝霈

泰嶽之高巍巍其難登也然人有不能造其巔者乎洋海之廣茫茫其難涉也然人有不能渡其涯者乎聖賢之道至深且奧也然亦可學而至也孔子之爲聖其學皆出於堯舜禹湯文武惟孔子能馳騁其間化而裁之故成爲天下之至聖孟子之學出於孔子雖不能盡如孔子然其言行有足與聖人並駕齊驅者矣諸葛武侯居恆以管樂自

期。然後世之稱武侯有過於管樂者。聖賢且有學而過之者。遑論其至乎。聖賢既可學而至。然則世之聖賢。何寥若晨星。未見其多也。豈人有能學與不能學乎。曰否。人皆可以爲堯舜也。蓋人有不學聖者矣。有學而未能久者矣。有學而未能法者矣。亦嘗思聖賢亦人也。吾亦人也。彼能是。吾亦能是。早夜以思。去其不如聖賢者。就其如聖賢者。昔者顏子之學夫子也。步亦步。趨亦趨。若隨奔奔者。或恐失其後。始焉是聖人之所是。非聖人之所非。繼焉非聖人之是不是。非聖人之非不非。日而行之。月而積之。苦其心。孤其詣。有所動。必繩於聖賢。有所思。必繩於聖賢。有所行。必繩於聖賢。如此而學聖賢。而不至聖賢者。未之有也。縱不至。亦必幾於聖賢矣。人自呱呱墮地。知學飲也。知學語也。知學步也。及其少長。知學文也。知學智也。而於聖賢之大道不知學者。何哉。要知上下數千年。縱橫數萬里。其已往之聖賢豪傑。皆吾人可學之好模範也。

邊幅雖狹。而筆鋒犀利。咄咄逼人。　盧炳田加評

◉心官不可曠職論

徐世雄

耳之官司聽。目之官司視。口鼻之官。各有所司。心之官則思。人未有不愛護其耳目口鼻者。何也。爲其能聽能視能飲食以養體也。能覺嗅以別善惡也。惟有耳而後能聞五

音六律之聲惟有目而後能見黼黻文章之美惟有口鼻而後能別惡臭知五味瞽者不能見天地之大聾者不能聞絲竹之音則愍然以憂泫然以悲是故凡人莫不愛惜將護其耳目口鼻也何獨於心而疑之夫人之所以異於禽獸爲萬物之靈者豈不以其智能之巧文章之美能知禮義廉恥孝悌忠信乎抑以其能視聽飲食乎視聽飲食者外也禮義廉恥孝悌忠信內也發於心者也心之官思苟放棄其本心則茫然無所思木然無所動何有於禮義廉恥孝悌忠信則其去禽獸也不遠矣今之人既放失其本心惟斤斤以聲色貨利爲樂則雖具人之體而既失人之心謂之禽獸可也且心爲一身之主亦耳目口鼻之主不求於心而求於耳目口鼻間是伐本而欲木之長塞源而欲流之遠其亦不達理矣君子非盡能忘情於聲色貨利也特以聲色貨利之樂不若吾心之樂苟曠吾心之職舍吾心之樂以求聲色貨利之樂是棄本求末自淪於禽獸之列智者知所擇矣故君子不敢曠其心之職心職既修則天君泰然心廣體胖以視彼營營擾擾者其苦樂有不可同年而語矣象山之所謂心官不可曠職蓋即孟子之所謂求放心云

說理精深醰醰有味

人不可無學猶魚不可無水論

陸鼎揆

北溟之鯤東海之鯨其大不知其幾千里也方其出沒於波濤徜徉乎千仞瞬息而遊萬里悠然莫擬其樂一朝釣於任公子之鉤而登於陸日炙虫附塊然不能行方寸而瞑以待割則失其水而已矣昧陋之士未嘗聞於往哲之道識於前古之迹靜則莫以養其心動更無以措其事茫茫焉如聾者之無相無往而不僨事則不學而已矣蓋水之於魚猶學之於人已天下其海也學其水也鯤鯢居於涸壑而莫能動人之不學而處於世則一步不能行窺於學則足以養其心啓其識導於其正然則大道者養人之水也得之斯動靜交相養大以修齊治平小以周旋進退洋洋乎左右上下無礙無怖是乃爲學之效矣象山先生有言人不可以無學猶魚不可以無水學之於人重要若是雖然亦有志學之士兀兀於經史其爲學非不勤然而執古人之說而不化所往與世左或雖聞於前賢之學而其僨蹶失措與不學同甚者且有以學而蒙其心焉若是者何哉竊謂象山之學不求之外在求之內養其心立其行明大道而神之夫然後可以得心學之旨彼失其旨者又惡能得乎學易曰君子多識前言往行惟如是故能剛健篤實輝光日新此學之所以不可已夫

理明辭達一結歸重心學尤得題旨

心居中虛以治五官是謂天君論

張範中

人之所以異乎禽獸者禮禮失而人獸之分幾希矣此古聖賢所以禮教教世也雖然人獸同具五官人能行乎禮而獸不能者何哉一則有以治之一則無也夫五官各處一偏各守一職不相聯絡使無所統治之必入乎亂也是以有以治之則行合乎禮不然則亂也治五官者何曰唯心夫心居中虛之位以行其治理之權充率五官驅遣四肢遠以通四海上以知古今人之所以不倍於禮不陷於禽獸者爲有此也猶之一國有君長而百官和萬事理也故荀子謂之爲天君心之於人要矣哉人獸之分分於此也雖然禽獸罔亦有其心也何爲而異於人哉曰彼其心知驅遣五官四肢而不知充治之使行合乎禮也是以人獸之分不分於心之有無而分於心之統治之權是以使人有心而不能治其五官亦無以異於禽獸也吾由是而知養心之爲要矣不養其心者其心必失其治理之方而行倍乎禮也養心之道在虛惟虛故明惟明故行不亂也

以禮教爲主樹義必堅摛辭無懦

水一也孔子觀之而悟道體之無息孟子觀之而明爲學之有本

論

李梅先

大河大川之水皆發源於高山大嶺間而注入於四海其源甚遠其流甚長蒼蒼大水自西而東清來濁往無刻或息人汲之以解渴農夫取之以灌溉噫水之功大矣哉而人不以爲奇何也以其有恆道也非若池沼之水無源可尋無委可瀉東而不流濁而不清忽盈忽涸隨時而異也此孔子所以觀之而悟道體之無息孟子所以觀之而明爲學之有本也夫道在乎恆而已矣非持異而驚人也亦非超衆而異人也必使人易明而易知如川流之不息而人不以爲奇也然後傳播天下更萬世而不息如水之長流無片刻而或息也夫學問與名譽能傳播於宇宙之間歷百代而不滅者無他在乎有本而已本立而道生道生而無息此自然之理也如水之源然源遠則流長也若爲學不先立本猶池沼之無源而易涸也不久亦將消滅而無有譬如七八月之間油然作雲沛然下雨頃刻之間溝壑皆滿待雲散雨止而溝壑之水已涸以其無源也是故爲學貴乎有本也嗚呼水一也而有道學之悟豈非以其源遠而流長乎

清思窈窈斐然可誦

●廉恥者士人之美節論

陳壽彝

巢許何以獨疏堯廷夷齊何以不餐周粟甚哉廉恥之特著於先民也夫松有淩雲之操冰霜厲之而彌勁竹有出塵之態雨露沐之而彌貞士居四民之首而乃伈伈俔俔迷其心頑其面爲羣惡之所歸寧勿見羞於松竹乎蓋廉由恥而生恥因廉而著巢許恥無功之妄榮故隱箕潁以棲身夷齊恥臣事之傷義故登首陽而採蕨使廉恥而非美節則世無復有美節者矣嘗歎草茅之士莫不自以爲謨高禹契智邁管樂及其登仕籍列吹竽則終南視爲利途盜泉蘇其涸轍甚或求暮夜之金靦事仇讎之面子雲有美新之頌魏收有譏褒之文馮道乃三朝元老孟頫爲一代降臣士節之乖離可慨甚矣是知士固爲衆美所集亦爲衆垢所歸廉恥因爲無上之高節喪廉寡恥更爲莫大之醜行此方正學所以寧絕天下之讀書種子不肯屈節辱身也彼嗟來之食餓殍猶揮屈膝之降田橫不應爲士者受立身之訓繫國家四維之任豈可逞貪狼之慾存頑石之心爲五斗而折腰羨三公之頤養彼富春山下自有膏田南陽廬中可傲王者既澹泊以明志自寧靜而寡尤又若楊震慎獨於四知叔敖清廉於三楚皆足揚芬青史不忝所生奚必遺北山之齒冷濯西江之水汚哉此羅豫章所以重廉恥爲美節也

清言屑玉有本有文

南洋大學國文成績三集卷二終

●蘇州振新書社精印篆學書

吳大澂	篆文孝經	一冊	二角五分
吳大澂	篆文論語	四冊	一元二角
吳大澂	說文古籀補	四冊	一元二角
吳大澂	字說	一冊	三角
吳大澂	篆書銅柱銘	一冊	四角
吳大澂篆書	周眞人廟碑墨蹟	一冊	四角
吳大澂	篆書陶公廟碑墨蹟	一冊	六角
吳大澂	篆書李公廟碑墨蹟	一冊	六角
吳大澂	篆書白鶴泉銘墨蹟	一冊	二角五分
吳大澂	楷書李仙女廟碑	一冊	四角
吳大澂楷書	李仙女廟碑墨蹟	一冊	四角五分
吳大澂隸書	三關口鑿道記	一冊	八角
吳大澂	說文部首墨蹟	一冊	三角
楊沂孫	說文部首許愼敘文墨蹟	一冊	五角
楊沂孫	篆書毛詩墨蹟	一冊	二角
吳照南	說文偏旁考	四冊	一元
婁機	漢隸字源	六冊	二元四角
桂未谷	繆篆分韻	四冊	一元四角
戴熙	古泉叢話	一冊	三角
黃鑄農	篆書百家姓	一冊	五角

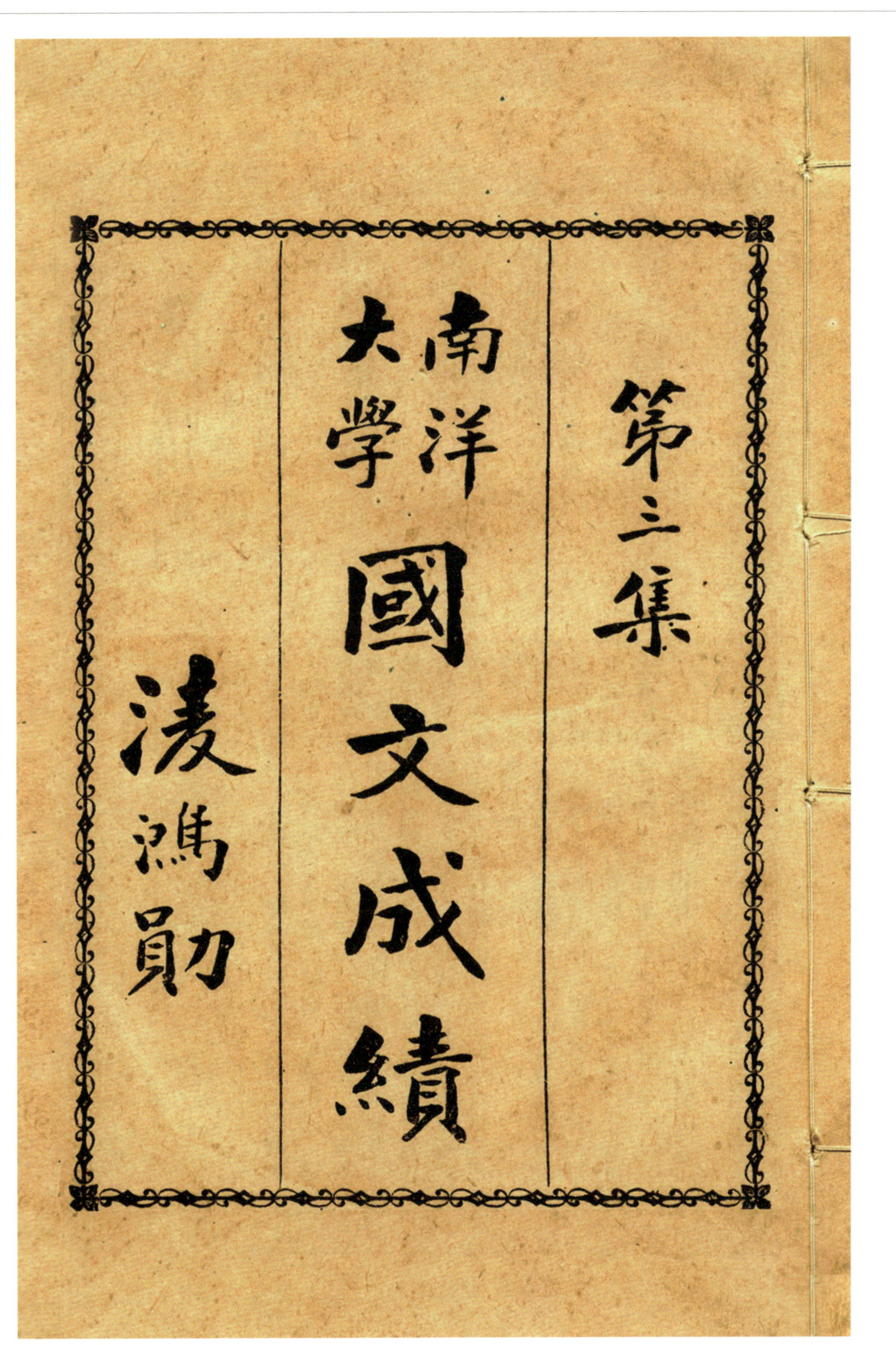

第三集

南洋大學國文成績

淩鴻勛

南洋大學國文成績三集卷三

△史論類上

◉堯置諫鼓立謗木論

曹麗順

人君之大患在已有過而不知夫人孰無過能改爲貴然見人之過易知己之過難則不得不待進諫惟人見君過非特不敢直言且百計爲之文飾於是人民受其害怨毒積於下而人君不知也一旦爆發至於亡國喪身天下大亂而後已甚哉其可畏也昔堯治天下置諫鼓立謗木使天下之人皆得鳴鼓擊木言其非而攻其過夫聖睿如堯天下大治復何用此哉不知此正堯之所以爲堯也一人之心思耳目有限而天下之心思耳目無窮一人以爲得失未必天下人以爲得失爲一人計不若爲天下人計而欲得天下人之心思耳目知天下人之得失必先除君上之蒙蔽欲除君上之蒙蔽在使人民敢言蓋天下之亂由人君之過也人君有過由無人敢言其失也然左右之言可聞而天下之言不可聞也左右人之言必不如天下人之言也此堯所以置諫鼓謗木使窮荒僻壤率土之濱有一得之見一善之長者皆得造朝登闕面呈所知而堯於

上海天一書局印行

是以一人之身知天下之得失政無誤施人盡得所故能至郅治之隆也孟子言治國殺一人也用一人也左右言之未可也諸大夫言之未可也必待國人皆言其可殺可用而後察之方可行也即此故也由是觀之天下之治亂不在君之智愚而在其能聽諫與否尤在其能開言路與否夫無道之君莫如紂然紂智足拒諫言足飾非堯舜不是過也而聖如堯者反置諫鼓立謗木其所以一則大亂一則郅治者不在其智愚而在用其智以拒諫求諫也

詞氣恢張言之有物

◉周之盛也內諸侯爲伯其衰也外諸侯爲伯論

蔡承新

周自后稷積德修仁十餘世善普功高澤惠遍天下至武王乃能從事弔伐以有四海故成康之世上作下述治臻隆極源遠而德厚之所致也東遷而後綱紀寖紊政績漸微至於爲秦虜跡其德之隆替而治亂可知推其治亂則諸侯之强弱可知故周盛而內諸侯爲伯周衰而外諸侯爲伯一皆繫乎周德之消長方內諸侯之爲伯也爵賞出自周室征討依乎王令强不侵弱富不傲貧率土之濱莫非王臣蓋內諸侯之伯權與一操諸王是以伯以上之事王固自治之而伯以下之事王亦主理之權一政齊而後

德可布也而外諸侯則恪恭厥職惟循惟順鴻號可冀刑措可致下情達於上而上恩及乎下也故周盛而能使內諸侯爲伯內諸侯爲伯而能使周盛二者互係於周德之隆也乃不幸而幽厲迭承周道中替王政爲之一衰平王以降王政再絀外諸侯乃伺隙乘危而擅征討之權威令不集而藉勢僭上之事興王政在下而攘利奪名之爭多於是一二黠譎挾王命以號召天下王室衰微因藉諸侯以保尊榮上下相倚重而外諸侯之爲伯遂成故例是故方外諸侯爲伯之勢未成以王室德衰而啓之勢既成則王室倚重而閉之周政之衰也亦周德之消也亦世亂之方興也嗚呼治亂之原其惟德乎爲政之本其惟德乎夫國家政令必集於中央政集則令一令一則民安民安而天下治何哉政有所集則人心有所趨向雄傑俊拔者歸之賢哲者輔之然後天下無爭土宇不裂不爭不裂則令一民安而天下治反是則人自爲政人自建治天下瓦解而雄長紛起矣日惟爭奪而民不得安天下不得治周內諸侯爲伯則政集政集故治治故盛及外諸侯爲伯則政裂諸侯惟專政之是務矣故世亂而周衰夫鑒於往而可知百世也以周之厚德遠源猶以政不集而衰亡況如後世之薄德善爭者乎其亂亡何待智者知之哉嗚呼爲政大本其惟德乎

思沈力厚筆筆中鋒

●周之盛也內諸侯爲伯其衰也外諸侯爲伯論

金懋

天下治亂係乎君德之盛衰任人之賢否德盛臣賢天子政令行天下自治若德凶臣不肖號令不能行天下必亂此理之常無足怪者予讀周史至成王之世周公東征管蔡授首傳至康王天下大治諸侯聽命迨至宣王中興任尹吉甫方叔召虎等伐玁狁征荊蠻服淮夷討徐戎天下肅然嗚呼何其盛也及至平王東遷王室不振問鼎者有之請隧者有之射王中肩者有之僭王號者有之諸侯强大王畿不王嗚呼何其衰也嘗考其盛衰之迹非所謂君德興賢人任政令行者耶非所謂王道廢輔弼之臣非其人而號令不行者耶後世不察以爲周之盛由於內諸侯爲伯其衰也由於外諸侯强大不探其本而揣其末烏乎可秦既有天下懲周之有諸侯以亡於是無尺土之封隳名城廢仁義改天下爲郡縣自以爲强幹弱枝金城之固子孫帝王萬世之業也而不知亡秦族者李斯趙高之徒耳漢興以天子孤立而無外輔也於是廣封同姓功臣受封者百有餘人大侯萬家小者五六百戶數十年間而七國叛矣七國之亂既平武帝立思有以削諸侯之勢乃使得推恩封子弟國邑焉自以爲後世可以無虞矣而不知

後有莽卓之篡爲秦始强內弱外不免滅亡漢高封諸侯不免叛逆武帝削諸侯而內禍作由此觀之內外諸侯之强弱無關於治亂益彰彰明矣故使周公方叔召虎尹吉甫與高斯莽卓異地而處使周末而有文武成康出焉則成敗異變功業相反可斷言也是以古之聖王知天下後世之變非智慮所能周非形勢所能制惟修德以結乎天心國之盛衰宗廟之興廢一視吾德之何若輔我者爲何如人耳故文王訪太公於渭濱以百里王湯得伊尹於莘野以七十里興周末雖微與七十里百里較則不可同日語矣春秋之紀强凌弱衆暴寡仁義陵遲苟有王者興焉以解民之倒懸功倍而事半然則周之不振其德可知矣後之論者徒知周之興在於內諸侯伯其衰也在於外諸侯伯而不知德與不德得人失人有以致之也使周末之內諸侯强大而不得人又安知其不爲莽卓之行耶

歸本君德探原立論識議既優文情尤娓娓酣暢

●范蠡辭卿相而父子治產論　薛椿蔭

滅强鄰雪國恥功成名遂而能識時務明去就歸隱山谷遯跡江湖既明且哲以保其身非所謂天下之大丈夫乎惟大丈夫能功成身退而其奇傑精悍之氣往往有所寄

託以豁其雄心舒其英氣如阮籍陶潛之逃於沈湎彼其於天下豈遽忘情哉蓋以天下無所容故寄之於酒耳范蠡佐勾踐滅吳雪恥功成名遂乃辭卿相乘舟浮於海父子耕畜以治產而蘇子訾之以爲蠡亦鳥喙且謂其好貨嗚呼蠡豈不欲始終盡力於越哉特以勾踐爲人刻薄好忌不去必遭禍之故耳設令勾踐有大度能始終用蠡則亦安知蠡之不能老於越耶是故蠡之所以辭卿相不得已也所謂能識時務明去就既明且哲以保其身者也其可謂之鳥喙乎至其治產亦不得爲好貨何則當蠡之辭勾踐而去越也勾踐約與分國而有之而蠡視之若草芥翛然長往而不爲之芥蔕其後聚財至數千萬又復盡散之以分與知友鄉黨好貨者能爲是耶然則其所以治產者特以其奇傑精悍之氣無所發舒故寄之於財耳猶阮籍陶潛隱之於酒也使蠡之去如魯仲連張子房則天下後世亦焉得而非之哉蘇子之言不亦失之太過乎

議論切當筆亦穩健

◉齊王爲淳于髡以下開第康莊之衢論

蘇松茂

當周衰時天下之治方術者多矣各是其所守互相詆毀是非莫辨猶處荊棘之鄉而不一日悟者自是之心濃雖有孟荀爲之大聲疾呼有不折節者矣於是各立一說行

於一隅。天下騷然。諸士子不知所向。當是時也。人君專事富强。故士以富强之術進者。莫不榮。以口才勝者。莫不仕。得位而道術行。是以五常之道絕。六藝之理微。當此千鈞一髮之秋。而宣王悅淳于髡之說。廣開賢路。以徵遺士。開第居之。士之所守。雖不同。亦百家。匯合之時也。夫事不較不明。理不辯不精。觀孟子所載。淳于髡之問。孟子之答。可知六藝之理。益彰。而淳于髡之說。愈窮。他如鄒衍。愼到。翟所學所事。雖不得同年而語矣。夫離羣而索居。倡學於一隅。一日。窺正道。孰有不興望洋之歎者。詎非是是非非之心。拘於一見而未之解也。況君主無求賢之詔。士無所宗之人。拘一隅而不反。亦理之當然。齊王雖無振興五常六藝之意。淳于髡雖非提倡五常六藝之士。然君臣相合。開第。康莊之衢。置士於其中。俾五常六藝之道。因異端之相形。愈章明。昭著於後世。是則齊王之設第也。實諸子百家存亡之樞紐矣。齊王招士開第居之。欲人人若淳于髡之有利於齊國也。而六藝以是而彰。雖曰天意。豈非齊王之力哉

扼重傳中著書言治亂句。絕不鋪張題面。識議甚高。

●孟嘗君招致任俠姦人入薛其俗遂多暴桀子弟論 孫士周

夫能。挺堅白之操。不爲習俗改移者。君子也。可與爲善。可與爲惡。染朱而朱。染蒼而蒼。

者中人也然天之生材庸者多而賢者少是故一鄉之賢否視在上者而轉移苟在上者所進者賢所尊者道非德非義之事不使其民一接於目一觸於耳也則是里之中定必父慈子孝兄愛弟敬秀者力學樸者力田安分守法各執其業目睹耳聞無一非立身之準則周旋進退皆足爲處世之模範矣若夫在上者所交者俠所任者姦禮義未知仁厚不曉則是鄉之習俗必至放僻邪侈暴悍桀戾可不言而喻矣然則薛之俗多暴桀子弟者不可謂非孟嘗君招致任俠姦人有以致之也不然何以與鄒魯殊耶語云其父殺人其子必且行刼蓋上有好者下必有甚焉者有主持風化教訓子弟之責者可不慎歟

就題論題一氣卷舒

●田單設計愚弄燕將因而破燕復齊論

沈葵廷

兵之勝敗奚自乎自乎士氣之盛衰而已兵革之多車乘之富非能必勝也餉餽之竭將卒之殘非盡終敗也士氣一振轉敗爲勝可也否則轉勝爲敗亦無不可也是故五千甲盾吳可沼也三戶遺民秦可亡也要皆視乎士氣之盛衰而非繫乎兵甲之強弱也讀史至田單破燕而知其所以愚弄燕將者亦無非欲激其士氣而懈彼敵心也當

斯時也燕軍長驅直入下齊七十餘城齊之所有僅莒與即墨而已欲復齊而敗燕也是驅羸僨與烏獲角力矣能有倖哉然而田單料之熟籌之審卒以羸僨之弱勝彼烏獲之强是非有係乎士氣之盛衰乎田單慮己國士氣之未盛也乃愚弄燕將曰劓我降卒置之前行與我戰則即墨敗矣又曰掘吾城外墓僇先人可爲寒心夫以燕將之愚罔未知其言之有故也遂一一遵而行之由是齊國之民羣視燕人爲不共戴天之深仇而爭願起而死戰矣此單之愚弄燕將而激其士氣也單又慮敵國士氣之未衰也乃伏其甲兵使老弱女子登城又齎黃金千鎰爲燕將壽燕人視之以爲齊已殘矣無足慮耳況又齎金爲壽是已臣服於我矣由是軍心日懈無復以齊爲戒此單之愚弄燕將而懈其敵心也惟其雙方兼顧故己國之士氣日盛敵國之士氣日衰彼恃其兵甲之强我恃我士氣之盛彼恃其卒乘之多我恃我軍心之固以齊之弱攻燕之强以齊之寡敵燕之衆卒以五千之士一戰成功非以五千之士之力能匹燕軍萬衆也由其平日士氣之忿激也世第知單之復齊藉五千人之力耳孰知其力之所在有高出於此萬萬者乎向使田單而不愚弄燕將也則士氣寧有若是之盛敵心寧至若是之懈耶縱有千百萬之壯士及火牛吾知亦未能奏功於一時也故吾於田單破燕一

上海天一書局印行

役而知所謂士氣者實爲兵家之寶也後世之用兵者可以法矣

以士氣之盛衰立論深得兵家用兵之法

●趙奢爲田部吏因平原君家不肯出租殺其用事者九人論

盧宗澄

夫立法所以治民故法立則國存法亡則國亡司法所以行政故秉公持正則法立猶私苟且則法亡人苟犯法無論權貴皆當懲之以明法使朝野皆知法之可畏亦足示人民以公此衛鞅之所以殺太子傅也今趙奢爲田部吏而平原君家獨不肯出租是其用事者不知有國法也不知國法是不知有國不知有國是不知有君也不知有君殺之宜也且平原君身爲貴公子名聞天下如應納之租而不納則人民羣相傚尤非特財政將見竭蹶抑其命令行將不出國門而趙亡之後平原君其倘能享大名處高位乎然則趙奢之殺其用事者乃愛平原君也乃保其盛德也而平原君不因此啣之反薦之以治賦更足見平原之美德矣使當日趙奢因平原君高貴爲可畏而不深究之則吾恐趙國之亡不待王翦兵入矣今世坐掌中樞尸位羣姦皆不知國法爲何物挾黨徇私趨於極點犯法國賊時而緝之時而釋之法律塗地國本危岌安得趙奢其

人以整頓之乎

理明詞達出色當行

●趙王信秦間言使趙括爲將藺相如及括母諫均不聽卒敗於長平論

薛椿陰

人君之過莫大乎拒諫而拒諫之由又莫大乎信讒間之言蓋人君雖至愚至不肖若苟明之以道曉之以理亦未嘗不可使其覺悟而納諫然惟其蔽惑於讒而深信乎間遂致一時執迷而不悟雖有骨鯁之臣忠諫之士死爭而力辯之要亦不能補救於萬一古今來人君之以信讒間而拒諫以致大而亡國破家小而喪師失地者亦已多矣戰國時趙孝成王其一也夫趙括之不可爲將藺相如諫之於前括母爭之於後老臣莫如相如知括莫如括母而皆謂不可將括是括之不可爲將固不待智者而後知也而趙王均不聽竟使之代廉頗以拒秦卒敗於長平喪師數十萬而釀成邯鄲之圍故曰爲人君者之過莫大乎拒諫也且相如之言曰括徒能讀其父書傳不知合變蓋兵無定法在將者之隨機應變而若徒拘泥於一二兵書而不知合變猶醫者泥一定之古方而應萬變之病也括母之言曰父子異心願王勿遣蓋爲將者必須和讓而輕利

今括東向而朝軍吏無敢仰視之者藏金帛於家而日從事於買便利田宅其驕慢自負貪財好利適與其父馬服君相反其不能爲將也明矣以二子之言雖至愚至不肖之君嘗亦以爲然而納之乃趙王獨不聽者何哉豈真愚不肖而罔知利害耶蓋深信乎秦之間言以致一時不能覺悟耳故曰拒諫之由莫大乎信讒間之言也假令無秦之間言則趙王必不將括卽欲將括亦必納二子之言而止此可斷言者也然則趙王之使括爲將由於不納諫其不納諫由於信秦間言噫秦間言之力亦已大矣或曰不然趙王之使括爲將不獨信秦之間恐亦因信郭開之讒亦未可知也蓋郭開爲王之寵臣而廉頗之仇也其時廉頗數敗於秦開乘秦之間言毀頗而譽括於王前而勸王將括以代頗固亦意中事也不然王決不致信秦間言若是之深而拒二子之諫若是之堅也且不觀乎其後趙悼襄王欲用廉頗而使使者視頗尚可用否開多與使者金而令毀之乎此日之事既開爲之則安知前日之事非開所爲耶誠若是則是趙王外惑於秦之間內蔽於開之讒間讒交集更不足怪其拒諫而將括矣

暢茂條達意到筆隨

●信陵君奪晉鄙軍破秦存趙論

王本代

世之論信陵君奪軍救趙事或以竊符爲罪或以救趙爲功立說各半皆未足以當信陵也爲罪之說者豈不謂信陵一魏之公子魏固有王也救趙大事關於魏之社稷哉重雖魏王且不得專信陵乃以一公子之私親公然敢於竊符以自赴其私以國家重器爲私交報德之具臥內之符可得而盜晉鄙宿將可擅而殺十萬之師可矯而將寖假至於弑君篡位何所不能跋扈不臣之罪雖百喙莫能辭使魏王赫然震怒加以誅討身家且不保遑論救趙哉況晉鄙閫外重任國家干城之寄乃復忍椎而殺之不臣亦甚矣將十萬兵以與虎狼之秦戰勝敗未可知徒以激於婚姻之故遂不惜冒大不韙之罪舉魏所恃以固其社稷之兵甲付諸孤注之一擲特幸而戰勝耳不幸而敗則魏之社稷動搖信陵將何以自解於魏邪信陵一舉而兩失之矣然此果足以罪信陵而服其心乎未也強秦之暴亟矣已破趙長平又加兵邯鄲邯鄲下趙國亡趙魏之屏障脣齒之勢也趙亡魏豈能獨存趙魏又齊楚諸國之屏障趙魏亡六國且爲之後秦人得志矣天下之勢有岌岌甚於此者乎則竊魏之符以紓趙之禍爲姻戚亦爲趙也且爲魏也且爲六國也借一國之師以救六國之患又奚不可安得以竊符之罪遂沒其破秦存趙之功乎且信陵以公子之餘英邁之資不敢以富貴驕人禮賢下士謙抑

自約兩破秦軍以救趙魏使秦人不敢出關以圖中原身繫六國安危而未嘗自伐其功其用兵也亦復精明嚴謹有名將風非諸公子所能及然則信陵此舉將以爲罪邪則有存趙之功將以爲功邪則有矯命之罪余嘗得二說而存之考諸當日時勢則信陵之不得不出於盜符者亦勢使然也魏王昏愚昧於脣齒之義有一信陵信讒而不知用又復疏於防守臥內之符可被竊於幸姬則魏王之爲魏王何如主哉使信陵得以竊符者亦魏王之罪安可獨罪信陵哉嗚呼禮教衰而綱常失大義乖而公道背死黨之風盛守節奉法之士渺焉無聞信陵賢公子也猶且不免於犯上惜哉雖有存趙之功不能掩竊符之罪使信陵於破秦之後將兵返國然後請解兵柄伏闕請誅矯命之罪請恤晉鄙則爲魏王者雖欲加以竊符之罪安能不念其破秦之功乎夫獻此計者侯生也侯生猶能自刭以自全其名以謝魏王及晉鄙以勵信陵信陵乃不知此徒留趙以增魏王之怒遂令後世執簡者得以議其後不能略其迹而原其心蓋侯生死信陵失人無人正之耳信陵之終於返魏而復以毀廢者雖魏王不明亦信陵失於自處之道有以招讒也悲夫

臚列信陵功罪而斷以失自處之道愛之深惜之甚感歎抑揚寓褒於貶覺前賢之

論所見猶涉一偏真度勢原情慨心貴當之作前中以唐荆川之說爲根據後段則獨抒己見使信陵功罪瞭然且文筆操縱具有鑪錘在手刀尺從心之妙佳構也　盧炳田加評

●秦王行萬金於魏求晉鄙客令毀信陵君論

陳文松

鄰國之賢敵國之讎也敵國之強己國之憂也范增仕楚陳平間之李牧佐趙秦人離之楚有得臣文公猶有憂色魯有仲尼齊景不能安寢信陵魏之公子也有宗室之親有坵墓之寄一爲大將秦兵不敢出函谷關者十有五年斯固秦人所深忌而欲去者也然而疎者易間也遠者易離也信陵之與魏王也親則兄弟義則君臣讒言何由而入且進讒者必有人信陵屈身下士士皆歸之讒人復何由而致然而信陵不除秦患終不能弭也無已則求其仇乎舉魏之人皆其黨也與之爲仇者其惟晉鄙之客乎乃不惜萬金以求之而讒人得矣雖然讒人得矣讒言又將若何謂其不忠耶則宗廟在焉坵墓在焉以是讒之必不入也謂其誤國耶則朝士信之國人信之以是讒之必不入也無已則惟觸魏王之忌與畏乎魏王所忌與畏者國人所服衆望所歸耳賂其左右賄其近倖復流言於國謂信陵將不利於王魏王至是不能不忌矣不能不畏矣畏

忌之心生信陵之禍近矣信陵知其然也乃潔身引避醇酒自娛蓄於是而信陵去矣秦計得矣魏事亦遂壞矣

扼定秦人用間立論遂層遞摻精警異常使筆更如風檣陣馬瞬息百里着墨無多摛詞必警有諸葛公綸巾羽扇指揮如意之妙　盧炳田加評

●荀卿守正大論是宏逃讒於楚廢死蘭陵論　魏詩墉

嘗讀史至戰國有趙人荀況者明王道述禮樂三爲祭酒於齊以讒而逃令蘭陵於楚以春申君死而見廢著書數萬言而卒世人以卿美之竊以爲卿能盡聖人之道矣夫戰國之際異端蜂起正道衰微卿孑然守正此非古之所謂正心誠意者將以明明德於天下者乎仕齊見讒仕楚見廢著荀子以傳之後世此非古之所謂不能以身傳而以言傳者乎事修謗興德高毀來小人在朝君子見黜安廢逃讒此非孔子所謂可以仕則仕可以止則止可以久則久可以速則速乎世有惜卿之才不能見用於當時是卿之不幸而出乎戰國之時也不知卿之才不見用非卿之不幸乃當時人民之不幸也使卿得展其驥足於齊楚正道得以興異端得以滅人民得復見所謂堯天舜日者此當時人民之幸也而卿之所以爲卿自若也今卿不能展其才異端熾正道衰人民

受其殃此當時人民之不幸也而卿之所以爲卿亦自若也故卿之守正大論是宏是卿之所以爲卿也逃讒於楚廢死蘭陵而卿亦未嘗失其所以爲卿也於卿何不幸之有哉彼以才高不能見用於當時憂忿而死是皆未能盡聖人之道者耳

語意清超足式浮靡

●李牧守趙邊示怯不與匈奴戰及軍士皆可用反誘之入而大破之論

張望良

匈奴之爲患中土由來最久吾先人之被其害者亦較他夷爲烈蓋其族繁衍其種强悍居於朔北肅殺之鄉而習於鬬狠刼奪苟有良將焉外察戎狄之情內厲一軍之氣靜如處女出如脫兔遂而遠之非難事也惟攘夷之道不難取勝於疆場俄頃之際若欲計數世之安爲一勞永逸之策則誠非易事也而曠古至今其與夷狄戰而得此成效者亦不多覯讀史竊以爲李牧守代郡大破匈奴趙於是常無北虜憂殆深明攘夷之方也矣自古兵戰全賴士氣士勇則勝可什八凡將之良否亦在能振士氣或否耳戎狄之人智慧不足而凶猛有餘故必以堅師臨之始克有濟又蠻夷之性畏强淩弱椎魯嗜利威之以兵小挫則暫刼而復聚勝則蹂躪邊陲虜掠牲畜益爲邊患故攻之

者不當貪小勝以自疲於奔命必也熟諳敵情深蓄謀略而大創之使之知所畏而不敢復至然後其患可免李牧之擊牛置酒鼓士氣也故示以怯驕匈奴也以氣盛之師攻驕懈之寇又委以大利以誘其盡入而殲之則彼獫榛之族雖冥頑不馴又安得不爲之膽落恐懼而不敢復入哉後之人鮮曉是道見外敵之來則輕於爲戰小挫之卽引爲克敵而不知其重整非難蓄怒復至則破之不易歷觀往事彌嘆其計左而愈欽牧之不易及也矣

意緒緜密筋脈動搖真躊躇滿志之作

●李斯諫逐客論

羅儁平

士君子以經濟之才出茅廬之中本救時之懷作際可之仕其德業固已勝人其出處不尤重哉是故王者尊師其次尊客曰客曰師蓋以天爵傲人主者也人主事之有禮而言弗行猶有去者所以明其分也乃有巧言惑主枉道求祿名爲師名爲客而主待之曾不以禮猶復醉心戀棧不作及時回首之計以致於辱以致於逐則其所懷者何其所處者何哉吾於秦宗室之議逐客李斯之諫重有感矣夫士可殺不可辱客不可慢甯可逐斯之諫秦逐客不亦宜乎穆公得伯里奚而伯孝公得商鞅以富惠王用張

儀以顯昭王用范睢以强客不負秦而秦逐客斯之諫不亦宜乎惜乎其所諫者是而所以諫者非也夫物不聚於一地才不充於一室而取之以限誠不可也集四方之羣英而曰非吾族類其心必異逐而不用尤不可也顧當時之所謂客者何哉挾其縱橫之舌抵掌於帷屋之下朝三暮四以取卿相之榮誤國利己不知愧恥故秦宗室以臣僕視之而有逐之之議李斯何人固客也傳曰李斯亦在逐中乃上諫則其諫也爲己非爲客爲客非爲秦也其所以諫不亦悖哉嗟乎斯非客之著者乎食祿於秦不已久乎秦之遇彼寧有禮乎不能及早退避乃至於逐猶以巧諫求復愚矣身不能保何以安國去就之行不潔何以事君斯猶如此則當時之所謂客者果何如哉始皇不察納其諫而復其位蒙其欺矣而彼囂囂者才力既不足以爲政果能長安於其位哉

持論有識筆氣深穩不佻

項羽學書不成去學劍又不成論

周傑

項羽去書劍不學謂祗足記姓名敵一人大哉其志也故能以一匹夫之身覆秦室敵沛公西向而爭天下天下之亂治視彼一人之志天下之生命懸彼一人之手苟項羽而僅專精於書則一博士而已僅淬厲於劍則一刺客而已豈能成若是之偉業爲千

古之英雄哉雖然垓下一敗卽喪其身七十二戰之威烈一旦墮地是豈足爲萬人敵哉自古惟仁者無敵羽之志在敵萬人此其志固猶有所足也敵萬人而未足以有天下以視文武一怒而安天下之民其相去何如哉夫垓下之所以敗敗而所以死者不知地理故也羽不學書故不知地理致受田父之紿雖然書豈易學哉吾讀秦本紀而歎始皇焚書之烈羽卽學書亦不過以吏爲師耳秦法有敢藏詩書百家語者悉詣守尉雜燒之有敢偶語詩書棄市所不棄者醫藥卜筮種樹之書若有欲習法令以吏爲師彼項梁豈知書者梁不知書教羽所學度亦非諸子百家之書徒欲以吏爲師此羽所以掉頭而不顧也假令真有可讀之書羽非不願學學而知二帝三王治天下之道則其入關也必先收秦圖書具知天下阨塞戶口多少强弱之處奚必焚燒咸陽以爲快使圖書爲蕭何所得漢高因得崛起以爲資吾故以爲漢楚之興亡不判於陔下之日而判於入關之時也羽不知治民之道而失民心阬秦卒二十餘萬於新安城南夫罪莫大於殺已降羽之失民心在此羽之亡亦在此漢高入關約法三章封秦府庫絲毫無所取秦人大喜爭持牛羊酒食獻饗軍士關中之民願爲漢不爲楚此蕭何之教也羽之大度既不若漢高而范增又不逮蕭何增卽不去羽亦必亡殺子嬰遷義帝徒

失民心而增不之止安在其有奇計哉且羽所喜習之兵法恐亦與太公之韜略相去懸殊兵法要道有三一曰儲將材二曰裕餉源三曰據地勢羽有韓信彭越而不能用得關中而不能都漢兵盛食多而羽卒罷食盡謂羽爲勇則可謂羽能知兵法吾不信也嗟夫以子房之智必待圯上老人授書而爲帝者師然則秦之時書果不易得而非書不足以治天下天方興漢以戡定羣雄而羽乃欲以不學之武夫當之自矜功伐奮其私智太史公斥其引天亡我之言責羽不自覺悟嗚呼其可爲千秋殷鑒哉

熟於史漢故能頭頭是道井井有條再於邊幅加以剪裁足壓陽湖之壘　盧炳田

張良悉以家財求客刺秦王爲韓報仇論

顧禮宗

秦滅韓韓人張良悉出家財求客謀刺秦王或曰秦皇帝萬乘之威而良欲以孑然一身輕於嘗試何殊螳臂當車安得有幸重以家財盡散骨肉分離行刺困難以倖成退而徬徨瞻顧已屬無家可歸忠既難言孝亦有缺孰若謀出萬全徐圖興復之爲愈乎不知良固千古愛國志士也滅韓者秦王也良之所痛心疾首而欲手刃之者也刺殺秦王足以慰父祖及韓先王在天之靈非獨六國未死之人心可以鼓動而已之愛國熱忱亦可稍酬萬一良之志不亦可嘉乎哉且良之所以弗惜資財求客行刺而不顧

其他者尚有要說國者民之體民者國之手足未有體壞而手足無恙者未有國亡而民猶自若者體受刺擊則手足赴救如影響焉國有滅亡之慘而民坐視不救者此何心也而謂良忍爲之乎余知韓滅而不能救良固已隱然傷之矣無已而思其次乎其椎擊之以快人心乎此無他報國之心長遂不覺置利害於不顧也益以麥秀黍離祖國已無寸土匈奴尚在男兒何以爲家一腔憤恨不平之氣磅礴鬱積於中勃然噴發於外其能止乎蓋爲報國計良固不容不刺爲泄憤計良亦不得不刺皮之不存毛將安傅國社坵墟家又何有此其所以投袂而起捐親族棄貲財洒然莫顧也洎乎事機不偵誤中副車燕丹之謀未成朱亥之椎空奮良之心蓋尤傷矣於是不得不更思其次韜晦以待時處心而積慮默察時局之變起而亡秦以是知良之從沛公畫策猶是毀家求客謀刺秦王之初志良之不獲已也滅秦不及始皇之身良固抱憾也然則良之心始終爲韓而已良誠千古愛國志士也哉

留侯始終爲韓其迹甚著博浪失敗輔沛公以滅秦而爲韓相及項羽殺韓王信又佐漢王以滅楚楚將滅乃反對立六國後而韓遂亡留侯豈終忘故主哉默察封建一途勢不能存在故也文筆英英露爽習習風生惜於滅楚以報韓仇一層尚未帶

及不無遺憾耳　盧炳田評

東陵侯種瓜於長安城東論

趙曾珏

當夫暴秦失鹿，羣雄蜂起，項籍以匹夫之雄發難江東，劉邦以泗上亭長崛起畎畝，山東諸侯亦先後騰起，其他布衣之士、草野之夫，靡不攀翼附鱗，各擇其主，以博功名富貴。召平者，故秦東陵侯也，秦破爲布衣，貧，種瓜於長安城東。當是時，平雖失爵，何至貧不聊生，必賴種瓜以爲活哉？平苟忠於嬴秦，死於其難可也；不然，投身楚漢，竭其才力以戡定中原，亦必能薦士封侯，重享富貴，此蓋鵬搏之士、梟傑之雄人人所同志者也。雖然，功名富貴，固可獵而得耶？彼蘇秦、張儀縱橫游說，朝秦暮楚，幸而拜相封印，位極人臣，然而一旦變至，至於身敗名裂，欲爲布衣而不可得。卽智如伍大夫，勇若武安君，猶不克保其首領。嗟嗟！富貴極矣，適足以滅身；功績高矣，反足以招忌。平蓋有鑒於斯，假種瓜以自隱耶？夫平貴爲列侯，一旦失之，不思復得之，而甘爲灌園之野叟，種瓜以自娛，其志亦概可見矣。然則平之隱忍而爲此，固別有抱負耶？孔子曰：君子固窮。平儻其人歟？觀其說蕭何語，可知其爲明哲才也。夫以蕭何之寬厚長者，漢高猶不勝其猜忌，而況信任更不如何者？斯平所以隱於種瓜，而終不見仕於漢也。嗚呼！吾觀其勸何輸私財以助軍藉以釋高帝之疑忌竊歎其善於謀人也及觀其種瓜自隱息影草野又竊歎其善於謀身也抑吾重有感焉彼韓信彭越黥布豈非漢高之功臣耶然而韓彭被族黥布叛戮安得如灌園瓜叟逍遙物外樂其天年耶平之種瓜自隱亦有以哉

英雄末路煞是可憐東陵侯之種瓜劉皇叔之種菜同一見解但劉備遇袁曹之紛擾有藉手之資召平乃遇漢高之雄奇不能不以灌園終耳人固有幸不幸哉此篇喚醒癡迷不少　盧炳田評

●淮陰少年論

吳繼三

昔菑丘訢與要離有怨拔劍往要離頸要離曰子待我一言來謁不肖一也拔劍不刺不肖二也刃先辭後不肖三也菑丘訢卒引劍而去未嘗不深怪其事及讀史記淮陰少年辱韓信於衆而乃豁然大悟曰非常之人能受非常之辱而亦必有知其爲非常之人者乃能辱之非常之人固非常人之所能識也菑丘訢天下之勇士也要離一辱再辱菑丘訢而非非常之人則必怒憤填胸拔劍卽刺豈肯聞其言而引劍自去哉惟大勇能忍大辱辱之而得其時得其地得其言彼大勇者方且奉命承教不以爲辱也要離知其然也故辱之以不肖之罪三而使其引劍自去故曰菑丘訢非常之人也要

雖識而辱之，固亦異於常人也。當韓信少時，貧無行，好帶刀劍。淮陰少年辱之，人衆曰：能死刺我，不能死出我袴下。信具常人之勇，豈肯俯首聽命，示怯於大衆，俛而出其袴下蒲伏哉。吾知不待旋踵而將引刀刺之也。然信乃非常之人，豈若匹夫匹婦之量，於睚眦之辱必報哉。夫臨辱而不能受，受而不能忍，固大勇之所恥也。少年知其然也，故辱之人衆。不然，少年與韓信無一介之讎，豈樂死惡生者流，以己身作擲，必欲辱之而後快哉。雖愚者亦不出此。然則少年未辱信之先，必知信之不能刺也。是少年者，固知韓信者也。信爲非常之人，識信者非亦異於常人哉。信之智勇俱全，其志愈厲而愈堅，其氣愈挫而愈銳。少年辱之，欲以銳其氣也；羞之，欲以堅其志也。氣不銳，志不堅，不足以成大功立大業。然則少年豈但識信而已，抑亦韓信之知己也。嗚呼，信具不世出之才，當貧無行時，沒沒無所表見，而爲一少年所識，寧非異事。他日佐漢立功，召少年而封爲楚中尉，則信固以知己視少年也。昔人論漢之興，信之功居多，而信之能成大功者，袴下之辱有以激之矣。

要雖前事，恰好作陪。稱許少年處，語有斟酌。筆用中鋒，局勢開拓。

●韓信生得廣武君師事問計論

曹麗順

江海之所以爲百谷王者虛受而已矣一人之心思耳目有限而衆人之心思耳目無窮以有限遇無窮岌岌乎殆哉故雖睿智聖人必察芻蕘之言何者尺有所短寸有所長集寸則成尺智者千慮必有一失愚者千慮必有一得集衆愚則成一智故天下之至大至廣者爲天下人之心思耳目吾惟以一人之心思耳目役天下人之心思耳目使爲我用而後能無敵於天下故曰好問則裕自用則小且惟能下人而後能居人之上韓信井陘遂殲趙軍其席卷之勢鋒刄之芒天下莫敢當乃於獻功之際生致廣武君以千金師事而問之計夫廣武君敗亡之虜耳曾獻計以禦漢方將購其頭安能活之而必致之以問策刱師事之耶兵法曰知彼知己百戰百勝人之恆情知我之所長與人之所短而不能自知其短故面有汚點必引鏡以自照己有過失必聽人之忠告敵人者正吾之明鏡也廣武君曾獻計於趙計若見用足制信軍之死命此知我之短者也故兵刃雜遝之際他無所務惟急於求廣武君而問之今夫問道於路人必恭敬而謙遜若倨傲鮮腆雖丐者賤役必掉首而不顧况軍國大事乎故必奉之上座事以師禮則彼方盡吐所懷一無所隱我乃得自藏其短不爲他人所乘於是天下之人咸知信之虛懷若谷能下於人策士謀夫莫不彈冠束帶爭相來歸而天下人之智謀皆

爲信用故能不舉手而脅燕定齊其後卒圍項王於垓下定漢室之山河而建不朽之功業此所謂屈於一人而伸於天下者也由此觀之信之能成大功者皆由於好問下人而項王以蓋世之才百戰百勝卒至一蹶不振徒喚奈何者皆由師心自用不能用人故也

氣盛言宜英英靈爽

◉曹參薦蓋公言黃老論

鮑錫璐

昔曹參之相齊也薦蓋公言黃老而齊國安集後代蕭何爲漢相舉事無所變更而民以寧一嗚呼若曹參者豈非所謂識時之俊傑而救時之良相歟夫秦以虎狼之心殺人如不能舉刑人如恐不勝暴歛以貧民征戍以勞民天下苦苛法久矣善其後者乃可倡無爲以休息之弛節度以暢適之此黃老之術之所以推行而無害也且參以一介武夫轉戰十餘年攻城略地馳驅疆場之上宜其驕悍囂張遇事生風而能與民休息以承攻殺之弊其德尤不可及哉雖然吾謂參誠救時之相而賢相則未也俊傑之士而達道則未也何以言之商之承夏周之承商天下何嘗不久苦於苛政何嘗不宜於休養生息然未聞伊尹周公以黃老之術治之而參之薦蓋公言黃老何哉且夫蓋

公何人也黃老何術也如以此時而必須黃老以治之則儒術有時而窮矣聖人之道有時而不能行矣所謂亘古不變之道何在哉嗚呼使無董生之表彰儒術以屏斥之則黃老之術積重難返清談之禍不待晉室而啟矣路史曰天下之枉未足以言害理而矯枉之害常深天下之弊未足以言害事而救弊之弊常大參之以靜制動誠不得爲過惜其不能用儒術而導黃老圖一時之功忽經世之規千里之差與自毫端失得之源可忽乎哉此未免爲盛德之累者也然當國士喪亡羣言龐雜參以一介武夫而能薦蓋公言黃老與民休息無爲較王莽之復古而篡漢安石之新法以亡宋不可同年而語矣此則吾之所謂救時之相者也

嘗謂申韓黃老皆足以治國但視乎其時耳曹平陽當秦毒尙熾漢鼎初定之際治以黃老之清靜原無可訾倘循此不變則以水濟水矣故此等偏鋒陣法可以治一時不能守此不變欲其萬古常新者仍不離堂堂正正之儒術也　盧炳田評

●漢文帝於張武等受賂金錢覺更加賞賜以愧其心論

呂慰詒

聞之堯舜三王之治必本於人情不立異以爲高不逆情以干譽有功者賞獲罪者罰

常道也中道也漢張武受賂金錢文帝覺而更加賞賜以爲奇爲高焉文帝其妄且謬哉或曰黷貨無厭饕餮不倦者誠小人也然而化之以仁義臨之以恩德可使內省自愧一變而爲君子蓋仁義恩德入人之深移人之速有不可思議者也吾謂文帝豈能真施仁義恩德者哉不過好高奇以自詭干譽以欺人耳不然文帝果能仁義爲政德洋恩普者久矣草上之風必偃乃不能使小人不貪而一旦之惠能使貪墨之吏化爲清廉未之有也且夫廉者人之所憚貪者人之所趨貪而有罪人猶爲之況重之以賞乎是敗天下爲廉之心而導天下爲貪之念也彼號稱明君令主者寧爲是耶甚矣文帝之妄且謬也

脫胎歐文頗有會心

◉漢馮唐謂文帝不能用廉頗李牧論

王世新

才難識才尤難而用才更難如周公王佐之才韓信將兵之識天下古今有幾人哉良才難得誠非虛語也然十邑之內必有忠信才豈真難哉蓋才非難得特識才者誠難得耳然而識才非少識而不能用者實多故曰非才之難識而用之乃真難耳昔漢文帝聞廉頗李牧搏髀而歌曰嗟乎吾獨不得廉頗李牧時爲吾將吾豈憂匈奴哉而馮

唐曰陛下雖得廉頗李牧弗能用也豈文帝眞不能用廉頗李牧乎則聞而搏髀之時抑何慨嘆之深耶使廉頗李牧復生而立於帝之前有不推心置腹付以全權使卻匈奴者乎馮唐之言蓋有深意存焉而故爲是說以激動文帝者蓋欲帝復用魏尙耳非文帝眞不能用廉頗李牧也或曰魏尙非文帝之廉頗李牧乎文帝不能用之而乃曰不得廉頗李牧而用之抑何自相矛盾之甚耶余曰此所謂識才難也夫廉頗李牧帝之所知也知之故欲用之用之不得此所以有搏髀之嘆也魏尙帝不知其才也不知其才而授之以重任文帝必不出此況加以小人之讒言宜文帝之不用矣及後聞馮唐之言乃知魏尙之才於是復其位而畀之以重任蓋已識其才而用之也苟文帝眞不能用廉頗李牧吾知其必不復用魏尙能復用魏尙卽能用廉頗李牧無可或辯者也前之不用非文帝之過實不知才有以致之識才誠難矣以文帝之賢猶失於不知才自古庸主不知埋沒幾許英雄幾許豪傑不深可慨嘆哉魏尙何幸遇高義之馮唐又何幸遇賢明之文帝乃得大展奇才匈奴敗北魏尙亦足以自雄矣興言及此馮唐之高義文帝之賢明猶令我思慕不置云

勘題如鏡使筆如刀明快之至

李廣才氣天下無雙論

張承祜

懷才者多智負氣者敢爲運籌決勝發策圖功者才也臨危不懼殺敵致果者氣也懷才無氣不足以致才之用負氣無才適足以喪其身而已故剛毅無畏轉危如反掌者斯才氣之士也史稱李廣才氣天下無雙惜哉李廣負才氣而爲才氣害也夫行軍擊刁斗正部曲明軍簿所以整師旅之律令備敵寇之侵襲也乃部曲不正刁斗不鳴師徒不叛寇敵不侵者才足以制之而氣足以鎮之也從百騎馳驟殺敵而無所顧忌者氣盛而負其才也遇大敵而從容解厄者才長而任其氣也然而懷蓋世之才而又負蓋世之氣氣既盛則不能自謐而常易輕用其才才之長足以殺敵致果而輕於任氣則常易蹈於不測是以出鴈門而身爲虜出右北平而軍幾盡沒蓋自負其能輕棄大軍出絕塞而不自戒備其不自陷於險者幾希嗚呼非才之難所以用才者實難知人者見其才氣無雙恃才好逞以自危其身而惜其不能善用其才也不知人者見其有才而無功也而歎其命之蹇舛自知之明者則戒其失而慎用其才自知不明者則抑鬱自喪以爲懷才而不遇時也李廣才氣天下無雙而不得封侯才氣害之也豈命之罪也哉

抑揚慨歎一往情深

◉董仲舒以爲諸不在六藝之科孔子之術者皆絕其道勿使並進論

鄒恩潤

董仲舒對賢良策以爲諸不在六藝之科孔子之術者皆絕其道勿使並進時主嘉之儒道以盛論者以孔子學術之昌明爲董子功或爲以學術因計較競爭而益進泰西因科學與宗教之爭學術燦爛輝耀寰宇其效可覩矣戰國學術之盛震古鑠今殆亦由是自百家罷黜吾國學術日晦孔子學術亦曷嘗有發揮光大之者於是以孔子學術之凝滯爲董子罪余以爲孔子學術不幸爲帝王竊取失其真孔子學術之厄也功於何有若夫競爭益明之道其說似矣而猶未盡也夫學術各異優勝劣敗劣而謬者自不足與之爭存優而正者自能取人誠服於是不足爭存之學術不待絕而自息優而正者不必窒抑他學而始昌明要之皆恃學者博學審問慎思明辨之自力而無所恃於時君之强力也恃學者博學審問慎思明辨之自力則其學術愈昌真理愈明恃時君之强力則時君必提倡其所好於是竊取學術中之片言斷義足以私利於己者而謂學術之精英在是風行草偃民遂盲從學術之真義乃摧殘澌滅以盡而同時相

時之學術足資是正者亦同離於難猶其次焉也孔子之學術集古大成幽奧博大誠能由學者精研發明以自立其基則百家皆具其一體者耳何足與爭衡柰何恃時君之力强絕諸不在六藝之科孔子之術者勿使並進彼時君豈果知孔子學術之可尊哉毋亦以孔子之道大彼得藉尊孔子學術之名私竊其足以私利於己之片言斷義以自飾而馭其下耳故劉季在馬上溲溺儒冠及既得天下叔孫通爲制朝儀高尊天子彼乃往魯以太牢祀孔矣孔子之精言微義固非賤儒如叔孫通者所得知而帝王之尊崇孔子學術者其志趣不與劉季異者蓋幾希矣故武帝雖以好儒術聞於世復用桑弘羊輩欲以李悝商鞅之術治天下上有好者下必甚焉上既以爲孔子學術不過上天下澤之義扶君抑臣之言適於帝王馭民而已耳在野之士亦遂靡然莫究其非而宣聖大同之義太平之制反湮沒而無聞於是欲藉時君之力以尊孔子學術無異反藉時君之力以絕孔子學術董仲舒以爲諸不在六藝之科孔子之術者皆絕其道勿使並進夫孰知在六藝之科孔子之術者未必盡滅而在六藝之科孔子之術者乃先自絕也悲夫

識見高超加人一等較之局守尊孔及醜詆董生者自有廣狹精粗之別

凡百學術必有競爭。然後有進步。董江都之尊崇六藝。意雖可嘉。然必罷斥一切。使六藝獨尊。決無千巖競秀萬壑爭流之望。漢武而後。吾國學術退化。職是之由。作者竟委窮源。識見高邁。　盧炳田加評

◉直不疑買金以償同舍論

嚴家範

今有人焉。誣之以盜竊。詈之以無恥。則未有不怫然而怒。勃然而忿者。蓋盜竊之事。婦女小人之所不齒。國家法律之所不容。一蒙其恥。則終身之名譽。爲之掃地而無餘。非可含糊忍受者也。然予謂苟能深知意外之毀辱。爲無足重輕。則猶有可忍者。夫人誣吾爲盜竊。吾實未嘗盜竊。則吾雖得盜竊之名。而未嘗有盜竊之實。人詈吾爲無恥。吾固未嘗無恥。則雖曰無恥。實則知恥。人之誣吾詈吾。乃人之不知吾也。於吾乎何有哉。且也一經爭執。卽爲敵仇。吾姑受而忍之。或有雪恥之日。則其人之慚愧悚惶爲何如乎。是故君子能以大而忍小。昔直不疑爲郎。其同舍郎誤持他同舍郎金去。失者覺亡金。意不疑。不疑謝有之。且買金以償。人皆謂不疑爲愚。乃甘蒙此大辱。吾獨謂不疑爲智。且其寬仁長厚。有足稱者。何則。同舍郎之亡金也。適當他同舍郎離舍之後。則金之亡。非離舍者取之而誰。不疑固能預測也。離舍者之不甘爲盜竊。不疑固習知之。則金

之亡非誤取而誰金既爲誤取則其歸還固可必也故姑忍一時之辱而待其還不然者爭辨不已不獨傷情且亦無補不疑又何必爲之哉一旦亡金返事大白向之以盜竊目之者今且以長者稱之矣向之以無恥詈之者今且以寬仁稱之矣嗚呼此不疑之智所以大過人歟

用意深細筆亦條達

●漢武帝因用兵四夷財用不足乃榷酒酤筦鹽鐵製白金造皮幣筭至舟車租及六畜論

葛英

天下事有形同而實異者吾人但當覈其實無爲惑其形則事之臨吾前毫髮悉現曲直立斷矣漢武帝之用兵四夷繁興賦稅譽之者有人毀之者有人譽之者之言曰漢武帝雄才大略深謀遠慮視四夷之於華夏猶癰疽之於人身早除之則根淺而害小緩圖之則根深而害大故不惜勞民傷財煩神苦思爲後世除百年之患籌久安之策用兵加賦以爲民也德之不暇又何罪焉微武帝則五胡亂晉金元逼宋之患早見於漢室吾儕其被髮左衽久矣毀之者之言曰漢武帝御戎失策妄起邊釁既喪師徒又費財用得不足以償失勝不足以掩敗漢室之衰弱武帝爲之也文景之治安武帝破

之也。武帝者，實漢室之罪人耳。嚮使武帝能承文帝之遺策，倣魏絳之和戎，則更視華封民歌康衢，漢室之隆，雖至今猶是焉可也，又何致士卒苦戍役，農商困苛稅乎？余曰：皆是也，亦皆非也。彼皆僅窺管豹，未睹全牛也。武帝用兵之因，非能真如譽者所言也，實好奇喜功一念之由來耳。珠崖七郡之建，非以固邊圉也，將犀布瑇瑁之是求；牂牁越巂之開，非以闢疆埸也，將枸醬竹杖之是致；大宛安息之通，非以利商賈也，將天馬蒲陶之渴欲一鬨見也。卽其他河南之闢，朔方之建，河西之表，玉門之開，亦何莫非明珠文甲通犀翠羽蒲梢龍文魚目汗血鉅象獅子猛犬大雀之爲之乎？故其未得之也，則不惜殘民以逞；及其旣得之也，則又不憚賂遺贈送之費以招徠之。不然，則安有謀民治安而不惜民力者乎？至賦稅之繁興重征，則更有不若毀者所言者矣。蓋師旅之費偶也，而酒酤之榷，鹽鐵之筦，白金之製，皮幣之造，舟車之算，六畜之租，則常也。以偶費而徵常供，其爲假名以濟私無疑矣。不然，則開上林，鑿昆明，神明通天之臺，玉掌承露之盤，其營築之費將安出乎？君子蓋於武帝無恕辭矣。

先將譽之毀之兩層作陪，然後逼出好奇喜功柱意，暢發一番。用意旣獨得驪珠，行文取材本贊，亦復左宜右有。

●大將軍有揖客論

莊明

書云。滿招損。謙受益。蓋聖人所以示後人以處世之道。而於處富貴也。則尤宜愼之。夫衛青始出塞徼。後遽長征塞外。累建巨績。位至大將軍。功封萬戶侯。天子之寵眷如此。青之富貴可謂極矣。然而物極必反。富貴不能長存。天子之於功臣。其始未嘗不要以爵位。餌以利祿。及其功之既成。寵之已替。則恐屬鏤早爲之備矣。予於青之不殺蘇建。以愼專誅之權。納寧乘之諫。分金以壽王母。不禁歎青之能以謙愼爲心。及汲黯大將軍有揖客一語。而歎青之善於自全者。尤爲難能矣。夫以汲黯之鯁直。見朝臣之諛青。雖卑躬屈膝而不恥。彼安能隨波逐流。以察察之身而自汶乎。故黯之於青。長揖不拜。亦所以風青而辱彼士夫也。孰意青雖武夫。竟受之而勿忤。虛己以納賢。蓋亦黯之所心折矣。是以黯之語。此非特足以見黯之富貴不淫。貧賤不移之志。抑且青之不以滿而自損。惟以謙而自益之德。亦由之而益彰矣。予觀炎漢一朝。以椒房貴戚。立功建業者。非青一人。然而以竇憲之勒石塞外。終不免籍沒之禍。以伏波之偉績。自愼尙不免苡珠之謗。而如青者。蓋不可多得也。由此亦可以見處富貴之匪易。而聖經之訓。所見者遠矣。

條理秩然詞與意俱適足覘功候

漢武帝欲教霍去病以孫吳兵法論

盛椿

嗚呼繩墨之論誤英雄豪傑多矣誠以泥於法而不化亦猶膠柱而鼓瑟耳安見其能和樂且平乎漢霍去病繼衛青而起功蓋天下武帝欲教以孫吳兵法對曰顧方略如何耳不知學古兵法論者或以爲去病恃能而傲師心自用予謂不然若去病者可謂能將兵矣夫兵凶戰危是死地也人莫不惡死而貪生故爲將最難況易變者勢也時遷勢變事之適於古者或不適於今利於此者或不利於彼宜於山者或背於水益於吳者或損於越使必拘拘於古訓欲求其不敗難矣故孫子減竈而虞詡增竈其法雖異立功則同蓋時有所不同勢有所不類而欲以彼例此安在其能不敗乎漢武以爲去病不學兵法無以爲名將殊不知去病才氣過人人或以彼爲未嘗學不知去病固善讀兵法者也或曰然則古訓不必師乎先賢何貴乎立言予曰不然聖人之道有經有權經者常道歷萬世而不變者也權者不得已而用之權宜於一時而已故君子守經而達權用兵亦然出奇制勝詐以誘敵或破釜沈舟以堅士氣此權宜之事耳若夫寬以洽衆嚴以肅紀信以立威武以整旅與士卒共甘苦以示均明刑賞以昭公則所

謂常法雖孫吳復起不可更也去病之材足以應變顧以其不肯師古卒不能體士卒之心太史公傳其事以爲去病棄粱肉而士有飢者卒在外乏糧或不能自振而驃騎尙穿域蹋鞠可以概見矣嗟乎王荆公創新法而天下大亂彼惟師心自用耳趙括徒能讀父書不明變化奇正之道遂亡趙卒四十餘萬蓋彼泥於法而不化也故吾以爲不可泥古不可背古因時制宜所謂顧方略如何而已宋宗澤勸岳飛讀兵法飛以爲運用存乎一心卒爲名將若去病與岳飛其庶幾可以任政乎豈獨用兵已哉

於去病絕無貶辭持論明通製局閎整

●嚴安鑒於世俗之奢侈無節請爲民制度使貧富不相燿以和其心論

張士楷

人之生也必有欲各欲遂其欲於是乎有爭爭而勝者得遂其欲而爲富不勝者不得遂其欲而爲貧惟天之生人耳目均口體均喜怒情感亦均則夫所以遂其飲食男女之欲者固亦莫不宜均譬之於水周行地中不容上下急湍之下必有浚谷壅隄之潰必致傷人蓋水之必趨於平性也人之必趨於平亦性也今乃以競爭之故遂有貧富之殊彼富者食前方丈侍妾數百人而貧者無有也彼富者堂高數仞榱題數尺而貧

者無有也彼富者乘肥馬衣輕裘前呼後擁賓從如雲而貧者無有也貧者之所有者何簞食瓢飲蓬門甕牖而已矣是不亦拂乎性而大失其平乎物不平則鳴於是貧者乃不能無觖望於中而豔羨乎外既羨之必思有以齊之齊之而不得則生嫉嫉而不已則成仇相摩相盪相抵相吸於是乎貧者與富者乃如方圓枘鑿格格不相入相去愈殊則相仇愈烈其卒也草薙禽獮慘不忍覩此仲尼論爲國所以謂不患寡而患不均也雖然均之一字譚何容易本既不追亦治其末耳善哉乎嚴安推言之也其告武帝曰今天下逐利者衆犯法無度宜爲之節其奢侈以和貧富之心蓋富者侈泰愈甚則其飲食起居宮室車馬之見於外而接於耳目者愈與貧者以難堪譬如爲山增之使高譬如障水激之使厲將來不平之鳴自亦有魚爛鹿挺焉耳故惟有爲之制度納之軌物使富者韜光晦跡貧者差可自安雖不能舉所有之階級而剗削之夫亦鑿孔使波稍宜蘊毒之意歟

議論既極精當用筆尤極縱橫排奡之能事具此身手允宜拔幟先登

●茂陵徐生上書言霍氏奢侈宜以時抑制無使至亡書三上輒報聞論

姚滌新

宣帝初葉霍光以定策功權傾人主其家人子弟多驕侈淫逸當其盛時朝野士夫莫敢言其非者茂陵徐生獨上書以抑制霍氏奢侈毋使至亡爲請乃書三上而未見採用霍氏卒敗亡論者每惜宣帝不能早聽徐生之言以抑制霍氏者保全霍氏未爲曲突徙薪之謀致有焦頭爛額之悔余竊以爲不然宣帝之意豈欲保全霍氏哉特故縱之以速其亡耳漁者之得魚也先爲鉤餌以誘之獵人之捕獸也設爲陷阱以阬之宣帝之優容霍氏宣帝之陷阱鉤餌也欲取姑與帝蓋籌之熟矣帝初即位大將軍以武帝顧命舊臣又有擁戴之功總攬一切帝幾於恭己以聽帝以明察之資非庸闇者可比其心惡霍氏而欲除之也久矣故霍光驂乘而有芒刺在背之語其不滿意於霍氏概可想見然而光在則功高望重固未可率爾摧殘光死而親戚故舊遍據要津雖從徐生之言加之以抑制仍不得而除之也況乎光佐命元勳抔土未乾遽爾裁抑天下後世或有言帝之寡恩者矣計惟有聽其驕奢使之僭侈逾分不軌形迹昭然於天下然後取而除之則名正言順事輕易舉先爲優容之度陰行摧殘之實蓋當霍氏奢侈之時徐生上書之日熟籌深慮帝之大計早已內定於心矣不然史稱帝綜核名實明察秋毫霍氏奢侈帝寧不知之而有待於徐生之上書況書三上而僅僅報聞耶此中

消息從可知矣嗚呼范蠡泛舟以游五湖張良辟穀而從赤松要之權臣功臣者人主之所深忌也光以蓋世之勳挾震主之威不能潔身以去而聽其妻子縱欲敗度身死未幾全族爲赤亦固其宜然彼徐生保全之策自屬正論而無如霍氏之不悟宣帝之不用也屈原諫讒身死汨羅賈生獻策出守長沙書生謀國遭擯棄者多矣豈獨徐生也哉

胸有機杼筆具鑪錘

王莽禁不得買賣田及奴婢而天下益謷謷論

薛椿蔭

天下有至仁之政而行之反足以病天下者必泥於古而戾於今而有所不合於時也王莽禁不得買賣田及奴婢非所謂仁政乎然行之而天下益謷謷嗚呼豈仁政之不可行乎行之不得其時耳夫政無所謂仁不仁在乎適民情合時勢而已是以合於今者未必合於古而合於古者亦未必合於今故往往同一法也昔時行之則有益今日行之則有害蓋古今之情勢異也孔子曰因民之所利而利之可知聖人行政亦但求適於民情時勢非必泥於古而拘於舊也三代井田之法亡於秦然亦世運之無可如何者南方食稻米衣麻絲北方食酪漿衣裘褐其時異其地異不能强而同者此常情

也而莽必欲以三代之法行之於己以爲非此不足以治不亦大謬乎又安怪其病天下哉雖然政之利與害尤在乎行政者之得人與不得人得其人則政有利不得其人則政有害是以青苗之法朱子行之而得荆公行之而失王荆公親身行之亦得至委人行之而大失同一法也而其效相反豈不以其人哉今莽之行斯法而天下益謷謷其故雖由於行之不得其時然要亦由於行之非其人耳孟子曰徒法不足以自行信然也况乎莽之行斯政豈誠有意於圖治哉不過欲藉此以干譽而沽名已爾質而言之欲假仁政以掩其篡竊而已總之有實心然後能行實政苟無實心何政不足以病民亦惡有所謂仁不仁哉嗚呼行之非其時爲之非其人則雖至善之法至仁之政亦可以爲天下病爲政者可不慎歟可不戒歟

持論得法動中窾要

南洋大學國文成績三集卷三終

蘇州觀前大街振新書社發行

徐大總統詩集	六册	一元六角
聖嘆批選 唐才子詩集	八册	一元六角
戴南山方望溪 文鈔	八册	二元
王烟客詩文集	六册	八角
舒立人 瓶水齋詩話	一册	一角
尤西堂全集	二十四册	六元
鄉璞編 詩詞學捷徑	二册	三角
張廷濟 清儀閣題跋	六册	一元六角
俞曲園 右臺仙觀筆記	八册	二元
錢梅溪 履園叢話	八册	一元四角
畢公天編 趣海	一册	五角
學生習字範本	一册	一角五分
張季直大楷習字範本	一册	一角四分
王勝之楷書習字範本	一册	一角
名人小楷	一册	一角五分
精選小楷範本	一册	一角五分
姚孟起率更遺則	一套	一角五分
中外格言叢刊 初二三集	三册	三角
許倫布華盛頓 日記	一册	一角五分
讀曾文正公家書札記	一册	一角
大字曾文正公家訓	二册	二角五分
金聖嘆尺牘	一册 一角五分	特價 九分
普通交際尺牘	二册 三角	特價 一角八分
詳註 通用新尺牘	二册 二角	特價 一角二分
國民尺牘教本	一册 一角	特價 六分
淺文國語 新體初等尺牘	一册 九分	特價 五分四釐
實用尺牘教本	一册 一角五分	特價 九分
實用女子尺牘	二册 二角	特價 一角二分

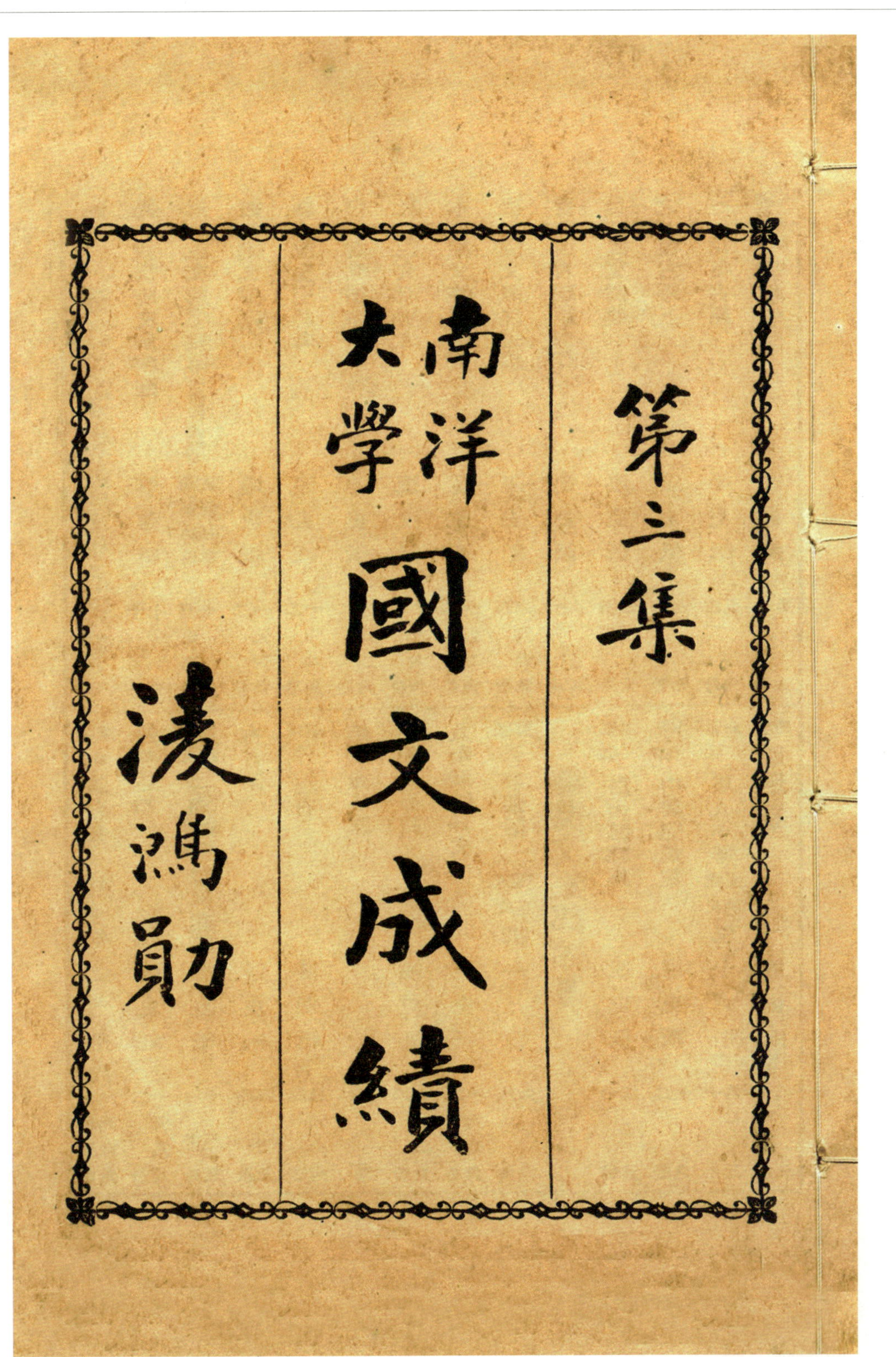

第三集

南洋大學國文成績

淩鴻勛

◀ 蘇州振新書社木板書目之一 ▶

●說文字書韻學金石類●

- 段氏說文解字註 賽連紙 十六冊 七元
- 說文解字繫傳（附校勘記）歸安姚氏重刻祁本 連史 八冊 七元
- 說文聲系 連史紙 二冊 一元六角
- 說文引經考 連史紙 二冊 一元六角
- 說文檢字 連史紙 二冊 一元二角
- 說文新附考 連史紙 二冊 一元六角
- 說文答問疏證 連史紙 二冊 一元二角
- 說文段注匡謬 連史紙 四冊 三元六角
- 汲古閣說文訂 連史紙 一冊 六角
- 說文校議 連史紙 四冊 四元
- 復古編 連史紙 三冊 四元
- 續復古編 連史紙 四冊 五元
- 婁機 漢隸字源 連史紙 六冊 五元
- 桂馥 繆篆分韻 連史竹紙 二冊 二元五角 一元六角
- 四聲易知 連史紙 二冊 一元八角
- 姚氏精刻 三韻（集韻類編 禮部韻略） 連史紙 三十冊 十六元
- 古音諧 連史紙 四冊 四元
- 葉昌熾 語石 賽連紙 四冊 三元六角
- 鐵橋金石跋 待印
- 中州金石目 連史紙 二冊 一元二角
- 鳳墅殘帖釋文 連史紙 二冊 一元八角
- 戴熙 古泉叢話 賽連 連史紙 一冊 八角 六角

●詩文集部類●

- 影宋本 白氏諷諫集 連史紙 一冊 三角
- 影宋本 中興間氣集 連史紙 二冊 七角
- 影宋本 唐人小集 賽連 連史紙 十六冊 十元 八元
- 鄒浩 道鄉全集 連史紙 十冊 八二元

南洋大學國文成績三集卷四

△史論類下

◉漢光武不以功臣任職論

王兆能

漢光武以二十八將智勇勃然中興雖曰光武之賢而亦各志士之力也光武猜疑功臣而遽去之優以爵祿以全其功爲辭識者所不取也誠以食人之祿者必當忠人之事君人者於其臣也勞則有功必賞奸則有罪必罰不以其功而撓其罪不以其罪而沒其功功賞罪罰國之典也是以人君祗知有國典而不以私溺舊恩也故爲光武者何懼功臣之驕叛爲直可任之以職繩之以國典也若以有功者不必有德有德者不必有功則大謬矣光武誠能修文德嚴賞罰卽才相權勳賢並進又何患乎有功者之必不修德有德者之必不立功也有武王成王之明君始有太公周公之賢臣有桓文之霸德管趙始得盡其忠是猶世有伯樂出而後千里馬得以顯也光武既非伯樂宜乎寇鄧耿賈諸臣無識者也光武祗見韓樊信越不全其功而不見漢高雄猜陰狠之不能善其終也玩功臣於掌上以全其功爲辭致使英賢茂績一顯而沒前既不足以

對功臣薛方逢萌嚴光周黨輩甘心畎畝之中憔悴江海之上光武不能招致巖穴之士又不足以進賢者議者多非光武不以功臣任職豈無故耶

辯駁得宜馭題有法

●袁紹檄豫州論

吳宗奇

士君子立身事主當竭盡智謀銷患於未形保治於未然國賴以寧身賴以全生爲名臣死爲上鬼垂光百世照耀簡策斯爲美也若其不能防患於未亂之前而欲號召豪傑殲亂於焰張之時擁尊王之名以增權勢者鮮不爲奸慝漢自高帝提三尺劍斬白蛇起義轉戰兩京間始得定鼎長安中經外戚之亂不絕如縷及桓靈之世而漢室不可爲矣妖孽與天災並作盜賊與奸雄齊起朝廷無忠碩權力之臣奸雄因之跋扈肆行凶忒雖有效命之士猶螳螂之斧禦隆車之隧其何能濟當是時天下紛亂極矣皇室危如累卵矣使有享高爵擁大兵者謀漢室之寧傳檄九州匡皇室於董卓廢立之時尚可爲也乃袁紹世食漢祿四世五公位極人臣不思匡助漢室於黃巾蠭走宦侍作威之時又不知殲滅寇逆於董卓弄權曹操亡命之時及卓賊已死曹操羽翼已成威偪天子始藉尊王之名檄各州以爲援亦已晚矣無能爲矣觀其拒臧洪之請又滯

留其使臣見義不爲坐視勿救。且與賊臣通謀。背除奸之初志。其心亦可知矣。其傳檄豫州者。見曹操軍勢浩大。恐力有不支。乃欲借助各州。藉尊王之名以廣號召。紹之謀亦狡矣哉。其蹂躪漢室。攘命竊名。不在操下。使果有忠漢之心。則若張超者罔受命於漢帝。救超即所以尊漢室。伐操即所以掃逆寇。何是時不動聲色哉。況紹爲世臣擁大兵者哉。由是觀之。紹擁兵自衛。身爲漢臣。不思報效。乃縱虎又添翼。貽奸臣以竊命假器之階。吁。紹之肉尚可食乎。尚欲傳檄九州。盼豪傑之翩然來歸耶。乃後之藉名以濟其私者。其亦操紹之類乎。擾擾攘攘。不有已時。所苦者民耳。人不幸而生於是時。其亦可哀也歟。

詞氣淋漓。慨當以慷。

●曹操忌劉備爲英雄論

何仁龍

古來英雄。懷大志。負奇才。成不世之功。建帝王之業者。莫不起自草莽。歷千艱萬苦。而後以有成也。然當其未得志時。奔走無所。其爲英雄。常人不得而知也。故惟英雄然後識英雄。吾讀三國志至曹操知劉備爲英雄。因而忌之。則未嘗不服其有知人之明。而更惜其忌之之失計也。夫英雄既知英雄。則必思用以爲己助。故英雄必愛英雄。知其必不肯爲我助則勢不兩立故英雄亦必忌英雄愛之者忌之之源忌之者愛之終不我助也當諸侯聯兵討董卓之時劉備並無憑藉諸侯輕之而操禮之備後困於呂布遁逃奔操而操迎之蓋操之愛備而欲用備者久矣及見備之終不用於己然後忌之故操之忌備操愛備之至亦知備之深也然不知操雖愛備備志不兩同必不爲操用操而忌備備畏其相忌更不肯爲操助因而形分勢裂三分亡漢而操終英名敗喪傳詈千秋豈非忌備之過哉夫操除宦討卓志本忠良而當時人才又莫過於操者誠能以伊周自任爲國爲君剿滅羣雄復興漢室社稷之臣非操其誰則備未必不爲操用更可必其爲操助以操備之力平國安天下易易也將見共作功臣共享富貴豐功偉烈傳之無窮備固無害於操操亦何忌乎備豈不美哉豈不快哉而乃私懷篡逆居心奸雄徒使備終不爲操用操終無以除備以至前功盡棄愛備而終以忌備令人至今責操之不能容人焉悲哉

力厚思沈持論中的

◉陳壽以諸葛亮爲管蕭亞匹論

蔣士麒

諸葛亮三代下第一流也豈管仲蕭何所能比擬哉陳壽之論殆非其衷乎夫善論人

者。觀功業之大小。尤須觀時勢之艱易。觀生前之治能。尤必觀死後之政理。管仲以纍囚之身。因鮑叔之舉。而相桓公。霸諸侯。攘夷狄。九合諸侯。一匡天下。其功業亦足多矣。然而齊固有强國之資。世方無傑出之才。遭時既順。爲力自易。且管仲一死。而齊亂遂延。其不能舉賢以善後有如此。諸葛亮遭漢末擾亂。躬耕於野。不求聞達。其志趣之高潔。已足加人一等。後以見顧於劉備。遂解帶寫誠。以報萬一。用捨之節。亦復可風。當斯時也。備兵寡勢微。進不能攻。退不能守。其時勢之艱難。實倍於仲。時且北有曹操。東有孫權。皆一時人傑。而蜀漢之勁敵也。亮支拄其間。東和北拒。雖不能囊括四海。亦足以鼎立稱雄。其治政也。則開誠布公。循名責實。吏民愛戴。昏暗如後主。尙未及於亂。是其治戎治國之才。豈仲所可比哉。至於蕭何之相漢高。則更遜於仲。而何望於亮。徒以收秦律令圖書。而爲丞相。並無尺寸戰功。第謹守奉法。不失其職而已。何有於才哉。吾以爲管仲者。有富强之能。而少識治之才。以之處三國。或有亮之功。決無亮之節。反而言之。使亮而處管蕭之世。則三代盛治。復見於炎漢。而媲美伊周矣。豈僅如管蕭輩哉。陳壽之論。殆非其衷也。或曰。壽父獲罪。死於亮。故稍抑亮才。豈其然乎。

兩兩相勘。適得分際。末段尤警闢。

●蜀費禕常裁制姜維與兵不過萬人論

陸慶元

蜀漢費禕常裁制姜維與兵不過萬人論者每譏之余以爲此未足以罪費禕也自古愛國志士傷祖國之淪亡痛宗社之隕覆憤憾不平之慨磅礴鬱積於中思得一當以報不共戴天之讎豈可冀之旦夕出之俄傾間哉必也具堅忍之心乘事機之會然後業可立功可成也況處强鄰壓迫之日國家多艱之秋而欲以區區之地掃除中原光復故物使天下復歸於一統豈可得耶此吾兪有以知禕之智而惜維之識不足也觀其侃侃數語兪知禕之老成持重而識見之高斯誠知武侯之用心矣夫蜀地褊小中原廣大勢不能敵而庸弱之後主以苟安爲心昏闇成性司馬氏之梟雄斷非姜維所能比維惟不知此義昧於大勢欲以區區之地與强魏抗衡勢孤難敵然則禕之裁制姜維與兵不過萬人蓋亦知之詳而慮之深矣彼姜維一武夫耳知進取不知退守屢整師旅與魏相搏幸而勝烏能殲滅魏氏不幸而敗則蜀之爲蜀蓋亦危矣吾不知維何面目見先帝與孔明於地下乎禕籌之熟矣以爲勞師襲遠兵家所忌背城一戰良將不爲不如保守治安厲兵秣馬養其鋒而待其驕然後伸討賊之義興問罪之師名正言順勢如破竹庶可殲厥渠魁興復漢室彼奸回不軌豈能敵我持重之王師哉維

昧乎此。是以連歲用兵。財殫力竭。卒以勢孤不敵。以底於亡。惜乎。維有武侯之忠。而無武侯之智。志大才絀。膽有餘而識不足也。且當時蜀民苦戰久矣。民心既失。其何以制敵。然則禕與不過萬人。禕之智也。不然。徒增其速亡耳。噫。

推費禕之用心。非識見高遠者不辦。

●司馬昭酖鄭小同論

尤玉照

蓋古嘗有謹身獨善者矣。曰我不負人。毋人負我。此固常人之所難也。有以忠恕待人者矣。曰寧人負我。毋吾負人。此常人所尤難者也。乃有人焉。知己而不知人。利人而不肯爲人所利。狺狺然曰。寧我負人。毋人負我。我可以蛇蠍之毒待人。人不得以毫釐之害損我。斯真窮凶極惡之小人而已。吾於司馬昭之酖鄭小同也。重有感矣。夫小同豈仇昭者哉。而昭以莫須有三字殺之。不恤忍心害理。何其甚也。彼豈不以密疏未屏。謀事不密。有不得不殺之以滅口者。矧傳曰。先人有奪人之心。與其後人以貽人口實。曷若忍心殺之爲愈哉。然而誤矣。夫小同之見疏與否未可知也。如其見疏。殺之已失於忍。如其未見。殺之不更謬乎。觀昭之言曰。寧我負卿。毋卿負我。是不問小同之果見疏與否也。是甘心負人者也。與窮凶極惡之小人又何異哉。雖然。昭誠忍人也。顧其酖小

同也恐其見疏而負彼也語曰箭在弦上不得不發吾知昭之此舉必有不得已者存焉

首段兩襯極佳中後亦多緊練之筆

●王猛臨終上疏願勿圖晉論

唐景升

縱觀上下數千年歷史歷睹古今數萬萬人羣身爲中產而效力蠻夷貪胡人待遇之隆高爵厚祿戀戀不舍而不復睠顧祖國者豈少也哉且非特不復回顧祖國甚且率蠻夷之衆以擾亂中土進虎狼之羣以殘害同胞棄祖宗墳墓於不顧者更不遑屈指數也吾誠不解其良心安在愛國心更安在也其能心異乎此雖身仕他邦而仍留意祖國者其惟王景略乎景略關中人也桓溫伐秦遇之捫蝨而談天下事管葛丰神自不稍讓一見桓溫不足事始就苻堅之聘臣事終身厥功頗偉而終不犯晉其愛祖國之心已可想見臨終上疏謂晉正朔相傳君臣安和數語其愛國熱忱不更躍然紙上而不可多覯者乎吾於是知王猛當日當戎帳高懸秋風習習不禁其依風首邱之思而隔江相望曰祖國乎我祖國之元首父老乎祖國國事得卽於治國勢得進於強則在外亦得稍減桑梓之悲矣臣之所以臣胡者特以祖國一時無可相與同事之人故

暫作棲身計耳每當苻堅雄心勃勃欲投鞭下江之際更不知其幾番痛告幾番勸阻矣不然何王猛一死即有淝水之戰豈王猛在時苻堅獨無伐晉之心哉賴有王猛以阻之耳今者氣息垂盡勢不能常保堅之不伐晉故痛言以誥之耳其言也豈始今日知之而今日言之哉其蓄於中而藏之於心也亦已久矣夫正朔者國家之綱維也王猛以正朔與晉其尊重祖國也何如而以苻秦爲蠻夷之邦也明矣不謂於胡夷擾攘之秋而猶有不忘大義者在夫豈偶然哉

中幅擲筆空際將景略心事躍然紙上前後亦清暢有餘

●謝安聞淝水戰勝了無喜色及過戶限不覺屐齒之折論

季宗隨

喜怒哀樂人之情也有動於中必現於外是以聖人惟戒人毋憂樂過甚而未嘗止人以毋哀毋樂也況當大敵逼至君臣憂懼之際一旦捷報遙至凱旋榮歸轉禍爲福反危爲安凡屬中原赤子莫不雀躍三百同奏凱旋欣欣然有喜色而相視曰我國其强盛乎我民其安樂乎是固有動於中而不克自禁者也謝安身膺重寄位爲宰相社稷之存亡萬民之安危所繫也而當軍事倥傯之際猶復故示鎭靜風流瀟灑從容不迫

然彼士卒無知且將謂宰相無同仇之敵愾無愛國之熱忱則將餒士氣而惰軍心矣及凱旋音來漠然無動以爲勝敗不能動我心安危不能亂我志嗚呼南國生死在此一舉勝敗者社稷之存亡所關安危者萬民之禍福所繫不爲謝氏矜伐可也不以戰勝而驕可也以此而不爲國家慶不爲萬民祝此所謂矯情鎭物也且勝利不足喜則敗亡亦無足悲乎不幸而淝水戰敗國亡主滅謝安亦將匍匐奴隸於犬羊之下別墅琴棋私第詩酒登山臨水翫日愒歲以終餘年乎此豈近於人情哉及棋畢客退過戶限而折屐齒何鎭靜於前而倉皇於後耶嗚呼於此知矯者僞者之終於不足恃矣然則謝安者又何必多此矯飾之一舉哉

詞意淸暢後路更有警切之筆

●魏孝文遷都洛陽論

施家俊

村有富人家有負郭田數百畝男女種作衣食於斯朝夕相與處者惟田夫野老所習聞者惟松澗泉流居則草廬食則菜蔬於是厭苦淡泊盡棄其田宅留僮僕守焉乃卜居於城市置妻妾乘駟馬自以爲今日我知城市之足樂矣不知宵小日伺其後竊其良田伐其桑柘一旦勢衰雖欲歸田畝除茂草享山林之樂求之不得矣魏孝文之遷

都洛陽亦猶是也夫能耐勞苦跋涉山川胡人之長技也恃其干戈之利弓矢之强以衛其國家乃以此爲陋不屑與居借伐齊之名棄六鎭之雄遷都洛陽於是宮室器具一以華風爲尙棄其故有優游逸樂尙何暇顧及已之特性哉試問不稼不穡胡取禾三百廛兮孝文不以六鎭爲重則昔之簡任親賢配以名門子弟者今且人心渙散無復爲我手足矣是自絕其根本也甚矣孝文之失計也周遷洛陽以地與秦卒亡其國漢獻帝屢遷其都國祚不永是皆不願子孫王天下者也夫立國者誰不欲擁重兵據膏腴之地以自固耶況六鎭者朔方之筦鑰兵士亦略代之所訓練跖跋氏所賴以混一中原也奈何棄之如敝屣乎漢高祖大風之歌有安得猛士守四方之句是可知人與阨塞之地皆守國之利器也厥後爾朱榮得之以專權高歡藉之以成業甚矣孝文之失計也今則我國良港要隘舉以厚鄰如棄草芥國內强兵又自相撻伐欲阻外人之狼貪蛇噬是猶自撤其藩衛也豈不大可憂也哉

持論韶秀並多中肯之談

●唐太宗引諸衛將卒習射於顯德殿論

章綬青

將之敗非敗於兵之不足用也實不與士卒相親也國之亡非亡於民之不足使也實

不與庶民相親也故將能親其士卒而後士卒爲之致死君能親其庶民而後庶民爲之禦悍唐時行府兵之制士卒卽庶民也庶民卽士卒也夫安有不可親之患哉以庶民可親以庶民而爲士卒則愈可親以庶民爲士卒而爲更番入直之衛兵則益可親

唐太宗引諸衛將卒習射於顯德殿論者輒曰天子非教射之人卒伍非進見之士殿庭非習射之所因此三端而遂斥其有所不合於王道嗚呼何見之疎也夫太宗實漢以來未有之主也前之漢高光武不能及後之宋明二祖不能追其治民之策可媲美三代其武力之盛更爲秦皇漢武所不能及也然推太宗之志無非愛民也愛民非禦外患不可也禦外患非親練將卒不可也突厥屢犯邊境辱我華族太宗於此尤爲太上皇痛心也故非殺其醜虜不能甘於我懷也非滅之亡之不能爲我太上皇民族雪恥也此其所挾持者甚大而其志甚遠也卒後突厥破滅兵威遠振疆域之廣爲前古所不逮者非皆親練士卒之明驗歟且夫人君之不肯親其民者無非由於政之不仁而行之無義故不敢親於民也賤民虐民者實不知王者之道而以社稷爲重生民爲輕也宮殿之建民之勞也苟無民力數仞之宮將安所存哉君非不可以教士卒也民非不可以見人君也宮殿非不可以習射也君亦人也民亦人也士卒亦人也特處境

之尊卑不同耳爲人君者恃其尊以淩其卑以金玉之軀不可與庶民士卒相親壯麗之宮不可與庶民士卒同居則人民士卒之視君爲何如哉若太宗者其有鑑於斯者矣

用筆灑脫能見其大

●唐玄宗任張九齡而治任李林甫而亂論

曹麗正

自古帝王將相以迄下民衆庶善始者實繁克終者蓋寡此何故此何故蓋歷久則懈心生安樂則忘憂患月滿則缺器滿則溢也是故賢聖之君盛德之主戰戰兢兢惟恐或懈誠以人君求治則賢人至人君求樂則小人至賢人用則人君日在明鑑之中欲荒淫而其勢不能小人至則人君日在蒙蔽之中欲振發而其道末由觀唐代開元天寶之治亂可知矣夫張九齡正色立朝忠心耿耿開元之治賴以不衰及李林甫爲相專事迎合殃國亂政天寶之亂於以釀成然何玄宗知張九齡之賢而用之而不知李林甫之奸而不用之哉夫玄宗英明之流中興之主也而前後治亂相反成敗異宜者豈非所謂歷久而生懈者耶安樂而忘憂患者耶國家治平而不思禍亂者耶嗚呼豈不惜哉任賢相則治用佞臣則亂自古已然豈獨唐玄宗爲然哉

語意渾括簡當不支。

●張巡守睢陽論

沈昌

救國忘家杲卿父子遇害捨身取義溫序鬚髯不汙蓋喪者小而獲者大事所當爲失之此而得之彼死又何懼此張巡所以特立獨行仁至義盡失睢陽而利天下殺一己而安萬民也當夫逆賊猖獗兩京沈淪錦繡河山殆遍雄虺之跡昭回日月幾騰雌霓之芒惟公與許公遠挺身拒賊矢志殲虜光大正明萬夫齊集旣屯雍邱復守睢陽扼守咽喉俾不得逞志東南牽制首尾使不得專守西北不得逞志東南則江淮可保不得專守西北則司雍易平出戰則羣醜披靡入守則姦虜頓滯旣而賊兵雲集悉衆圍城內外隔絕敵我懸殊以有盡之疲兵敵無窮之强寇易子析骸無殊主臣之困憊殺妾享士願作家室之犧牲猶復枵腹登城奮身殺賊孤城一失志士盡殲尸盈睢城血流睢水傷心厲鬼之爲胡兒膽落憤恨賀蘭之滅南八身亡嗚呼噫嘻爲利祿耶爲功名耶爲天下民生也爲後世臣則也幸而城陷之日卽克敵之辰江淮安堵宮闕靜塵從此朝廷褒贈惜蔡恭於累旬民庶追思祀王陵於百世或謂張巡旣據雍邱何必遷守睢陽多失一城不如早資半壁見難而退易增賊虜之威擇險而遷必怠士卒之志

然而守必負險乃可堅持兵貴在精何妨移徙雍邱爲平坦腹地失之則江淮不保賊勢益張睢陽當南北要衝守之則江左無虞寇氛易滅或謂漢兵已絕虜騎正强巡當棄城東走擇地南遷睢陽雖遭蹂躪可圖報復也臨淮尙多屯聚何妨犄角也然而睢陽可保障江淮舍此則何險可扼賊徒苟盤踞宋鄭去後則何日可平不惟巡等終遭覆壓抑且江東不免沈淪要知南雷聲威尙能遏強虜之勢江淮財賦還可留中興之基或謂城中食盡何必殺妾饗軍野外寇盈祇可束手待斃羅雀掘鼠何補軍糧食女茹羸太無人道然而睢陽一失江淮即危睢陽多守一日即江淮多安一日賊寇早分一日即京城早復一日蓋賊專意於東南必去備於西北力專則賴支持備去則易剿滅與其棄要害而危天下不如守孤危而全民生況城破兵潰同歸於盡乎或謂殉主忘身專制流毒以死釣譽英雄本色然而睢陽被困君上生死不知孤城久持援兵早晚必至蓋好生惡死人情之常我勝敵衰勢理所至逆賊有廓淸之日即睢陽有援救之時城陷身亡巡亦所不及料者也迨夫全城覆沒士氣激揚誰願作舒翰之生降自當法周苛之死節所惜者張鎬赴援睢陽已破三日逆胡誅滅張巡已死浹旬其生也勢其死也榮其功可羨其心可諒勇以壯其膽智以遏其敵仁以安其民烈以死其節

噫張巡正特立獨行仁至義盡之士哉

詞嚴義正入後隨駁隨解唯袁隨園擅長作者窺此門徑故無滯相

●賀蘭進明不允南霽雲乞師救睢陽論

曹麗順

吾人以眇眇一身安然不患他人之侵害小之享身家之樂大而得有富貴之尊寵者賴有國家在也是故吾之於國猶四肢髮膚之於全體有切膚之痛癢非若秦人之於越人也夫身體賴手足之保護者也而手足視心腹之危害曰吾自衛吾手足而已心腹吾何關焉則手足其終有幸乎否也唐玄宗天寶之際安祿山反風捲雲馳披靡一世縱橫中原兩京淪陷主上蒙塵天下莫能攖其鋒獨張巡許遠扼守睢陽屢挫賊師阻其南下之勢然而兵少食寡孤城無援而賊且如潮之湧如火益熾斗大睢陽岌岌可危夫睢陽之存亡非特關於江淮之糜爛與否江淮人民之塗炭與否而實唐室存亡之所係也河北招討使賀蘭進明擁兵臨淮熟視無覩非特不出師救且欲留霽雲為己用嗚呼賀蘭之肉不足食矣夫國家為胡人所擾亂將有淪亡之虞雖魯莽匹夫亦必怒髮裂眦誓不與共覆載而況身膺疆寄為國家之干城者乎乃見他人之死守不撓為國殺賊不一舉臂助而反嫉妬其功是欲見中原盡淪於胡人之手莫能與之

抗而後快也然使唐室果亡則賀蘭之臨淮其猶能存焉矣乎是猶心腹被害而嫉手足之衛之也亦可痛矣且賀蘭既恥己之功績聲威不若巡遠則當霽雲乞救之時正應慷慨激昂涕泣誓師兼程并進會師睢陽內外夾攻逐走賊軍則賀蘭之功績聲威赫赫照人耳目雖巡遠能過之也哉乃欲挽霽雲不歸而爲己用視霽雲之悲憤嗚咽斷指相示足以感鬼神開金石者而無所動霽雲縱可留於賀蘭何益哉徒爲人笑耳然而天下之大豈獨賀蘭也哉世之嫉其手足而漠視心腹之被害者比比是矣而猶幸災樂禍鼓煽奸宄以爲其一身之富貴尊榮計者其罪又浮於賀蘭矣

賀蘭進明之狠心狗肺殊不足責而世之妒賢嫉能者滿谷滿坑均不懼爲賀蘭第二惜哉　盧炳田加評

●柳公綽論用兵欲一衆人心力耳目使所至如時雨論

沈奏廷

今夫耳不一焉則聽淆目不一焉則視亂心力不一焉則思紛聽而淆焉視而亂焉思而紛焉則斯人之錯亂何如耶個人如是衆人可知矣夫集千百萬人於一地目不一目耳不一耳心不一心也苟不一其目則衆人之所視者亂不一其耳則其所聽者淆

不一其心則其所思者紛由是此之所視與彼所視不同也此之所聽與彼所聽不同也此之所思與彼所思不同也尋至各是其是各非其非意見紛歧黨派疊出其不譁亂也鮮矣是故將國兵而爲人之司命者誠不可不致力於斯也嘗聞柳公綽之論兵矣曰一衆人心力耳目使所至如時雨旨哉是言其知爲將之道者乎蓋衆人之心力耳目不一則不用命不用命則亂亂則尙能使民望之如時雨乎柳公知其然也故一其目使所視同一其耳使所聽同一其心使所思同由是衆人之目猶一人之目也衆人之耳猶一人之耳也衆人之心猶一人之心也此所見卽彼所見也此所聞卽彼所聞也此所思卽彼所思也無爾無我一德一心言聽計從莫敢有所異也夫如是則整肅森嚴絲毫不棼所至如時雨豈大言哉今也不然兵之所至廬舍爲墟民之畏之如虎也非朝夕矣究其故亦心力耳目之未一耳今之爲將者無論已安得如柳公綽其人者出而司命以一其心力耳目使所過如蛇蠍之徒化而爲所至如時雨之兵不亦中國之大幸哉

文思清利絕無障翳繞其筆端

韓愈作爭臣論以譏陽城論

黃丕傑

千里之馬不施以鞭策則不能致追風逐電之功百練之鋼不加以磨製則不能成斬將刈旗之效匹夫之士不責以大義則不能發憤以有爲蓋人心安故而厭吏喜靜而惡動故木無聲風撓之使鳴石無聲水激之使鳴木石不能鳴而鳴鳴不平也人皆有不平之念一旦居可鳴之地激於清議本羞惡之心發不平之論雖湯鑊刀斧詎足以禁之此昌黎之所以譏陽城歟城以一介之士躬耕樂道敦行化俗視富貴如浮雲可謂隱君子矣大臣之薦天子之用意固欲其爲朝陽之鳴鳳不欲其爲噤聲之寒蟬亦甚明矣城應詔不辭慨然而往豈非抱致君堯舜出民水火之志欲以在野之民瘼民隱爲入告之嘉謨嘉猷上報聖明知遇之恩下慰薄海羣黎之望歟於斯之時天下百姓引領而望其丰采舉欣欣然有喜色而相告曰吾王庶幾無虐政歟吾民庶幾無疾苦歟乃朝一令下虐政也天下以爲苦陽子不言暮一令下苛虐倍於前陽子又不言如是者五年向之引領而望者咸以爲溺職昌黎於此以爲任賢若德宗得人若陽城歷時至五載朝廷之政不加良閭閻之藏不加富天子不加罪陽子不引退羣臣不言其非御史不舉其失若行行焉好議論若予者而不加以論列則天下後世之有言責者必有以陽城爲口實且城賢士也隱士也或不欲以斤斤辯博好諫名故視其官如

不屑或有所待而發故韜晦以養其氣爰著論而條駁之名其篇曰爭臣欲其名實相副也語不惜詳言無不盡者欲其改之速也王庶幾改之予日望之昌黎之心亦如是而已矣譏之者激之也欲其憤發以有爲也良馬之鞭他山之石望之深則不覺言之切譏之適所以愛之助之也厥後德宗欲罷陸贄而相裴延齡城痛哭亟諫至裂其麻以是得罪放歸田里出山之泉依然無異於在山之清然後天下始其知向日之所以不言殆所謂不鳴則已一鳴驚人者非耶然微昌黎又何以至此

將昌黎心事曲曲道出議論切實詞致婉曲非胸藏智珠筆具鍾鑪者不辦

韓愈宣慰成德軍論

王沖

孟子曰我善養吾浩然之氣此氣也何氣耶其養也非若兵家之所謂守如處女耶其發也非若兵家之所謂出如脫兔耶視之而不可睹也耳之而不可聞也挹而無所有也而浩然沛然充塞於天地之間包羅於萬象之內孔子以之却萊人相如以之完趙璧嗚呼此何氣耶非破萬卷書持十年志而后得之耶有唐之世昌黎韓愈爲能養其氣而用其氣矣王延湊反圍牛元翼於深救兵十萬望不敢前昌黎以口舌之臣五十就衰之年十萬貔貅逡巡逗遛不敢輕越雷池一步王公大臣搶攘於朝皆慄縮惶懼

不敢一仰其首而昌黎獨承詔隻身單騎入强悍不測之虜庭以三寸之舌作百萬之師消禍患於無形弭亂離於未發其肝膽其識見姑可弗論獨於同列援手之時君恩寬假之日可以推諉可以藉口者能毅然決然不爲勢轉不爲威攝視死如歸此昌黎讀書養氣有以致之也若以公之文章爲名世取其豪曲快字湊紙怪發栗密窈眇章妥句適出神入化卽可以作百世之師可以爲天下之法則揚子雲司馬遷班孟堅之徒何嘗不文章彪炳照耀後世皆非在昌黎下者然身後之名皆瞠乎其後焉然則謂昌黎因文見道者蓋亦未知昌黎者也昌黎直造於養氣知言之域矣觀其黃庭湊宣慰成德軍人之言豈文人所能乎君子曰是之謂知義

文筆沉着獨見眞際

◉唐德宗興元下詔四方人心大悅論

汪仁鏡

桀紂之暴如悔過爲天下不忍叛之幽厲之虐如罪已焉庶民不忍背之夫以九五之尊而知悔過罪已以安天下者我於史冊得兩人焉前則漢武帝後則唐德宗漢武下輪臺之詔陳既往之非除諸苛政於是漢室稍安唐德下興元之詔悔窮兵之禍大赦天下於是唐祚復奠豈一紙空文感動若是之速耶抑唐自開國以來賢明之君六七

作天下歸唐已久人心不忍離畔耶曰、非也知過非難改過爲難言善非難行善爲難也德宗承肅代之後其時汾陽雖老李晟猶存如能親賢臣遠小人輕徭役薄賦斂至誠待下坦懷不疑則雖復開元之治追貞觀之風不難也無如德宗秉性谿刻盲於國政不知稼穡之艱難不恤征戍之勞苦劉晏理財用士深得士心殺一劉晏而士心失矣李懷光興師靖難解圍以後咫尺不得見天子詔懷光引軍還長安而兵心離矣稅間架除陌錢橫征暴斂而民心怨望矣於是天譴於上人怨於下兵戈四起海內騷然朱泚作亂咸京失守鑾輿外幸越在草莽而天誘其衷懼社稷之不保憫人民之塗炭遂狥陸公之議收拾人心推其至誠致其大信痛悔厥過下詔天下自大辟罪以下罪無輕重咸赦除之歸罪於己授亂臣以自新之路討其元憝赦其脅從減捐稅卹死傷於是士民感其誠信平其怨懟四方大悅並起而討朱泚忠臣効命於上志士奮身於下不一載間逆賊授首天衢肅清妖氛既息海內遂靖夫以一詔之微乃能感動人心如此何哉誠信之所致豚魚可格金石爲開蚩蚩者氓有不聞而感泣者乎世之有天下者朝下一令曰愼選牧令暮下一令曰問民疾苦借此爲籠絡人心之術而於國家根本大計絕少改革讀興元一詔其能無愧色歟胸羅全史壁壘一新。

●段太尉自請爲都虞候誅郭晞暴惡軍士使邠州無禍論

蔣鍾燦

自來天下之亂常一發而不可復遏者蓋姑息以成之也未然之時小之而不知備一旦紛然而起土崩瓦解禍水四溢而不可阻矣此治亂者之所以貴乎知幾也昔郭晞寓軍邠州縱士卒無賴民不得安官吏側目視之戚不敢問若任其恣睢暴戾目無法紀其不揭竿而起擾亂邊陲者亦幾希矣則其爲亂又豈僅折人手足撞殺孕婦人禍一邠州而已哉段太尉愍然憂之自請爲都虞候誅暴卒十七人安民鎭亂其功之在社稷者固大而其知幾之神不尤可欽乎夫其自請爲都虞候也蓋將置暴卒於法而安民也然誅暴卒則必犯其難盡甲而譟固預知其然矣惟能前知其當然故事至不懼而徐爲之所不然以邠寧節度使之威嚴猶震恐而不知所措而區區一都虞候竟單身入營談笑而理喻之卒至郭晞謝罪願奉軍以從此豈苟圖立功魯莽從事者之所可比哉嗟夫今世之縱兵爲暴者多矣吾恨無段太尉其人也

一往清利結筆餘音繞梁。

焦令諶爲尹少榮所責愧而自恨死論

程桂森

人不患有過患在不能改過能改則惡可爲善暴可爲仁愧恥之生正良心之由剝而復君子取之不然雖殺身無以自贖徒以氣質橫暴枉自摧殘而已昔焦令諶以大將之尊而責農人以穀會是歲大旱農人以告田官段公秀實諶怒而笞農人死段公乃賣馬市穀代償於諶於是尹少榮爲寓軍帥數諶之罪而罵之諶一夕自恨死由此觀之可見諶一聞正論卽發其羞惡之良至於無地自容與頑鈍無恥者有天壤之別而惜乎其未奉教於君子也自非聖人誰能無過過而能改則可致善故顏子貴於能改夫子嘉其不貳今諶之所爲誠不仁不義然苟翻然悔悟卹其人償其穀負荊請罪於段公之門段公絕不咎其既往少榮亦且嘉其遷善由是深自洗濯日新月盛馴至於聖賢也不遠又何至於死耶昔子路人告之以有過則喜喜其得聞而改之也少榮之責諶旣知過實爲可喜因自念日前以一念之貪得罪淸議負疚神明今而後吾有望矣段公者吾之良師也少榮者吾之畏友也苟或不死未嘗不可爲人胡遽以血氣之勇愧憤之切自傷其身未免所見之太淺矣雖然諶雖未能改過尙自知其過觀其垂沒之言曰吾終不可以見段公雖武人未嘗學問而暴戾之氣既消是非之理自明蓋

其天良猶存故雖辱罵之而不怨少榮之多事嗚呼彼剛愎自用者諫之尚或加害況可罵乎其天良之澌滅而無餘則又甚之罪人也噫

議論深切詞亦敷暢

●宋清優待斥棄沈廢之人後來卒得厚報論

鮑錫瑤

慨自三代以下道本日漓人心譸張莫不炎而附寒而棄鮮有能不諛富慢貧更鮮有能博施濟衆優遇斥棄沈廢之人如宋清者焉清以一長安藥市之人而能廣施善藥度不能報輒焚劵終不復言其施藥也不問貧富賢愚有求之必應以是得志者餽遺相屬雖賒而死者千百卒不害清之富有子厚乃謂其能取遠利嗚呼是豈宋清之志哉使清欲求遠利則擇一二有材智而廢棄者厚結之可矣奚必無所不施乎此乃清之不求報而自獲報也豈嘗有求遠利而故爲之心哉漂母之食韓信哀其爲王孫而食之也然卒得千金之報清之施藥憫同胞之疾苦而施之也然卒受諸顯貴之餽漂母非知有千金之報而後進食宋清亦豈料有遠利而後施藥哉古人云不爲良相便爲良醫君子以利物利人爲懷固非欲責報於將來然天道好還爲仁義者固必有報也而子厚乃謂之曰市通交謂之曰取遠利不亦過乎吾謂宋清蓋有道之士而遯於

遇者使其得志而爲卿相庸詎知不能以其藥人之惠藥天下也耶

立論透徹一結尤邃密

◉唐文宗謂去河北賊易去朝中朋黨難論

陸緒明

蓋聞朋黨之說自古有之惟幸人君辨其君子與小人而已君子以義爲朋小人以利爲朋人君能辨義利乃能辨君子與小人君子則進之信之小人則退之去之如是則朋黨自去寇賊自平而國且大治是故舜進八元八凱而去四凶而天下大治周武王有亂臣十人而天下亦大治文宗庸闇不能師先王之法而謂去河北賊易去朝中朋黨難司馬溫公謂文宗不能察羣臣之賢而進退之乃怨其難治是猶不種不芸而怨田之蕪也朝中之黨且不能去況河北賊乎誠哉溫公之言也蓋聞物有本末事有終始登高自卑行遠自邇國家致治之道必先修內政內政修而寇賊平寇賊平而國以治是猶良醫之治病必先去其心腹之患病者乃能四肢靈動軀體復原朋黨者乃國家心腹之患也寇賊者乃國家四肢痲木之病也心腹之患不能去四肢安能靈動病者安能復原朋黨之不能去寇賊安能平國家安能致治乎然則朋黨既難去河北賊亦未易除也文宗之言徒怨難治不揣本末之言也使文宗而能進君子之朋退小人

之朋則河北賊之去誠不難矣而國亦治矣後世有國者其鑒諸

中幅議論精闢餘亦順適

宋太祖罷石守信等典禁兵以削藩鎮之權論

朱代杰

嗚呼吾觀前史秦懲周之封建以孤立亡唐鑒隋之集權以藩鎮亡天下之患常起於所忽雖有智者不能爲之慮惟賴爲人君者積至誠以孚天下明大信以詔羣臣乃爲至善之道卓然具開國之宏謨矣宋太祖見五代方鎮之制其君乃罷石守信等釋諸將之兵權使其力弱易制蓋懲前代之失而爲之備可謂謀深慮遠者矣而其後南宋偏安金夏逞雄卒困於元以亡其國論者多以是責太祖蒙謂非也理各有當安可以事後成敗論之哉當宋太祖開國之初天下患兵之多假使太祖不罷諸將兵權吾恐藩鎮之禍復起宋祚當亡於徽欽之朝不待偏安而後也太祖釋兵權之時何嘗不見及孤弱足以亡國然使後世有賢能之君集權中央修明武備彼一二武臣定當爲國効死豈不顧後世之禍而爲此自弱之計哉夫五代藩鎮爲禍之烈常使當代人君坐不暖席危如累卵有宋雖興此風未衰於此時而不爲之制止其爲禍當愈烈五代之亂復興則宋之亡也必速故太祖毅然行之此事理之至當南宋孤弱亡國由其君自

失治世之道非太祖之過也夫天下之事變化莫測治天下之道安能有定欲以一人之智力一代之建設求子孫萬世之安豈非天下之至愚者乎是宋室之亡非太祖之不爲其後世謀乃後世不能自爲謀也太祖之罷兵蓋亦所謂能盡人事者歟而王船山讀通鑑論好立異議以痛非之噫是豈持平之論哉

文有內心語不泛設

宋太祖承五季之遺藩鎮驕橫不可嚮邇苟非雍容杯酒釋諸將兵權恐北宋之亡不待遼金二虜烏得以徽欽剏弱歸咎太祖貽謀之不善耶余嘗論北宋之弱乃真仁兩代不善於繼述但解崇文絀武以致之也作者持論如此實獲我心　盧炳田加評

◉富弼再使契丹受口傳於政府行次樂壽啟視國書論

顧禮宗

自古立國以愼重邦交爲首務觀於子產之治鄭介兩大國間而數十年無纖介之禍者其效亦可覩矣使於四方不辱君命孔子奚取者取其能保持國體也然則任使命之職者乘軺萬里負節四方而其心必能不忘故國可知也重山複水跋涉爲勞而其

所思所慮必在所奉之職亦可知也思慮之有不安則不惜擅啓書命以核真實此皆以國體爲念以國威爲心者君子不謂之專而稱之曰忠緊何人宋契丹使富鄭公耳史稱鄭公再使契丹受辭於相臣呂夷簡既而出發行次樂壽忽念及國書中語與己所受之辭容有不合則此行危矣啟視果然乃大驚遄返易之而往嗚呼夷簡之罪不可逭而吾於是知鄭公之忠爲國書者一國大命之所寄全體榮辱之所關也斯之不合則爲使臣者將何所據乎如是而欲慴服遠國增我國威非同南轅北轍哉向使鄭公鹵莽直前行抵契丹在面折廷論之時而彼執此書以相訾謷則鄭公何顏宋室何顏誤己誤國莫此爲甚故曰啟視國書非鄭公之專鄭公之忠也雖然此亦非輕躁者所能計及也想鄭公受書之頃鞠躬踧踖受書之後兢兢翼翼車塵馬足未嘗一刻忘此書也起居寢食未嘗一刻忘此書也思潮歷落更未嘗一刻忘此書也守之愈誠念之愈切念之愈切視之愈殷故一旦心有未安卽啟視之無疑慮焉無躊躇焉消大辱於俄頃回國體於垂喪抑亦鄭公重視國書之所致也吾觀後世國際之交遠過契丹而受此使命者曾未能謹愼將事等國書於琴劍貿貿焉夢夢焉任其拋置而至落於他人手也黃鶴一去蹤緝無從誤國殃民譏評薦至嗚呼亦可哀矣

筆意清朗能將鄭公心事傳神在阿堵之間

◉司馬光生平無不可對人言之事論

華立

噫嘻司馬光誠可謂君子哉觀其生平無不可對人言之事光明磊落心地如鏡俯仰無愧捫心無憾上以格天神下以感衆庶流芳百世遺範後人不亦宜乎吾敬先生之德行吾尤敬先生之存心夫何以言君子曰心與行合一何爲心與行合一曰行於外見於衆者如是存於心隱於內者亦如是無論大庭廣衆暗室屋漏惟知我行我素不愧於良心而已矣所行所作無一不可以白於衆一言一話無一不可以告諸人能如斯者始不愧爲君子也然而上下數千年當此而無愧者能有幾人哉若貌爲君子心如蛇蝎當於衆施其譎詐飾僞之伎倆背於人則行其寡廉鮮恥之事種種作爲不能舉以告人自以爲售其計矣不知欺人實自欺終有一日大白於衆者乎如是則何必作不可告人之事而自欺自賊哉嗟乎吾憫夫叔世之若此者比比皆是吾尤悲一般自號君子者昧心沒良日作不可告人之事以欺世人此烏得爲君子直魑魅魍魎君子之罪人耳世多僞君子所以世衰道微而陷於黑暗無光之境也可不悲乎噫苟欲光明此世界者必先光明我人心人心如何謂光明曰須無不可對人言之事能如是

則庶幾無愧於自身而司馬光不遠矣有志之士其勉旃

一座琉璃屏光明瑩澈

◉石守道以直言招小人疾惡不惑不變論

許慶圻

洪水雖氾濫而砥柱不能移也風雨雖晦冥而雞鳴不能已也僉壬雖盈朝而正義不能滅也苟正義滅矣骨鯁去矣則國之亡可翹足而待也夫國之亡不亡於人心之思亂而亡於直言之不聞國之興不興於甲兵之堅利而興於是非之大明苟奸佞雖柄政而間有一二忠義之士直言極諫不屈不撓則彼亦有所戒懼無所肆其技矣宋石守道處羣小之間秉疾惡如仇之志刻刻以去姦爲念雖罹讒構而大憝終去且不以威惕而惑志不以利害而變道勇往直前務達其志而已其守身心之善誠不可及也然守道之始終以去奸爲心吾於其不惑不變見之矣夫志不惑則雖羣疑交至而操守則一矣道不變則雖外侮迭侵而用心則恆矣本疾惡之心而又守之以恆一則彼以同利爲朋者遇之安得不退避三舍乎哉是其所以爲君子乎上下古今縱橫中外求不惑不變而堅持初衷者能有幾人而居讒慝之間守道義之正不偏不阿者又能有幾人而徂徠先生乃能一身而兩兼之眞難能可貴矣至其遭羣小之忌幾罹身後

之慘。吾於是益信守道疾惡之甚。故其反響至於此極也。後世人臣有處權奸之下。抱去之之心。乃功未成而身先隕。或志未遂而竄於外。致負沒身之恨者。是無守道之恆一也。苟不惑不變。能如守道。則又安致沒身之恨也哉。此守道所以爲君子乎。

起筆排奡。入後亦多精當之論。

●歐陽修以斯文比金玉論

榮廷楹

夫萬物無不滅之道。人生無不死之理。草木鳥獸昆蟲。或朝生而暮死。或數十百年而死。雖其死也不齊。而其死後之沒沒無聞也則同。惟人亦然。除少數聖賢之外。當其生也。莫不營營擾擾。相爭相奪。待其死也。則與草木同腐。後人亦不得知其名。由此可知萬物之難於久存矣。苟欲亙古今歷萬年。常存而不滅。愈遠而愈光明者。則舍斯文其誰。夫上下數千年。相習不輟者。文也。古來國家大事。政治得失。能使後世知之者。文也。禮義理教之能傳之後人。使之相守乎法者。文也。萬物皆不能不受人之摧折摒埋。而文則雖棄擲埋沒。其精氣光怪。常巍然獨存。不稍銷蝕。古來聖賢之人。所以能垂名後世者。亦莫不以其文而傳。如文王之周易。孔子之春秋。左丘明之國語。司馬子長之史記。其餘如孟子韓愈諸賢。莫不立一家之言。傳之後世。歷萬古而不朽。故歐陽修曰。斯文金玉也旨哉斯言雖然金玉易得而斯文難求富貴豪奢之家金玉不計其數苟有財者皆易得之欲求斯文則非刓精竭慮專心一志窮數十年之心神不可從來能文之士所以寥寥如晨星者職此故也此則又爲金玉不如文之處況金玉之埋沒在地下者不可勝數又有爲人破毀之時而斯文則不然雖欲埋沒而其光愈明雖欲破毀而其氣愈盛然則斯文之勝於金玉者又多多矣

發揮透澈筆亦充暢

●張方平治蜀論

許慶圻

大凡萬物之良莠由於得天之平與不平而已苟得其平而正天下蔑不治矣水性懦天也得其平也激之而行於山不得其平也平而使不平其違性而越險也固宜火性烈天也得其不平者也萬物賴火以存是又其平也不平而竟平焉其爲有益也亦宜人心本善得天之平也迫而爲盜賊不平也平而不平鋌而走險不亦宜乎由此觀之平而不平亂之源也迨其不平而竟平之是又化險爲夷之要道也昔張方平之入蜀也歸屯軍撤守備以鎮撫民心之不靖數月民乃安堵嘗讀宋史至此竊歎方平治蜀之方得平其不平之要旨也夫蜀人言有寇至邊爲流言所動耳亦安知非敵之計耶

迨夫人心思亂彼乃得乘隙而入矣夫人心思亂不平也苟加以威壓是不平而又加以不平也其爆發必更甚矣方平知其如此受命之日卽以善化蜀民爲任是以平平不平也夫好惡之心人所同具麑童子使拜犬豕則怫然怒苟以善言慰之則欣然喜今蜀民蠢動苟威刦其民則以不平加不平矣勢不至違性履險不止也今方平能以平治不平驅思動之民進而爲禮義之族誠難能而可貴者矣當今之世盜賊蠭起民心之不平孰甚焉求平人不平弭禍亂於無形者渺不可得安得方平其人以平不平也則吾中國庶有豸乎

拈一平字弄題如丸是文入妙來之候

王安石行青苗法以病民論

唐子穀

昔大學言明德親民親之云者言其能知民間之利弊也後世秉政之人徒效古昔之成法利未得而害先增其故何哉不親民之害也蓋欲行先王之道須理會先王之本旨有關睢麟趾之心而後可行周禮周官之治孟子所謂徒善不足以爲政徒法不能以自行是也苟一意孤行徒存形式先王之原意無存政治之流弊自甚上下閡隔背道而馳愈行而離愈遠以之施政則政疵以之治民則民病如宋王安石行青苗法以

病民此則誤解先王之意之咎也讀宋史王安石上神宗書其於先王之道蓋亦嘗深有研究青苗法發行之原旨寓耕斂補助之意未始不欲有益於民也惟先王之省耕省斂志在恤民未嘗望其歸本而加息故其政爲善政而安石之新法不然歸還時須出息二分如是則已背先王之本旨後從王廣淵之請取五分之息貸民錢帛五十萬可獲息二十五萬國庫空而閭閻瘠鄭俠上流民之圖以悟上心於以知安石行斯法名爲益民實則病民蓋錢入民手不免有所妄用而貪官汙吏又從中勒索民財且利息之重雖民間相爲借貸亦未有過二分者奈何以公款乃索五分之利乎是故小民之擔負日增官吏之斂財日甚望民之不病也難矣然考安石之銳志爲治其心本以爲國與漢之桑弘羊孔僅不同而新法之害民則與孔桑無異雖經張方平韓琦司馬光呂公著等之忠諫請其罷黜斯法而卒不聽蓋安石秉性固執爲事獨斷不明先王用意之所在而徒徇私妄解且爲相而後益與民間扞格章惇蔡京之徒進而國事遂不可言矣嗚呼今世之秉政者明知病民之政而猶爲之惟恐不及斯真天下萬世之罪人宜我國民深怒而痛絕之也噫

引經證史筆意沉着

宋太學生陳東上書請誅蔡京等六賊以謝天下論　鄒忠曜

天下事有可忍者有不可忍者可忍而不忍謂之躁不可忍而忍謂之懦斯二者或出於拔劍挺身之匹夫或出於畏怯偷生之小人皆不明大義學問未達之所致也惟讀書之士則不然學問既博大義自明所欲有甚於生所惡有甚於死苟合於義則患有所不避者矣讀史至宋太學生陳東上書請誅蔡京等六賊以謝天下事喟然歎曰欽宗苟聽陳東之言則何致釀成宗社邱墟父子被擄之禍惜乎書既上而不能用也然其慷慨激昂氣奪三軍非太學生必不能上此書非太學生亦不敢上此書士氣學風足以振起有宋一代勇哉陳東烈哉陳東試言之欽宗昏庸怠惰播棄賢臣信任羣小是時蔡京壞亂於前梁師成陰賊於內李彥結怨於西北朱勔聚怨於東南王黼童貫又從而結怨於二虜創開邊隙使天下危如纍卵外患紛乘神州陸沉坐視宗國之顚覆此忠心愛國之士所不能忍者也加以蔡京當道已數十年其爪牙羽翼莫不身據要位四海之內幾無一人非京之黨無一不俯首事京者矣陳東覩當日之情形不忍以大宋百餘年之基圮於一旦使中華人民淪於左衽更不忍以五六小人而致國家於滅亡也故甯犧牲一己之生命拯萬民於水火非讀書明大義者不能爲也或曰陳

東之上書忠則可矣。無乃啟後世學生干政之風乎。今之大學學生。以討國賊而身在縲絏。亦效陳東之故事。有以致之也。予曰不然。不可忍而忍。謂之懦。今政權握於二三人之手。法律不伸。故大奸國賊。以利權送與外人。人莫有敢言者。觀夫王黼童貫之挑釁。已足亡國。況賣國者乎。國賊不誅。亡無日矣。欽宗不能誅蔡京。則陳東上疏請誅之。今之執法者。不能誅賣國之賊。故大學學生羣起而擊之。學生愛國之誠。古今如出一轍。顧亭林先生有言。國家興亡。匹夫有責。陳東其知之矣。今之大學生。知之矣。

援古刺今辭氣激昂

●李綱上疏請勿復爲退避之計勿復遣和議之使論　黃丕傑

嗚呼。中原板蕩。王室偏安。神州天府。遍染腥羶。君父至尊。遠羈異方。炎炎華夏。辱於犬羊。胡馬縱橫於京洛。嗣主狼狽於臨安。四郊多壘。戶鮮蓋藏。烽火頻驚。民無寧息。此誠不共戴天之仇。而亦君臣臥薪嘗膽。誓以必報之時也。北宋之末。金人入寇。徽欽任用非人。惑於和議。以致萬乘蒙塵。宗廟灰飛。高宗南渡。正宜勵精圖治。光復舊物。大復讎一統之義。方不愧爲太祖之賢孫。乃庸懦無能。苟安旦夕。既無遠大之謀。尤乏知人之識。以致小人用事。雖內有賢相。外有良將。而警蹕所駐。曾未能越江浙。王師所指。曾未能恢寸地坐令宗廟宮室廢爲邱墟赤子良民悉爲俘虜無事則君恬臣嬉歌功頌德互慶承平一旦鐵騎南來近畿告警其所以禦敵者非卑辭厚幣俛首乞憐即手足倉皇望風奔避稱姪稱臣歲靡千萬遷越遷明國疆日削以祖宗創造之河山拱手以讓敵人小民血汗之金錢厚斂以資強暴長此以往必至退無可退賄無可賄君臣痛哭不知所歸此志士賢臣之所痛心飲泣而無可如何者也李綱歷事三朝致身樞密於應詔求言之際殷殷以退避和議之害爲高宗告蓋深有見於此也彼持退避之計者豈不知天子以四海爲家夫寧計區區一城一道且以萬乘之尊冒矢石之險非萬全之計而高宗鑒於徽欽往事亦莫敢一面金人不知退一步即失一步得一尺即進一尺敵之嗜欲無厭而吾之土地有窮退無可退則將何之且武夫士卒所欲忠者國與主耳國無定都主無鬬志而欲其摧堅挫敵誓死不回得乎彼持和議之計者必又託言仁義休養士民且以中華上國不屑與窮北氈裘之族爭一日之短長於是懷綏遠人之策盛行而一二庸臣乃自詡其化干戈爲玉帛之功焉不知竭己國之財供敵國之用猶加膏於火以助其焰膏竭而火不止乃焚其身焉吾不知所謂和議之使者道出汴都見故宮之荆棘俘虜之孑遺其亦有黍離麥秀之歌流離瑣尾之詠一動於中

而思一伸其報仇雪恥之念否也嗚呼宋之失失於退避宋之弱弱於議和李綱知之言之而不能救之徒令後之人悲之惜之後之人悲之惜之而不能鑒之改之又徒令後人之惜後人也後之視今亦猶今之視昔悲夫

首段唱歎而入聲情激壯中後亦多精當不磨之論

●宋呂晉伯先生於學者多面折其短而樂於成人論　顧公毅

徑寸之珠不盈拳之玉至可寶貴然其先必磨礱而雕琢之未有議其不尊惜者也千里之駒敏捷之駿至可愛護然其先必束鞍而鞭策之未有議其不愛護者也蓋匠者剝玉非損之實寶之也牧者策馬非害之實愛之也彼師長督責學生約束學生亦奚獨不然是故督束愈嚴學生進德修業之心愈切而行學日進矣且夫好學者其自貴也當重以周而自望也當廣以大不加督責尤宜奮發自進況師長之愛我而督我益我而責我乎故師長當敬師之嚴者益當敬師而能面折學生之短者尤當敬也蓋師長面折學生之短者非為難於學生所以自盡其責而樂於成人之善也世之學者往往不自縩視師之嚴者為可惡而面折人短者尤可惡嗚呼是何異於惡匠者剝玉牧者策馬也哉嗟乎何其不自愛而甘自棄也

詞旨誠摯深見題義

文天祥謂忠孝爲人道之自然論

許國保

蘇武困於匈奴牧羊北海終不忘漢而後世稱之曰忠舜爲父母所逐耕於畎畝號泣旻天不忘父母而後世稱之曰孝嗚呼武誠可謂忠舜誠可謂孝矣雖然武之忠非忠於牧羊之年舜之孝非孝於號泣之日其忠孝有自來也夫天之生人也固予人以忠孝矣彼特能保存其忠孝涵養之培植之使忠孝二字早夕盤旋於胸中其平日事君無不忠事親無不孝故一旦有變而所行莫不在乎忠孝之轍矣嗚呼人能以忠孝爲心以忠孝爲事都兪吁咈固可爲忠定省溫淸固可爲孝矣必以斷首捐軀爲忠號泣旻天爲孝則爲忠孝者不亦可悲也哉嗟夫天下之忠孝者多矣奈何名於後世者皆斷首捐軀號泣旻天者耶吾知之矣世道不古事君若忠者有一旦遇變而遂降賊者矣事親若孝者有一旦爲父母所叱而遂悻悻然怨恨其親者矣忠孝有僞託不至斷首捐軀號泣旻天之日不能辨別於是傳者皆忠孝之變而無忠孝之常天下人民亦僅知有忠孝之變而不知有忠孝之常矣於是有植基未固者遂望而不敢爲自文天祥之說出世人亦當知忠孝之所在矣

樸實說去語皆中肯末段於世教之陵夷言之倍覺慨然

明代東林黨禍論

劉存樸

孔子曰君子周而不比羣而不黨周者普徧也羣也比者阿私也黨也羣者合天下爲一家乃大公之懷黨者以水附水以塗附塗實阿私之見故傳曰有黨必有仇書曰無黨無偏王道平平良以黨人紛爭實關乎國家之安危存亡也讀明史觀顧憲成李三才趙南星等講學於東林書院講習之餘往往議論朝政排斥異己而深歎其貽誤國朝禍及生靈焉夫講學於書院學者之事也議論朝政則非分所宜然也而又排斥異己則異己者安得不起而反抗之乎於是乎宣崑諸黨起矣東林之黨名成矣始而君子與小人互相爭既而君子與君子自相爭排斥辯駁之風靡已而置國事於不問故國政蕩然上下解體不旋踵而明社屋矣小人不足罪奈何所謂君子者亦不知悟哉且夫天無私覆地無私載日月無私照人能體大造之心以爲心其在朝也休休乎有容而朋黨之禍可無憂矣其在野也溫溫乎能讓而阿黨之隙可以除矣明室諸賢胡竟不知此義邪嗟乎宋之洛蜀朔君子黨也明之東林亦君子黨也然而洛蜀朔黨於宋而宋弱東林黨於明而明亡黨人誤國前後如出一轍近日者南北分爭各系相排

而不知和衷共濟以禦外侮吾恐後之視今亦猶今之視昔也有心國事者其鑒諸

漢逆黨錮唐代清流雖由小人之羅織而成抑亦君子之激釀所致東林高顧輩亦不悟專制國本無政黨存在之理由而貿然以輿宜其得禍與漢唐鼎足也　盧炳田加評

南洋大學國文成績三集卷四終

◀蘇州振新書社木板書目之二▶

書名	著者/刻本	紙	冊數	價目
小謨觴館全集	孫元培註	竹紙	十二冊	三元五角
二林居集	彭紹升	竹紙	六冊	二元五角
觀河集	彭紹升	竹紙	一冊	五角
測海集	彭紹升	竹紙	二冊	八角
香禪精舍集		竹紙	十六冊	五元
邃雅堂文集		連史紙	八冊	六元
邃雅堂學古錄		連史紙	六冊	四元
詩文集	吳慈鶴	竹紙	八冊	三元五角
嶺上白雲詩稿		竹紙	四冊	八角
憶苕山館詩集		竹紙	六冊	一元
藏書紀事詩		連史 竹紙	十二冊	五元 三元二角
大鶴山人詩集		連史紙	二冊	一元二角
古詩賞析		連史紙	六冊	六元
駢體文鈔	李兆洛	竹紙	八冊	二元
續古文苑		連史紙	十冊	四元五角
全唐近體詩鈔		連史紙	四冊	一元五角
絕妙好詞箋（附張惠言詞選）		竹紙	六冊	一元

●叢書類●

書名	著者/刻本	紙	冊數	價目
靈鶼閣叢書	元和江氏刻本	連史 竹紙	四十八冊	十六元 十二元
咫進齋叢書	歸安姚氏刻本	連史紙	二十四冊	十六元
滂喜齋叢書	吳縣潘氏刻本	連史 竹紙	三十二冊 實洋	十五元 九元
功順堂叢書	吳縣潘氏刻本	連史 竹紙	三十二冊 實洋	十五元 九元
陗颿樓叢書	崐山趙氏刻本	連史 竹紙	二十冊	十元 七元
笠澤叢書	唐陸龜蒙著 歸安姚氏刻本	連史紙	二冊	一元八角
昭代叢書		毛太紙	一百七十二冊	七十五元
古逸叢書		連史 賽連紙	四十九冊 實洋	三十三元 二十六元
海山仙館叢書		連史紙	一百二十冊	四十八元
翠琅玕館叢書		連史紙	八十冊	四十元

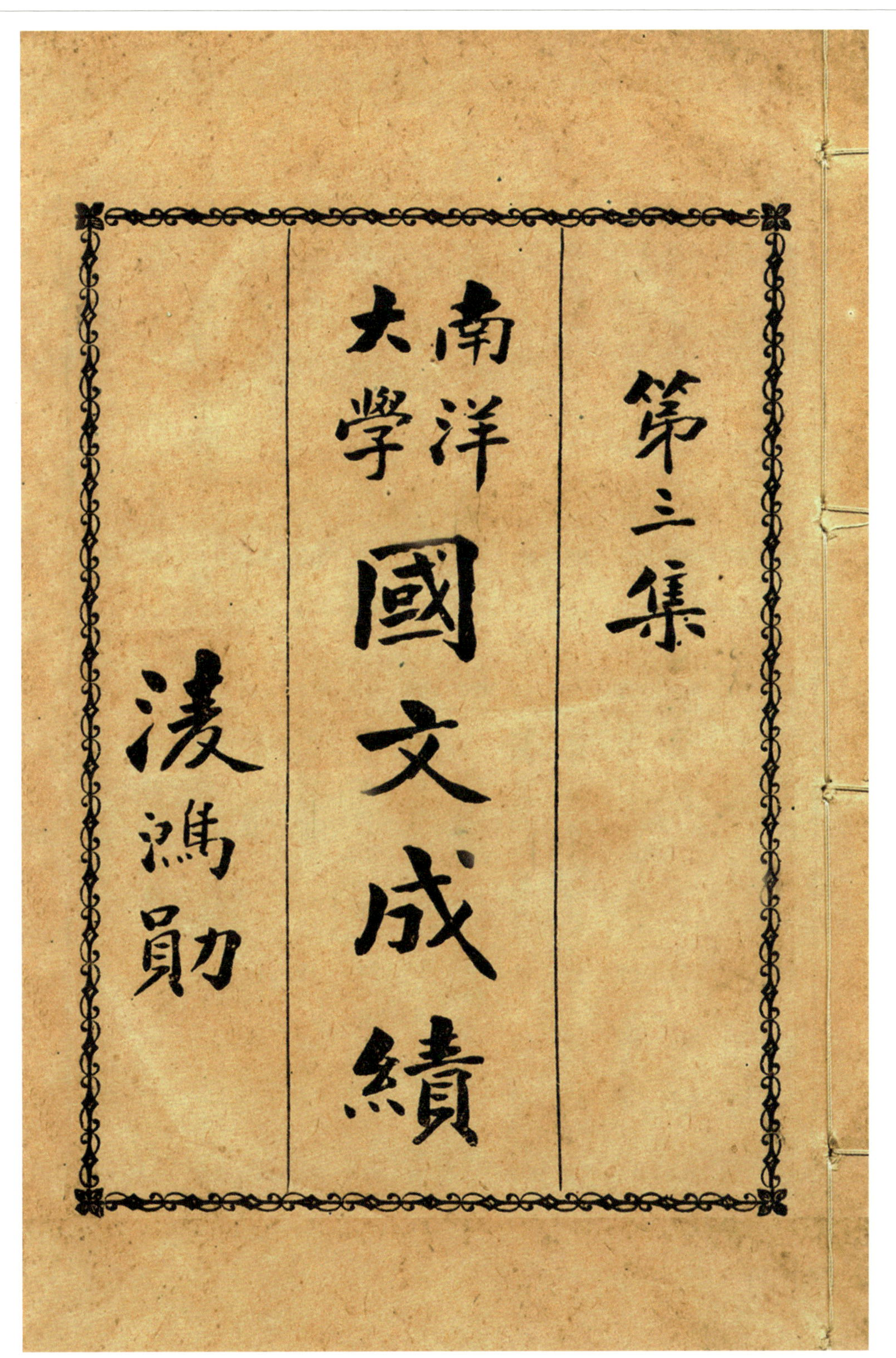

南洋大學國文成績

第三集

淩鴻勛

蘇州振新書社木板書目之三

俞曲園全集	毛太紙	一百六十冊	三十六元
平津館叢書	毛太紙	五十冊	三十六元

●經史子部●

毛詩傳疏(陳奐)	毛太紙	十二冊	六元
左傳事緯	竹紙	十冊	一元六角
史論一編	竹紙	四冊	六角
八史經籍志	連史紙 / 賽連史紙	十六冊	八元 / 六元
江刻書目三種	連史紙	四冊	二元五角
三十五舉 續 再續	連史紙	一冊	六角
廣陵事略	連史紙	四冊	三元
影刻元本陸宣公奏議 郎曄註	連史紙	四冊	三元六角
馮桂芬校邠廬抗議	竹紙	二冊	三角
影紹升翼詮	竹紙	一冊	四角
前塵夢影錄	竹紙	一冊	三角
張憶孃簪花圖詠	竹紙	一冊	二角
左文襄公書牘精華	竹紙	十二冊	二元
樊山政書	竹紙	十冊	二元五角
俞曲園尺牘	竹紙	四冊	八角
俞曲園楹聯	竹紙	六冊	一元
蘇州府志	連史紙 / 竹紙	八十冊	實洋二十三元八角 / 十八元八角
浙江通志	竹紙	一百二十冊	實洋二十五元二角

●醫學雜書類●

韡園醫書六種 潘霨校刊	竹紙	十六冊	二元四角
世補齋醫書前後集 陸久芝	竹紙	十八冊	四元
傷寒類方	竹紙	四冊	八角
醫學金針	竹紙	四冊	八角
醫宗必讀	竹紙	六冊	一元
外科全生集	竹紙	二冊	三角

南洋大學國文成績三集卷五

△子論類

◉楊之學似老墨之學似佛論

鄒恩潤

天下事之難辨者其惟爲己與兼愛之間乎蓋人人知兼愛而天下平人人知爲己而天下亦平天下平則人人享其安樂兼愛之大願以償爲己之初志以遂故謂爲己爲兼愛之初基可謂兼愛爲爲己之擴充亦無不可夫人人知兼愛而天下平固矣人人知爲己而天下亦平者何哉世之自以爲爲己者實乃自殘與爲己真義殆判若霄壤西儒謂立身於世不可無權利思想立國於世不可無權利思想之國民所謂權利思想者非貪權奪利之謂也其意蓋力求自立恥於稍損毫毛以見屈於人而甘飲泣吞聲放棄其立於世界固有之權利究其精義殆與楊子爲我之學若合符節人人知保其權利不爲他人所侵則天下平矣於是乎知謂楊之學似老可謂楊之學卽老則不可蓋楊之精義非老之所及也楊之學拔一毛而利天下不爲其爲己與老若有同然者然推楊之意苟有人焉侵其一毛之微必以力拒而不退讓是西儒所謂權利思想

人人知保此而能保此其國之興也勃焉老子則無動爲大守雌爲主任人侵辱犯而不校以之處今之世能終持其爲己之義也僅矣故其爲己之意似楊之學而非楊之學也若夫墨之兼愛誠似佛矣而非卽佛且亦非佛之所及也佛學微妙奧深固非墨之所敢望然佛言靈魂貴無爲義則高矣而以之救世之急則不及墨墨勇於實事力於解懸佛願自入地獄以普度衆生其效近於微妙屬於將來墨願摩頂放踵以救天下其效則爲實際屬於現在故其兼愛之意相似而墨自墨非卽佛也嗚呼能知楊之學似老而非老墨之學似佛而非佛則講明墨子之學可以救今日之中國卽講明楊子之學亦可以救今日之中國

楊墨雖均爲子輿氏所闢世之人輒喜墨而斥楊以墨類似於耶佛故也豈知楊子之說亦與西哲所云自立劃除倚賴劣根性之學說酷類乎不寧惟是身者我之身家者我之家國亦我之國所謂爲我者合身家與國言之非僅爲我之身而已作者謂墨優於佛已奇謂楊優於老則更奇可入雄奇一派　盧炳田評

大智若愚大勇若怯論

邵曾齡

蓋聞造化一機坯冶一陶陰翕陽張爰作斯人初無智愚勇怯之別焉然天地之秀山

川之英或有所偏而所處之環境亦各不同於是乎智愚之異勇怯之殊生矣夫智者無所不明無所不知能遠見於未萌而避危於無形者也愚者反之則是智之與愚猶風馬牛不相及也而況大智哉烏可謂之若勇者見義而爲當仁不讓不惜生命不顧身家者也怯者反之則是勇之與怯有天霄地壤之別也而況大勇哉亦烏可謂之若然曰大智若愚大勇若怯者何也曰遇一事也妄加私見妄加批評妄加意料妄加測度自以爲智自以爲能及其結果無一驗者此乃小智耳非吾之所謂大智也大智者能料事於未然慮患於未來戰戰兢兢如臨深淵如履薄冰惟恐吾智之有所不足若愚然然其臨大事決大議也垂紳正笏不動聲色而措天下於泰山之安故曰大智若愚匹夫受辱拔劍而起挺身而鬬自以爲勇自以爲無敵一旦有故不能保其身者此乃小勇耳非吾之所謂大勇也大勇者猝然臨之而不驚無故加之而不怒忍其小而謀其大故出袴下亦可取履亦可若怯然然當夫危急存亡之秋聲大義於天下救斯民於水火卒能恢復中原還我河山故曰大勇若怯嗚呼大智若愚非真愚也特似愚者耳大勇若怯非真怯也特似怯者耳惟其能若愚若怯斯能成其大智大勇世之自以爲智自以爲能自以爲勇自以爲無敵者其亦有所鑒乎

兩山排闥送青來。文境似之。　盧炳田評

以正治國以奇用兵論

王昌孔

老氏之言曰以正治國以奇用兵旨哉言乎。然余以爲以正治國則是。以奇用兵則未能盡然。何也。夫用兵猶治國也。治國以正。用兵亦以正。所不同者。機也。勢也。乘機利勢。故有時以奇出之。以避人之所競。棄人之所取。而收安定之功。故正不足而以奇濟之。可以暫試。不可以常用。可以脫險。不可以制勝。可乘疲寇而速平。不可禦勁敵而徐效。如其用之。亦必熟悉天下之大勢。逆料成敗之所歸。以收百倍之功。若舍正用奇而恃奇以爲萬全之策。未有不覆亡者也。故用兵者正而已矣。不以猜疑任將帥。不以議論爲謀略。不以徼幸而貪功。聚糧餉。精器械。汰老弱。選精壯。勤操練。嚴營陣。堂堂正正。以臨之。攻其所必救。博其所必爭。誠有餘也。然後臨陣不決。間出奇兵。以迅薄之。而收速效。故奇者。乘機利勢之術。非用兵之道也。後世用兵者。皆師此爲制勝之法。不講軍實。不勤操演。第以出奇兵是務。孤注一擲。而覆亡隨之。可勝歎哉。吾故曰以正治國則是。以奇用兵則未能盡然焉。

翻空出奇。頗能自圓其說。

老子謂剖斗析衡而民不爭論

陸龍章

宇宙有物。利害兼焉。重守不違。亂得以治。輕玩不信。治因以亂。其法也乎。古者弱肉强食。爭擾不休。聖人定法而天下治。是賴法以治者也。降及後世。臣民玩法而天下亂。是因法以亂者也。老子曰。剖斗析衡。而民不爭。蓋痛夫恃法爲非之害也。然則去法民其息爭乎。曰未也。必人人知民我同胞。物我同與。然後法廢而天下同登仁壽之域。老子之言。豈徒然哉。否則去法益爭。而爲所欲爲矣。蓋法存猶有所顧忌也。然則何爲而可。曰。士君子誠能道德爲天下先。轉移風化。使古昔誠樸之風。復現於今日。詐僞之跡絕。則法正而民大治。卽廢法而民亦大治。嗟乎。有國焉。在上者。恃法爭權。此曰守法護法。彼曰破法違法。在下者恃法爭利。此曰循例守規。彼曰違章踰制。法愈繁而弊愈大。兵戎興而民生困。國亡無日矣。於是鑒夫法之爲害者。承老子之學。倡無法律之說。吁。試問其民有民胞物與之心。天下一家之懷乎。不然。吾恐其爭擾將甚於今日。有興國之志者。可知所從而毋泥於老子剖斗析衡之說也。

氣清筆爽。水到渠成。

老子搥提仁義絕滅禮學論

陳文松

天下之事由簡而繁非人力所能違也惟其世事日繁斯其流弊日衆而防閑之術亦不得不日嚴迨世事益繁流弊加多防閑之術有時而窮則不得不思所以救濟之此亦自然之常則也雖然謂其不足而思所以補救之損益之則可謂其不足而思別取他道以更代之亦可若見其不足而遂以爲防閑之術可以不有而徒思破壞之則大不可老子言絶聖棄智又曰上德不德是以有德下德不失德是以無德其意蓋謂太古之民無知無識初無所謂仁義更無所謂禮學然皆熙熙皞皞自得其樂迨聖人者出教人以仁義教人以禮學於是渾沌開智識闢而作奸犯科之徒因之而起仁義禮智愈明奸僞者亦愈衆內小人而外君子比比皆是故有仁義禮學而後作僞者始有所假借欲使奸僞絶迹人皆自得其樂計惟有絶聖棄智使仁義禮學皆泯滅而無餘而民自歸真返璞噫老氏之爲此言特未之思也夫不識不知順帝之則者惟太古之時能之迨人類日繁交接日衆則智識自隨之日闢此蓋天然之現象不待教而後能者也智識既闢苟無仁義禮學以維繫之使人皆知善之爲善則不善者皆將無所忌憚風俗人心伊於胡底故聖人之教人以仁義禮學蓋所以維繫人心欲人皆知善之爲善然後不善者始有所懲而不敢公然爲惡雖有一二不肖之徒而多數之人心究

因之以維繫不可謂非聖人之功也世事愈繁智識愈開嚮之所恃以維繫人心者至是反爲作僞者所憑附此亦當有之現象欲思救濟惟有損益之改良之而後人心復可維繫卽至仁義禮學真無可以維繫人心之時亦當思所以更代之法不能徒事破壞已也且世事有進化而無退化智識旣闢而欲歸真返璞乃萬不可能之事則仁義禮學絕滅之後世道人心寧可問邪藉令能歸真返璞矣而人進我退人精我劣按諸物競天擇之律欲免陶汰其可得乎故老氏之說揆之理論徵之事實皆所不能而世人顧仍有信之者則亦非狂卽愚耳

思清筆銳入木三分入後文氣尤勁具見學識兼到

●利於人謂之巧不利於人謂之拙論

王能杰

蓋嘗讀墨子至翟語公輸子以利於人謂之巧不利於人謂之拙句責飛鵲之成不若車轄之便余不竟笑墨翟見識之狹而不思有以自省也夫驚奇越常之宏作方其未見於世也必經作者之窮思累索次第獲效而後有大成之日其事之不能一蹴而就章章明矣今公輸子之製飛鵲也以片竹而成飛鳥上入青雲三日不下其構造之靈敏可謂空前絕後然則公輸子之作可謂大成歟曰未也吾知公輸子之製飛鵲其志

非飛鵠已也其最後之目的當遠出於飛鵠而其行動殆類於飛鵠故飛鵠之成迺公輸子將來宏作之初效也不然公輸子果戰國時一著明之製造家也能於當時獲盛名而負重望其製造之物決非僅一飛鵠可博也其必有一二物焉見用於世明矣以負重望抱宏志之製造家而僅致力於一提孩所玩之飛鳶謂其志僅畢於此雖稍有志者當不至此謂以公輸子之志而能之乎此不待中人以上之人皆可預計也迺墨子之見反出中人下以爲公輸子之智盡於此矣至以平淡無奇之車轄成績目爲利人之器精巧之作轉相責人不知車轄果利人也而公輸子之他日成就其利人或十百倍於車轄特未爲翟所知耳況車轄之發明於世未必自墨翟始春秋之際戰車已屢用無奇寧有車而無轄者乎車無轄輪必外出烏有車之用翟之製或於固有之物稍從事變更之而改良之耳以稍事改良之製作而謂絕無僅有之飛鵠之巧反不已若其自視得毋過重乎總之卽就墨子之論利於人者謂之巧不利於人者謂之拙墨子之作果利於人而巧矣公輸子之作亦未嘗無利於人之一日惟大功未成而未爲墨子所見到耳惜乎三千年前之宏製未竟厥志而於近時忽爲碧眼黃髮者所竊取至萬里長空之際常有軋軋之飛機往來上下吾不禁歎中國人數千年來之狃於舊

法不思維新而笑墨子之一隅之見動輒責人恐於今觀之車轄之巧之利於人不能望飛機之項背也

層層批駁才大心細

君子愛日以學及時而行論

鄧鵬

光陰有限學業無窮以有限之光陰爲無窮之學業不亦岌岌乎難哉是故君子孳孳以學之孜孜以行之終身不息猶恐失時是以有弗學學無不成有弗行行無不得此皆愛日及時之效也今之學者則不然朝於斯夕於斯時日已迫逡巡退避戰慄不進虛度終身卒至一無所成誰能學如不及猶恐失之哉其速於成者急行以進夜以繼日倍力爲之進銳退速既而厭倦棄之不顧一暴十寒其有益乎揠苗助長非特無益而又害之矣故學與行不可怠怠則忘不可速速則助長躐等以進雖視因循坐誤者若稍勝然不能循序漸進其失一也且學也行也其始爲之也甚難先難而後有獲故宜勇往直前堅必達之志惟其苦不惟其甘時習也而不敢其間輟不然畏難退却雖後來振刷然光陰已翫忽矣過時始悔其能及乎時乎時乎不再來世之人其盍法曾子之言愛日以學及時而行乎

文心靜穆涵養功深

●君子養心莫善於誠論

張令綵

誠之爲物愼於心而形於外終身守一而不二天地之大也以誠化萬物聖人之知也以誠化萬民親親以誠物物以誠以誠行仁則仁以誠行義則義以誠行禮則禮以誠行智則智四海之內六合之衆莫不悉以誠合以不誠離以誠興以不誠衰夫不誠則雖有親親之心亦必疏雖有物物之心亦必變仁而不誠則無惻隱之心義而不誠則無羞惡之心禮而不誠則無辭讓之心智而不誠則無是非之心誠故足以化萬物萬物莫不由乎誠荀子曰君子養心莫善於誠心爲萬物之主誠又爲養心之道君子以誠心視萬物而萬物莫不皆誠孟子曰養心莫善於寡欲寡欲亦誠之謂也無貨財之心則不貪無邪僻之心則不淫無犯正之心則不亂不貪不淫不亂之爲寡欲寡欲之爲誠故君子養心莫善於誠二子之義其言雖異而其旨則終歸乎同世之養心者宜知有所鑑矣

語意切當能見其大

●禮者人之所履也失所履必顛蹶陷溺所失微而其爲亂大者禮

也論

姚滌新

草昧之初。無所謂禮也。聖人者起。酌乎義理。揆諸人情。制爲禮以示民準繩。故曲禮三百。詳應對進退之節。使人人得以服習而取法。踐履而躬行。荀子曰。禮者人之所履也。失所履。必顚蹶陷溺。信哉斯言。今夫動靜有時。起居有節。飲食酬酢之中。揖攘進退之間。莫不有禮以爲之維。聖人豈好爲縟節繁文哉。以爲禮者人之所履也。苟禮不中節。一旦失其所履。越乎規矩之外。習於怠惰之中。則禮法之外。無非荆棘。顚蹶於弛懈之頃。陷溺於怠玩之中者。蓋比比然矣。嘗試推其故。人之所以自持者在乎敬。而敬之道寓乎禮。失其禮則舉措不規乎法。肆之一念。乘之而起。於是乎禮失而敬亦無存。夫至於敬之不存。則所以持身行世者。舉歸無有矣。而顚蹶焉。而陷溺焉。亦夫復何疑哉。或謂動容周旋之貌。飲獻辭讓之節。亦徒禮之末節。苟明其道。則稍失乎禮。亦復何害。荀卿謂所失微而其爲亂大者。禮也。何耶。不知道之體。固在窮理以盡性。而道之用。實在主敬而守禮。禮失其用。則道亦無所附麗。雖有仁義之道。智勇之行。不能舍禮以爲用。誠以道無可接之形。而禮有可履之迹。苟失所履。則横流潰決。何事不可爲。故應對進退之失禮。浸假而爲叫囂怒駡之行。取予辭讓之失禮。浸假而爲胠篋盜竊之流。蓋夫天下之大害天下之大亂莫非根於失其所履人能守禮而勿失所履以免於顛蹶陷溺而致亂焉則處世之道盡乎是矣彼荀子之言豈非吾儕所當服膺者哉

息深達亹義蘊宏深文筆亦具有俊偉光明之氣的是雋才

◉陋也者天下之公患也人之大殃大害也論

周浩泉

夫豺狼爲獸凶猛噬人知其爲天下之公患也人之大殃大害也洪水爲災毀屋沒田亦知其爲天下之公患也人之大殃大害也然豺狼雖猛獵者得而擒焉洪水雖險人力得而禦焉是雖患不足患也雖殃雖害不足懼也惟人心之奸詐世道之嶮巇有千百倍於此者斯誠爲大患矣子弒父弟殘兄者有之夫妻反目友朋切齒者有之禍起瞬息欲防不及治以律律不能盡之懲以罪罪不能戒之荀子曰陋也者天下之公患也人之大殃大害也旨哉言乎是以天下之大不患乎無才患乎有才而陋也不患無奇特之才患乎有奇特之才而陋也無才而不陋不失爲良民無才而陋其患可測有才而陋其患較巨若夫秉奇特之才而陋者則其患誠不可測矣陋一也無才有才與有奇特之才同也視乎才之上下而判其患之深淺也桀紂操莽奇特才也秉其才而濟其惡行其陋於是乎患及天下殃及人民矣使桀紂操莽而不陋恐湯武伊呂不是

過也是故天下之公患人民之大殃在人心之陋耳人心而陋不如無才不如無奇特之才惟其才適所以濟其陋行其惡耳吾國自鼎革以還學校次第而興不能盡謂無才而國運日蹙民心日下何也曰民心之陋也然而今之士人惟孜孜乎求才而獨不顧乎道德才成而陋亦與之俱行嗚呼舍本求末不亦大可哀哉

意到筆隨語語中肯

●天不爲人之惡寒也輟冬地不爲人之惡遼遠也輟廣君子不爲小人匈匈也輟行論

胡廣訓

人惡天之寒地之廣君子之行而不知冬日蟲蛇蟄伏百穀成倉寒之有益於人也地載山林之富川澤之美遼遠之有益於人也君子皎皎霜雪之志凜凜松柏之操不與世俗同流合汚而終能澤被後世行之有益於人也噫燕雀安知鴻鵠志彼雖惡天之寒不能損天之高雖惡地之闊不能損地之廣雖其勢匈匈而不能奪君子之行也故荀子曰天不爲人之惡寒也輟冬地不爲人之惡遼遠也輟廣君子不爲小人匈匈也輟行或曰寒帶則終年嚴寒百物不生溫帶則冬令始寒物產尚好惟熱帶無寒氣物產最富其地則亞洲廣平遼闊美歐非澳各洲地廣居中若羣島爲海所限地不廣矣

至於君子執政修禮正法平政荀子所常言也小人若指平民而言則民猶水也可以導之而不可壅之可以載舟亦可以覆舟是以天聽自我民聽國人皆曰可行然後行之此所謂通權達變也否則鬱矣夫草鬱則腐林鬱則蠹人鬱則病國鬱則百慝並起矣豈非天可輟寒地可輟廣君子可輟行乎不然熱帶何以無寒小島何以不廣政體國體何以屢遷也余曰否此若鷹隼飛翔於雲漢亦若猛虎長嘯於山林只知其高也而未知其常也夫常者虛則傾中則正盈則覆矣天道流行四季有冬其寒也行之千萬年而未變不能因人之好惡物之多寡而輟冬天之常道未知夫熱帶也若地高則爲山陵低則爲幽谷平則爲原野形雖斷續實則相聯有其常數遼闊無垠亦無大洲小島之限非人之好惡而能輟其廣也至於君子者含和履正守其常體不恤人言小人匈匈不足損其毫髮易其行止是以聖人德配天地也

馭題有法語不空滑

◉堯舜行德則民仁壽桀紂行暴則民鄙夭論

劉蕙疇

語曰君子之德風也小人之德草也草上之風必偃人主布政施令民受其化於不覺之中政誠良也其民有淳厚之氣敦樸之風政誠不良也民多悍驕之容虛憍之習故

古之觀人國者不在朝而在野良有以也且夫語有之仁者多壽蓋仁者有德之人也其心恬淡不慕榮利養其性而全其天此其所以壽也暴戾之人則不然志存恣睢慾奪其中而戕其天性此其所以夭也由此觀之君之於民也其責甚重使其爲有德之君也其身固仁壽矣非特其身之仁壽也天下之民亦仁壽也使其爲無德之君也其身必至鄙夭非特其身之鄙夭也天下之民亦隨之而鄙夭也故古之爲君無德者其自棄於天原無足惜所可惜者獨此天下之民亦隨之以盡也昔董仲舒曰堯舜行德則民仁壽桀紂行暴則民鄙夭蓋仲舒生當武帝之時見武帝之黷武窮兵其言寓規戒之意然不僅爲武帝言實爲天下萬世言也夫堯舜桀紂有風草之勢堯舜行其仁而民化之桀紂行其暴而民亦化之堯舜之民化於德故以仁壽終其身桀紂之民化於暴欲身之無鄙夭得乎易曰撓萬物者莫疾乎風故先王之治天下風民以德民受其賜道一而俗同也或曰堯舜行德而不能化四凶桀紂行暴而不能化湯武何哉余曰四凶者非世之所謂大愚乎莊子曰大愚者終身不靈堯舜不能化之宜也若夫湯武非世之所謂聖者乎聖者能推移一世而不爲世所推移此桀紂之所以不能化湯武也或曰行德則壽行暴則天然顏回大賢也樂道於簞食陋巷之中不幸短命而死

盜跖大盜也暴厲恣睢橫行天下竟以壽終抑又何耶余曰天有可必之時有不可必之時天於可必之時仁者必有壽賢者必有後天於不可必之時仁者不必壽大盜不必死夫顏回之夭盜跖之壽此天未定之時也董子曰行德則仁壽行暴則鄙夭此言天可必之時也要之君國家者宜務行其德使民效之而有仁壽之歸則爲福於民非淺鮮矣

題義開通暢然滿志

聖人之學欲以返性於初而遊心於虛論

張知先

淮南子曰聖人之學欲以返性於初而遊心於虛孩提之童莫不知愛其親也及其長也無不知敬其兄也此孟子之道性善即返性於初之道也書曰滿招損謙受益憂勞可以興國逸豫足以亡身即遊心於虛之理也聖人之語言雖迥異而其爲學則一也噫世人之失聖賢之道久矣方其幼稚其性慈善與聖人無異而及其長也聲色貨利引於外功名利祿動乎中至全失其初之善性而遷於惡方其初學其心空虛亦與聖人相合及其稍有進境自滿之意驕泰之心相踵而至全失其空虛而使之滿惡其性滿其心而曰我欲求聖人之學是猶緣木求魚守株待兔天下寧有是理耶是故欲求

聖人之學莫若革其惡性除其滿意欲革其惡性非返性於初不可欲除其滿意非遊心於虛亦不能雖離幼稚已久而必常返性於初則性可常善永無聲色貨利功名利祿之染雖學問日進而必常遊心於虛則心可常虛永無自滿驕泰之心善其性虛其心聖人之學捨是而他求難矣哉

積理功深語有心得

孔子足躡狡兔力招城關論

顧禮宗

廣場百畝綠草如茵時則三五健兒窄袖短衣赤筋露骨出其好身手以相角逐或奔軼絕塵影隨形逐倏忽數匝不可逼視或竪臂奮身前俯後仰瑯然一聲拋物線墮余圜視驚曰此豈浪跡江湖售藝爲生者耶不然何不惜軀幹若是就而詢之則固某大學教師蠶學員也怪之既而涉獵古傳見淮南子載有孔子足躡狡兔力招城關事始恍然悟躍然起曰士生今日考求掌故徒知稽古聖賢行事之蹟而不能法古聖賢行事之實抑何其不智也仁者必勇夫子固嘗言之矣六藝之傳兼及射御夫子之有心體育亦既彰明較著矣乃圖書之亡夫子練身之術絕人之技遂亦不傳於世後之人耳食盲從習非成是以謂談仁義者不講技勇說詩書者不涉戰陣王良超乘薄之而

不肯爲也養叔穿楊郘之而不屑學也以至超距投石凡爲士子者都輕之不置諸齒牙間也是故年非不壯也體非不偉也耳目非不聰明也而精神頹敗矣氣質萎薾矣涉津梁而趑趄逡論躡狡兎舉箱篋而不勝逡論招城關乎是豈我夫子之志哉是豈我夫子之志哉嗟乎大丈夫不有堅强耐苦之身學成何用我夫子以家學淵源聃之禮弘之樂襄之琴皆學之他人者此則其傳聞有素豈其幼而不慕長而不講乎不然講學論道垂老不衰又復轍環天下是非具强固之精神充滿之氣體曷克有此則足躡狡兎力招城關之說雖無證實信有然矣而近世士者或嗤以爲妄昧不之察及見泰東西運動術昌體蔚雲蒸駸駸日上則以爲是真足以增我體力壯我國魂者趨之惟恐不及是非所謂家有文軒而寶人之敝駟也乎瀛海之抱有國焉其人侏儒也其貌萎瑣而不揚也其土地不腆其文化不昌也而其種也日强則武士道之風盛也東海之濱有國焉其人非不軒翥也土地非不擴大也文化非不昌明也而其種也日衰則尚武之風不行也試游新大陸則綠野如茵莫不有所謂競走擲球種種者焉試涉來茵河則廣場如錯莫不有所謂競走擲球種種者焉試登望富士比山則草色菁灦處亦莫不有所謂競走擲球種種者焉固知彼以此而優以此而勝以此而揚其國威

固其國魂而不知此風之創猶在二千年前亞東大河之濱泰山之側也矍相之圃其小試也是可知我夫子道無不包教無不備身具萬能萬善惜後之人耳食盲從習非成是不克繼承之也彼西方美人詎足引以自豪哉

超乎象外得其圜中不脫不黏斯爲合作

禮義立則耕者讓於野禮義壞則君子爭於朝論　陳文松

揖讓之風盛於治世朋黨之爭烈於衰朝蓋世之治也君明臣忠王道興隆小民皆知禮義而揖讓之風盛矣及其衰也君昏臣庸綱紀大壞君子不尙禮義而朋黨之爭烈矣是故唐虞之世耕者讓畔宋明之末黨派紛爭禮義之汙隆爭讓之原也桓寬鹽鐵論曰禮義立則耕者讓於野禮義壞則君子爭於朝夫至賤莫如農夫至尊莫如君子農夫而知揖讓則禮義之立可知矣君子而務爭競則禮義之壞可知矣禮義之心人皆有之在上者苟加以提倡則其化人也必速其感人也必深既感且化未有不讓者也若綱紀凌夷禮義不立則心之所營無非私利事之所發無非私利專騖私利則爭端起矣此君子所以不能免於爭也昔者文王之世虞芮之君爭田久而不成乃相率質成於周入其竟見耕者讓畔行者讓路無爭事焉入其邑無爭事焉入其朝無爭事

焉乃皆感化而歸夫文王非能令國中無爭也而能若是者以其禮義之立也昔者有明之季流寇跳梁滿人窺伺而當時君子方且爭梃擊爭紅丸爭移宮紛紛聚訟久而不決迨闖賊陷闕清師入關宗社既屋邦國既摧而始悔之則已無及夫當時君子非不知國勢之危急也顧卒如是則以禮義之壞而不能免於爭也然則欲國之不亡民之不爭必先自立禮義始矣管子曰禮義廉恥國之四維四維不張國乃滅亡竊以爲禮義乃廉恥之本知廉恥而不合禮義蓋有之矣知禮義而不知廉恥未之有也蓋禮者理也義者宜也使物皆得其理事皆得其宜何爭之有孔子曰聽訟吾猶人也必也使無訟乎又曰道之以德齊之以禮有恥且格夫民皆知有恥則非禮非義之事不爲矣格則化於禮義而皆知揖讓矣知揖讓則民不爭民不爭則無獄訟此孔子攝相三月而魯國大治也世有當國勢危急之秋強鄰環伺之日而猶同室操戈久爭不決者亦由禮義之壞使然也桓子之言豈欺我哉

頭頭是道咄咄逼人驅策羣書琳瑯滿目非寢饋功深者那得有斯　盧炳田評

●政之急者莫大乎使民富且壽論

蔣以鐸

民爲貴社稷次之古今來尊民之本旨治國之政例也餓莩盈野哀鴻遍地老弱轉於

溝壑救死惟恐不贍安敢望富且壽耶民苦何爲其甚耶政治不良使之然也改良政治先其要者以及其餘因民之利而利之則濱海之省可以盡魚鹽之利山林之地可以極材木之用五金雜礦不難悉採萬缺百廢不難俱興民受其惠而政府未費且收略增歲入之效脩其水利息其干戈訓以教練之用課以養生之道則歲無饑饉地無水患民勤於工作强於自衞此治國之急政之大者萬民所引領而渴望者也有以是而治其民者民之歸之者如歸市必矣夫民窮國窮民强國强未聞百姓窮困而國庫充裕者也百姓老弱而國勢强盛者也卽有是者安得以有限之所積所儲市已喪失之無限之民心一時之充裕何足恃耶窮兵黷武爭城奪池不應勞而勞民民之不死於兵必疲於役幼者弱者已無訓練又乏培養少者壯者驅而至死猶嫌不足安有享高年之福哉所餘者鰥寡孤獨耳如是而可望財足國强乎哉是罔民而已何尊民之有哉春省秋省以補不足不給脩鄰好以弭兵導民以利使民以時樂歲終身飽凶年免於死亡民自富足矣民既富足可以各盡其天年國若是而不治者未之有也使民富且壽者民爲貴之道政之急且大者也孔子所希於當時之人主者莫非吾民所冀於今日之政府者也爲政者盍三復及之

筆氣健勁詞理明通

鄒衍序九州論

陳壽彝

有駭俗之言必有高世之行有覺民之志必有諷世之辭北冥之魚徙於南冥蒙莊之逍遙也朝發崑崙而夕蒞玄圃屈宋之招魂也其言雖閎大不經要能清滌埃塵寓情深遠所謂皭然泥而不滓者也齊宣之際有稷下先生鄒衍者逞辯談天騁辭辨物以爲宇宙無垠實分九州瀛海迴環更析爲九中國所居名曰赤縣神州卽其一也推鄒衍之意豈欲爲伊尹負鼎之諫甯戚飯牛之歌哉我國自黃帝定鼎以來莫亂於戰國莫驕恣於戰國之時君故孔子欲居九夷而不以爲陋憫華夏之失常也鄒衍徵遐方以例邇居豈將發人深省使止其蠻觸之爭耶若然則鄒衍之翮當在南冥之外也夫識參天地而智周萬物聖人猶以爲病賢俊之士旣鄙蠻貊之邦而不究故世界之拓展我黃農之裔無功焉而禹甸山川亦幾於日蹙此學者之大蔽也鄒衍之書今不可得而見其或於地利民生有所闡發未可知也雖然鄒衍之辭則詭矣鄒衍之行未見其高也何以言之蓋實至名歸識先位後鄒衍受撇席擁篲之榮宜效阿衡之治建呂望之勳乃至無食肉之謀徒爲哺啜之計則所謂識也實也曾不足供婦人孺子之所

嗤也秦皇漢武嘗好神仙矣方士則造爲海外神山蓬萊方丈之說以娛其心焉彼齊宣梁惠慕好賢之名有孟子而不能用獨寵禮於鄒衍則鄒衍之爲鄒衍亦可知矣是故君子惡夫佞者由其强不知以爲知强不才以爲才也其後有愼到環淵田駢騶奭之徒務爲驚世之言以熒時君之聽雖後車百乘粟食萬鍾孰如菜色陳蔡困阨齊梁以斯道覺斯民哉苟孔子之門人用詭則淳于升堂鄒衍入室矣如其不用何今者海運大通世之爲洲者六鄒衍有知將曰滄桑迭變九幷爲六以自圓其說而逞其詭歟

雄辯高談如見陳同甫王景略一輩人在座　盧炳田

△合論類

●接輿沮溺丈人合論

葉旺時

聖人所以異於逸民者何忠恕之道是也人羣社會雖淑慝萬殊而賢哲之生所以促於郅治正不可自棄其先覺之資而置理亂於不聞孔子之栖皇列國席不暇暖非爲一身之榮也悲天下之不被其澤耳是之謂忠夫人之好善誰不如我彼一旦自汨其天賦之良必有所驅而致若賢哲怵於斯世之濁不爲木鐸之振音則羣倫終於沉淪而不復興孔子轍環天下以求用蓋知聖人之必不如是是之謂恕然則逸民無忠恕

歟曰異於聖人接輿之狂歌長沮桀溺之諳子路丈人之避孔子雖錚錚於羣鐵之中而玉振金聲則殊響矣彼自視其身太重社會太輕故能忠於己而不能忠於人未嘗盡心以用社會乃謂蒼生不可爲是不啻求社會先施於己而不肯先施於人聖人所謂恕者是耶非耶夫孔子之智不減於接輿沮溺丈人非不知天下之不可爲也而卒出於一試者求忠恕之有所安也待天下固不用則必有憂世之心故曰井渫不食爲我心惻彼數子肥遯傲世鳴潔自高豈有惻惻之心哉接輿既知往者不可諫亦知來者社會沉淪之難免乎長沮桀溺既知孔子之知津何以不車從之浮游河洛爲陷溺者之援手也丈人亦避世焉耳避賢又何說也且夫古今治亂之由不在細民墮落之深而在賢哲之能否肩其任苟以堯之明巢由罔無害天下之治若夏桀之暴伊尹不得不輟耕於有莘至於周室東遷三代之英不復作非孔孟墨翟之不足救其弊亦逸民如接輿沮溺丈人者之多也雖然、使天下之民皆如接輿沮溺丈人又何憂天下之不治乎則春秋之亂如接輿沮溺丈人者固未嘗多也

文氣深穩足覘功候

●曹沫荊卿合論

劉存樸

天下事有迹相同而勢不同者曹沫荊卿之事是也春秋五伯桓公爲盛然桓公之所以能執諸侯牛耳者無非守信義耳曹沫之刧齊侯也逼其悉反侵地蓋預知必不食言故出此威刧之舉以脅之其成也宜也秦王虎狼其心貪欲無厭有何信義之可言荊卿效曹沫之舉縱令能左手把其袖右手揕其胸以悉反侵地之語脅秦王秦王卽對天盟誓盡如軻言試問秦王一能尊守信義如齊侯哉故曰迹相同而勢不同勢之不同卽成敗之由也且天下事固不可以成敗論曹沫之識已高於荊卿卿祇知感恩圖報於燕丹初未嘗計其勢之可否也吾於兩事有感焉曹沫之刧齊侯幸而成而諸侯之侵地得反荊卿之刺秦王幸而不成而秦以亡蓋秦王是時被刺胡亥不得嗣位長子扶蘇必立扶蘇賢胡亥不肖天欲亡秦必使之去賢而立不肖而其國乃自伐而人伐之如商不立微子而立紂致鼎遷於周也故刺之不中未始非天之巧於亡秦也

詞意愜當後路尤有波瀾

●公孫杵臼程嬰合論

童友錢

趙朔以存趙祀託韓厥而存之者程嬰似厥負所託矣不知嬰之成功厥實助之夫索孤不得旣脫而授之程嬰者必韓厥也且嬰之匿孤公孫杵臼之立假孤雖未必厥爲

之謀然厥必有以助之或曰韓厥晉之卿也賈作難而不請於君厥似可明告景公以正賈無君擅兵之非或能救趙氏於不滅而反稱疾不出超然若不相關者何也不知此正韓厥之計也蓋是時賈勢方強而討罪又爲司寇之責言之必無效適足以禍其身耳故不如稱疾不出既可使諸將不疑又可間與趙氏爲謀如曰程嬰之匿孤厥不助之者則何以十五年後人皆以爲趙氏無後而厥獨知之哉卽卜者之對景公意者亦厥使之言乎至若趙孤之得立而諸將不敢不從者亦因韓厥之衆使其入問疾以脅之其計亦可謂善矣故曰嬰與杵臼之成功厥實助之也嗚呼不負夙諾始終陰爲存趙祀厥之義與嬰臼同趙氏而得此三人宜趙祀之不滅矣

歸美韓厥頗有見地筆亦清暢不滯

●聶政豫讓合論

鄒酉滋

世無論古今道無論常變事無論成敗其最足令人可驚可駭可敬可嘆者刺客也蓋士不得遇乎當世隱含鬱悒之志不能自伸一旦遇知己則奮身報之雖死不辭此所以令人懼然動色喟然流涕而不能自已也若聶政之刺韓傀豫讓之刺趙襄子當世無不驚駭之欽敬之夫聶政以辟仇而隱於市井狗屠之間一朝感仲子之德毅然仗

劍刺俠累而以身殉之彼其人之重乎死固未嘗有異於人也然以報知己故則昔之重者而有所不惜焉豫讓始事范中行氏而不說去而就知伯知伯竟以國士遇之是知己也生不能救知伯之禍災死則誓報知伯之仇漆身爲厲呑炭爲啞雖擊而不中然士爲知己者死其烈則同也二子者蓋志士而不得乎世者也抑鬱蹉跎不能一伸其氣當其靑齊鼓刀之時范氏不遇之日蓋深身世之慨矣一旦遇仲子知伯之徒屈公侯之尊而歡然相就半生埋沒今日忽來知己則其感於心爲何如者故奮然相報雖殺身無悔焉後之暴尸韓市斬衣橋下蓋已早決於相見之日矣且政之刺傀固未嘗不知其冒險也然而酬報之心綦切雖險而不暇擇豫讓之行彼亦早自知其不成矣然而急欲有以報知伯則不得不盡吾心竭吾力以圖之焉觀其答友之言寧爲其難而不求僥倖於萬一天經地義炳如日星讀其言未嘗不想見其爲人也顧論者謂政殺傀而不累仲子仗劍獨行成功片刻似高出豫讓殊不知讓之堅忍茹苦亦正有難能可貴者雖不能復知伯之讐尙能斬襄子之衣千載而下猶凜凜有生氣焉故二子者其心同其行同任俠之士也亦忠義之士也雖有成有不成然其志節固歷千百載而不可磨滅者也此史公之所以傳之者歟此刺客一傳所以與游俠並列歟

上海天一書局印行

英姿颯爽。吐屬不凡。

◉孫臏龐涓合論

鮑錫瑤

龐涓孫臏同學兵法。及其出而問世。則龐涓事魏。心害孫臏之能而刖之。嗚呼涓誠小人也哉。貪卿相之位。患得患失。恐人之出乎己上。毒而害之。以爲而今而後人莫吾敵。可長保其位而弗替矣。寧不知天下豈僅一孫臏哉。將亦盡刖之而後已乎。同門情誼。曾不顧及。宜孫子臏足之後。亦以馬陵之射報之。揆之友朋之交際。曾吳越之不若矣。舍道而言術。其流弊往往至是。回憶總角研經之時。固相親相愛。迨利祿現於前。道義遂棄而莫顧矣。雖然始朋終仇。豈獨孫臏龐涓也哉。蘇秦張儀同學縱橫。李斯韓非同學刑名。其終也曷嘗有和衷共濟互相提挈之果哉。非此存彼亡。則此趙彼秦。由是觀之。言法術而不知道義之徒。豈有能相忍以存者乎。此所謂小人無朋者非耶。惟其縱橫。蔑信義。刑法。蔑道德而無仁義以維繫之。馴至同類相殘。此龐涓之所以必刖孫臏。而孫臏之所以必死龐涓也。且龐涓之與孫臏。驟觀之似臏愈於涓。而其好利祿則一也。涓不好利祿保名位。胡致刖孫臏。臏不貪利祿。胡亟亟至魏。以求自顯。況號爲知兵。其後能料龐涓之恃勇輕敵。豈其先不知其妒才忌能乎。然且欣然而應召。或者其躍

躍自顯之情已爲龐涓之所畏歟使臏能恂恂自藏吾恐涓亦未必召之而重復刖之也嗚呼吾觀於孫龐之凶終隙末而益歎君子之朋爲不可及也

議論深刻筆鋒廉悍

●廉頗藺相如合論

鄒亮熙

士會有言曰我若羣臣輯睦以事君多矣申叔時有言曰上下和睦周旋不逆求無不具各知其極故國家丁衰弱之秋苟在位者能和衷共濟以維時艱亦足以挽異邦之憑陵而日趨於富强之地戰國之時西秦兵力之盛遠過諸侯而竟不能加侮於趙者廉藺交驩有以致之也蓋是時趙以藺相如爲相廉頗爲將將相交驩內外和睦則行軍行政無掣肘忌嫉之虞讒間不行邦基自固且相如度量過人廉頗知兵善戰宰相將帥各當其才而又和衷共濟國之富强可立而待厥後敗齊師破魏卒挫秦軍摧强敵而恢盛業有以也夫使當廉頗必辱相如之時非相如引車避匿以先國家而後私仇之語感悟之則廉藺必不交驩故廉頗悔過之賢殊不易及肉袒負荆至相如門謝罪君子之過如日月之食無損於明後人讀史記至廉藺列傳未嘗不欽佩相如度量之宏大尤欽佩廉頗以一武夫而能悔過下人也或曰趙兵戰勝攻取悉廉頗之功相

如何有哉曰否使相如不恢廓大度則必與廉頗交惡將相不和雖有良將在外而宰相在內讒間之於其行軍之策多方掣肘之則於事亦曷有濟觀於相如既歿廉頗不用郭開在朝李牧被誅朝無良相則雖有良將亦不能用也誰謂相如無功哉孟子曰天時不如地利地利不如人和王猛語苻堅曰晉正朔相承上下安和願勿以爲圖古人之名言與今之一致對外之議先後輝映趙有廉藺交驩則雖强大如西秦亦無可圖之矣由此觀之苟能同心協力以禦外侮何患强鄰狡焉思啓哉

安置妥貼平不頗

◉白起蒙恬合論

徐節元

天地之大德曰生聖人之至道爲仁芸芸衆生戴天履地被聖人之教以生孰能棄而不顧耶故順之者存悖之者亡昔梁襄王以天下惡乎定問孟子孟子對以不嗜殺人者能一之又曰善戰者服上刑老子亦曰大軍之後必有凶年夫豈非順存逆亡之明證耶暴風驟雨足以折萌蘖而淹田廬然不終朝而止者天地惡其戕生害物也世之善戰者多矣其爲厲奚啻什伯倍於暴風驟雨然而及其終也鮮有不身遭屠戮妻子鯨鯢者寧非以人間之厲亦爲天之所賊歟背天以求存固天之所不容也聖人既沒

天地之道泯仁義之說幾於絕洎乎戰國止乎暴秦強凌弱衆暴寡惟善殺人者爲能於是白起一坑趙卒四十萬蒙恬起長城亦死秦卒數十萬當是時固足以震諸侯而悅暴君矣裂土受封稱雄一世然而不旋踵間范睢間之趙高譖之身頸異處爲世所詬得不謂非天之所詔耶嗚呼善殺人者莫如起恬秦之功臣亦莫如起恬然而天不加諒焉則後之助人以殺人者其亦可以鑒矣

穩鍊老成敘次亦詳備

●白起蒙恬合論

許國傑

天道何道也曰仁道也太和煦煦萬物以育以長以滋以繁故曰天地之大德曰生天之所覆地之所載而萬物莫不被其澤焉甚矣天之好生也是故戕萬物者戕天道者也賊萬物者賊天道者也戕天道者天之蠹也賊天道者亦天之蠹也然而猶有甚者爭城以戰則殺人盈城爭地以戰則殺人盈野一日之間伏屍百萬方寸之地流血成渠戕同氣之類賊萬物之靈其滅絕天道蓋未有甚於此者是則天將賊之矣寧特蠹耶閒嘗覽史冊於戰國時得天之賊二焉曰白起曰蒙恬皆秦之所謂良將也滅絕人國塗毒生靈百世之下聞者戰慄言者痛心阬降卒築長城爲秦則得矣如天道何哉

故曰於秦爲功於天爲賊孟子曰今之所謂良臣古之所謂民賊也若白起蒙恬者雖欲不爲民賊可乎哉夫賊民者賊天者也則白起蒙恬者雖欲不爲天賊又可乎哉嗚呼芸芸衆生浩刼重重竊歎夫天賊之多也自來梟雄桀驁之主强大希非分者孰不倚天賊如左右手逞其野心以償其大欲生靈之塗炭人民之流離曾不一顧惜之而方且高官以爵之厚祿以賞之稱其能道其功炳耀於史冊昭垂於後世人心如是天道寧論嗚呼自古迄今吾不知已有幾何白起蒙恬也自今逮後吾不知將有幾何白起蒙恬也歷時愈久而天賊愈多往者禍已難堪而來者爲害尤烈真欲失聲爲吾民一痛哭之也然或曰秦恃二將以武力服天下水深火熱怨毒愈甚故不二世而遂亡其祚則二人者在天固爲賊在秦亦未必爲功也而致其後皆不克令終則天道恢恢固疏而不漏也其信然歟其信然歟

一起最爲精警中後亦敷暢條達

●漢高項羽合論

葛東藩

天下事本無所謂成敗也究其既也成敗兩立無非人事之推演耳劉之與項可以概矣夫秦失其鹿天下共逐之劉項既聲爲天下先則其希望宜何如乎乃一則據關中

而成王業。一則敗垓下而致身亡。豈非咄咄怪事哉。夫亦曰。劉之成。成在能得人和。項之敗。敗在不得人和。劉之成。成在起用三傑。項之敗。敗在有范增而不能用。劉之成在寬宏大度之足以服天下。項之敗在小不忍而亂大謀。是劉之順乎人事。其成也宜。項之逆乎人事。其敗也亦宜。天下事順乎人事而不成者。未之有也。逆乎人事而不敗者。亦未之有也。以天下之大。萬民之衆。而欲恃拔山蓋世之勇。匹夫暴厲之氣。從而取之。則其惑也甚矣。及觀乎劉之順乎天應乎人也。事事皆鑒項之失。成其所以爲劉者。去其所以爲項者。又豈重瞳子之所可及哉。脫令項能以劉爲法。化其所以爲項者。成其所以爲劉者。則其質又豈必在劉之下。中原又豈歸劉氏之掌握哉。獨惜其不能爾。且吾嘗聞項之學也。每不卒學而廢。有始鮮終。識者知之。又豈必待有烏江之役耶。是故有其質矣。不有以飾其外。而不免於敗亡。項羽是也。虛己迎人。不驕不傲。而克告成。劉邦是也。千古成敗不一。其途莫不以人事爲先。天命爲歸耳。以項之質。帝王可也。獨惜人事不修。大業掃地。拔山扛鼎。蓋世雄名。盡付東流。憑今弔古。能不愴然耶。

探驪得珠。游刃有餘。

漢高項羽合論

高學海

今夫崛起隴畝而欲廓清六合救民水火豈易言哉必有虛己納諫之心而後有建策成功之日否則徒恃血氣之勇曰彼烏敢當我哉此一人敵而已不足語取天下也夫虎之暴於人也明矣而虎制於人者彼誠有力而無智也明乎此則劉項之興亡可知矣夫羽之率八千子弟渡江也破章邯虜王離不數年而有天下其功業不可謂不盛矣彼沛公以泗上亭長無一隴之藉坎坷顛連而卒能困羽垓下死羽烏江者豈天之所定如是耶夫鴻門之會正項王殺沛公之時而乃煦煦爲仁孑孑爲義謂沛公無能爲棄增策而不用豈知蜂蠆有毒矧復一誤再誤棄良將而資敵之用棄關中而資人以險耶夫漢高之不死於鴻門者羽縱之也而沛公不縱之於烏江者不容再誤也彼羽徒自恃扛鼎之雄遂以爲天下莫已敵其覆敗之機早已伏於此矣乃復新安秦卒坑之無遺阿房秦宮焚之殆盡其愈於始皇者幾何也彼沛公雖險詐性成而約法三章儼有仁者氣象此其所以取悅於秦民而非羽可比也不寧惟是名不正則言不順彼義帝者羽之所立而天下之共主也羽貿然弑之資人以討賊之名此羽之大誤也使羽當日能致三傑而爲已佐據關中以臨巴蜀東向以爭天下彼沛公其能敵乎吾恐巴蜀荒區長葬劉季之骨矣又何致無面江東烏江自刎至貽英雄失路之悲耶

意雖猶人筆乃邁衆　盧炳田

●賈誼鼂錯合論　陳文松

以成敗論古人皆非知古人者也光武中興人皆義之武庚復殷人皆非之王莽篡漢人皆詆之唐祖篡隋人皆恕之同一事也徒以其成敗不同而遂有褒貶之異然則天下豈復有真是非哉方漢之初諸侯强盛大者跨州兼域小者連城數十不奉法令不守憲綱賈誼憂之上書文帝請削黜諸侯分爲小國文帝不從至於孝景諸侯益橫不可復制鼂錯復上書請削弱之景帝用其言而七國反錯亦誅夷論者皆多賈誼之識而惜其不用短鼂錯之計而斥其躁淺嗚呼此真所謂成敗論人者也今夫人頸生癰疽勢至危禍至烈也割之則頸裂而尚可救不割則毒蘊而不可爲然而人多割之者何也以其患小也與其養癰遺患終於不救不若割之以求僥倖也語曰毒蛇螫手壯士解腕又曰兩害相權取其輕諸侯强大之禍豈有異於頸癰哉召之不至令之不行拂之則反順之則驕而久亦必反鈞之害也權其輕重將何從乎割之乎抑養之也賈誼知養之爲非計也故曰諸侯强盛長亂起姦夫欲天下之治安莫若衆建諸侯而少其力令海內之勢若身之使臂臂之使指則下無倍畔之心上無誅伐之事其言甚明

其計甚便使文帝能用其言則當時大國之王尚幼弱未壯漢之傅相方握其事及時削之禍猶未也文帝不從至於景帝王侯已壯傅相已罷爪牙已具癰疽已成當時大臣雖知其害而畏事苟安不敢有爲鼂錯知坐困之非策也故毅然請削之言人所不敢言其意與誼豈有異哉去誼之時又相遠矣天下大勢已去其十五六矣既不能謀之於前則當救之於後見兔顧犬亡羊補牢尚未晚也則惟有乘其謀未定機未熟而先削之雖亦必反然在彼出於倉卒在我先事預防其勝算猶未失也若待其羽翼已成部署已定則無及矣此先發制人之策也且其言曰吳王不朝謀作亂逆削之亦反不削亦反削之則反速而禍小不削則反遲而禍大是錯非不知其謀之將激變也而卒出此者以舍此更無善策也厥後七國雖反而終於敗滅漢室無損未始非錯之功也又烏可因其見殺而遂非之邪使文帝用賈生之言則七國可以不反使景帝不用錯言則其禍將不知所底二子者易地則皆然也何必是誼而非錯哉吾故曰以成敗論古人皆非知古人者也嗚呼今日之世漢初之世也將强卒武驕以易怨當局者方且懷畏事之心存苟安之志養癰遺患抱薪救災安得有如誼錯之倫昌言以削黜之邪雖然吾言苟出匕首已陷吾胸矣其不爲世人所笑者幾何哉

識識明通機局穩練當行出色煞有工夫

論古有識鼂家令得一千秋知己當亦含笑於九京　盧炳田

李廣程不識合論　許慶圻

馭兵之道在寬嚴而寬嚴之道在賞罰賞則知勉知勉則兵精罰則知懼知懼則兵肅精與肅而軍固已整矣功不賞罪不誅雖堯舜不能治天下孫吳不能治軍旅是賞罰者固治國之中樞亦治軍之正鵠也然濫賞則過寬充寬之弊勢必武備廢弛奸人溷跡此太叔所以釀萑苻之禍也濫罰則過嚴充嚴之弊勢必禁網深密草澤生心此李斯所以激屯戍之變也故寬必濟之以嚴嚴必濟之以寬寬嚴相濟所謂一張一弛文武之道是也三代以降得此法而同時將兵者吾於漢得二人焉曰李廣曰程不識廣之治軍也行無部曲不擊刁斗人人自便不識之治軍也正部曲行伍擊刁斗軍不得休是以軍士樂廣之寬而苦不識之嚴也世每訾廣而率譽不識殊不知不識以嚴著者無廣之材耳以廣之材然後可行之以寬若以不識而行廣之寬鮮有不僨事者嚴則士卒怨讟寬則樂爲之死以此較彼果孰得而孰失乎不僅此也孫子計篇有云將者智信仁勇嚴也又論其用兵之道云將聽吾計用之必勝可知爲將之道惟智信仁

勇嚴是賴李廣四者俱備所缺者惟嚴耳佯死以逃匈奴之虜是智也伐胡後期而自剄是信也與士卒同甘苦是仁也匈奴畏而名之曰飛將軍是勇也不識於此四者試問能一及之乎不識所恃者惟嚴然操之過促士卒離心不識之得以功名終者亦幸矣雖易有師出以律否臧凶之戒然廣推心置腹甘苦與同其死也聞者莫不扼腕此豈不識所可同日而語耶雖然廣之材略固優矣而要不足以爲後世法廣之行軍散漫無紀若無廣之材而效廣之寬勢必軍無約束所謂畫虎不成反類犬者是也不識行軍賞罰嚴明卽無不識之才而效不識之嚴猶得軍容整肅所謂刻鵠不成尙類鶩者是也故吾願後世之爲將者學不識之嚴而勿學廣之寬也苟能具廣之智信仁勇而濟以不識之嚴寬嚴相濟斯將之全才得矣此宋岳飛所以爲岳家軍也歟嗟乎李廣不能獲封侯之賞以無不識之嚴也不識不能建不世奇勳以無李廣之材也是二人者各有得失之所在要皆不能以寬嚴相濟故其爲將皆偏材而非全材是以李廣吾取其材不取其寬不識吾取其嚴不取其材以爲萬古爲將者法

筆情暢遂中後尤多警切語

●羊祜陸抗合論

薛椿蔭

異哉羊陸之交歡也。當晉吳以兵相爭之際。晉使羊祜鎮襄陽。吳使陸抗鎮西陵。對壘而峙。嚴陣而待。是二子者。所謂異國之臣。敵軍之將。有不兩立之勢者也。而一旦交歡化爲友誼。是豈近於情理也乎。禮經有云。人臣無外交。而況敵人乎。羊陸之交歡。是悖於禮也甚矣。且羊陸各膺國家之重任。而守衛國家之土地。今竟私自通問。擅自和好以私情而棄公義。而按兵不動。徒知緩帶輕裘。風流瀟灑。是豈爲人臣之道。而作將軍保境土之正法哉。設令不幸而有人劾以私通敵國。於吳晉之君。則恐羊祜必得罪於晉。陸抗必得罪於吳。而皆無以自白矣。況爲臣之道。首須服從君命。今二子之交歡。純出私意。是蔑視君上之威信。違背國家之法令。而罪之大者也。昔楚司馬子反與宋華元平。春秋貶之。蓋亦爲人臣專功之戒。況未平而久相交乎。雖然。當斯之時。中原板蕩。烽火連年。民之憔悴於兵戈也久矣。而羊陸獨能彼此交歡。息兵養民。各守其境。不相侵犯。江漢之間。得以安然無事於一時。亦不可謂非二子之功也

文氣清朗竟體無疵

●羊祜陸抗合論

傅祖蔭

羊陸屯兵襄荆。以敵將之分。而行其至友之誼。饋酒遺藥。各不懷疑。余聞而竊嘆之。以

爲今世之奸詐相欺者可以鑒矣我以誠遇人人以誠反我我信人之誠人信我之誠此羊陸之所以能於對壘之時而行其君子之道也歟雖然余謂羊陸之德惟羊陸得而行之後世不能得而法也羊陸之德惟羊陸之時得而行之後世不能得而行也夫羊之誠羊自信之而陸亦信之陸之誠陸自信之而羊亦信之是以行其德而不猜推其誠而不疑也況夫行軍對壘奉命興師當勇往直前竭忠盡智斬將殺敵拔城破陣羊陸之交歡固愛民息兵推仁施義又安知後世之貪生畏死者不假羊陸之德自謂君子之道也歟斯吾所謂羊陸之德惟羊陸得而行之後世不可得而法也且夫羊陸之忠羊陸之君深信之羊陸之義朝臣卿相深信之是以對壘交歡而不疑屯軍相持而不罪上有明主之任下無奸臣之讒使後世之人而欲行羊陸之道其忠既不能取信其君其義復不能取信其儕不遇明主或遭奸臣吾決其不成羊陸之美德而恐爲樂毅之奔李牧之代矣斯吾所謂羊陸之行惟羊陸之時得而行之後世不能得而行也羊陸之德既不可爲後世法羊陸之行復不可爲後世則斯羊陸之德雖美而非聖人之道也

兩意分疏頗見精闢

南洋大學國文成績三集卷五終

▶蘇州振新書社木板書目之四◀

理論駢文摘要	竹紙	二冊	三角
千金要方 千金翼方 合刻（影宋本）	連史紙	十六冊	十六元
金匱心典（尤在涇註）	竹紙	三冊	六角
醫案存眞	竹紙	四冊	八角
內經知要	竹紙	二冊	五角
女科要略 產寶 合刊	竹紙	二冊	二角
十藥神書	竹紙	一冊	一角五分
八段錦 易筋經 衞生要術	洋連史	一冊	二角五分
洗冤錄詳義	連史紙	五冊	二元五角
改良遊戲益智圖（附圖板）	洋連史	二冊	一元二角
小論指蒙	毛太紙	二冊	二角五分
●說部類●			
馬如飛開篇	洋紙	二冊	二角
閱微草堂筆記	連史紙 / 竹紙	十二冊	三元五角 / 二元五角

（注）（意）

以上各書除載明實洋外一律七折計算

躉購從廉

郵費外加

第三集
南洋大學國文成績
淩鴻勛

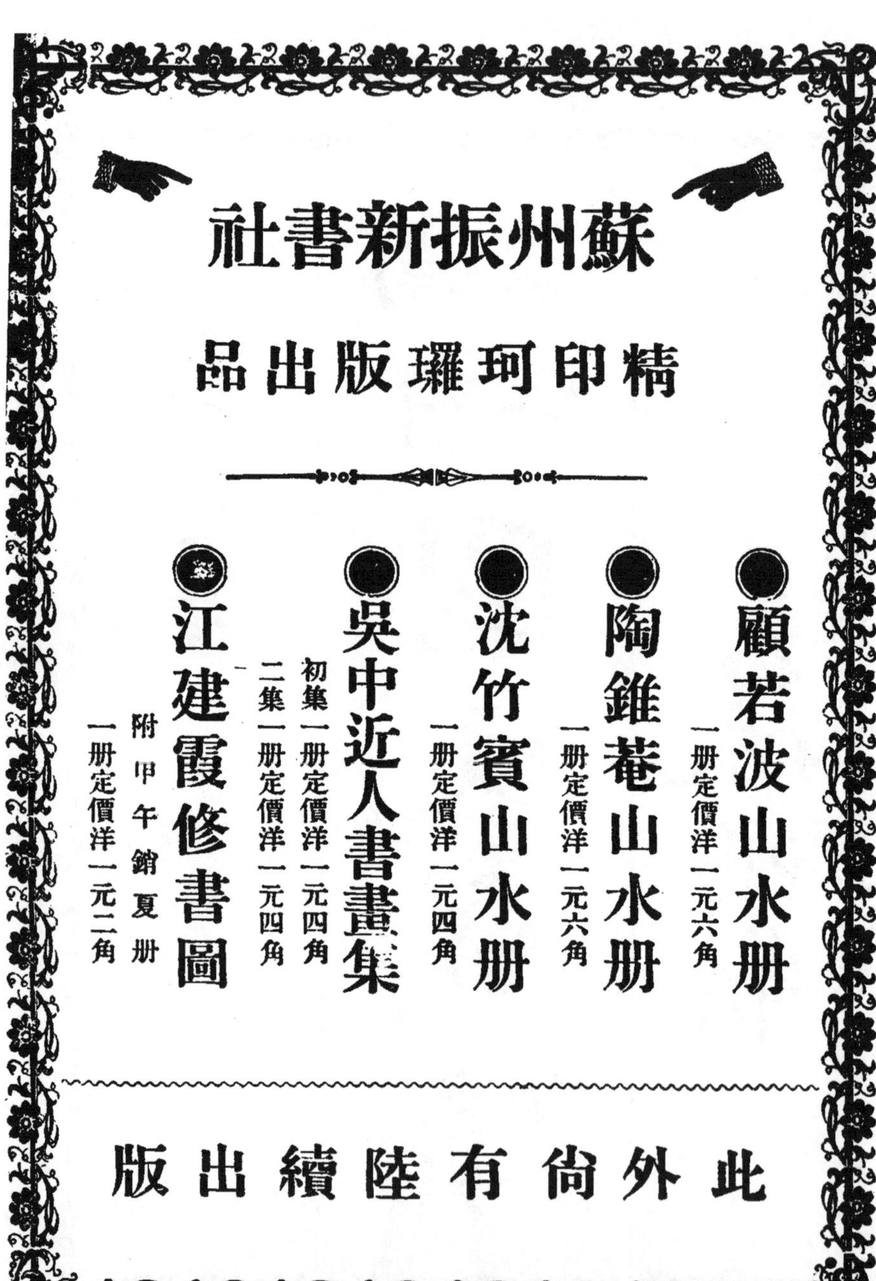
蘇州振新書社
精印珂羅版出品
顧若波山水冊
一冊定價洋一元六角
陶錐菴山水冊
一冊定價洋一元六角
沈竹賓山水冊
一冊定價洋一元四角
吳中近人書畫集
初集一冊定價洋一元四角
二集一冊定價洋一元四角
江建霞修書圖
附甲午銷夏冊
一冊定價洋一元二角
此外尚有陸續出版

南洋大學國文成績三集卷六

△通論類

◉沃土之民不材瘠土之民莫不嚮義論

徐百揆

竊觀印度之國土壤肥饒氣候適宜一年之中五穀數稔而今國破家亡謂他人父埃及地處溫帶又近大河灌溉既便雨水又多然今主權損失爲他人之保護國者何也豈兩國人民智慧不及人歟按之歷史未必然者何也印度埃及古國也上古之時藝術文學遠勝他人今歐洲各國之所以號稱文明者皆受二國之賜也如此天府之國可以吞天下稱雄而治何乃有今日之痛苦哉歐陽修曰憂勞可以興國逸豫可以亡身證之印度埃及可信也夫民性易變也常與風俗相轉移而風俗之醇厚與澆薄以土地之肥瘠爲斷古之英雄豪傑皆生於窮鄉僻壤蓋瘠土之民望風嚮義者也若沃土之域天產既富生活又易加之交通便利萬物蝟集於是民性易懶懶則淫淫則亡身以至亡國可不悲歟或曰美國土地肥沃衣食易足而器能仍不少何也曰美國之人深知教育者也雖有天然之沃壤而終不肯逸豫謂之强國不亦宜乎至於我國則

上海天一書局印行

朝野上下皆好逸惡勞以爲土地如此其廣也物產如此其富也安知印度埃及因沃土而亡其國者乎悲夫悲夫

打通題之後路以印度埃及爲殷鑒意悚而詞危

知古不知今謂之陸沈知今不知古謂之聾瞽是篇古今貫串作作有芒

君子能勞後世有繼論

陸肇鑫

戶樞不損流水不腐以其勞而已矣世之無可教者敗類廢事者諂事要求者百憂臨其前者不名一業傾其產而流爲游手遂寡廉鮮耻無所不爲者要皆不勞之人也傳曰君子勞心小人勞力故無論何人無有不用其勞者然則君子可毋勞歟曰非也君子以勞心爲先亦未嘗不勞其力也天下之事不能唾手而得也穀不能生諸途錢不能生諸樹推之古今功勳何一非由勞心勞力而得者故勞心勞力皆所當重者也陶侃運甓錢鏐警枕古者教人以灑掃爲弟子之職夫以古之人分陰是競者而爲此無益之事不亦惜乎豈知古人有最大之益寓於其中亦曰勞而已矣蓋肯勞其力者亦肯勞其心也敬姜告季康子曰君子能勞後世有繼又告其子謂不勞而承君之官懼穆伯之絕祀也予未嘗不嘆其謀深而慮遠焉夫周享祚八百之久蓋亦文王日昃不

遑之流風餘澤以致之也故君子心力勞於政治德教化於人民而後人莫不懷之而樂奉其後嗣也猶歌頌禹子啓者而曰吾君之子也且君子而能勞則家人孰敢不勞故子弟習勞既久而自不流於惰焉不然恃無功之食無勞之奉則身且不免而況後世與敬姜之言豈非傳世之良規哉

抱定勞字發揮語多沈着

規小節者不能成榮名惡小恥者不能立大功論　馬長庚

天下之事不外經與權而已經有常而權無常經有定而權無定似權之變不若經之正然世有泥守經而誤大事者往往反不如從權之愈也故古之功昭簡冊名垂後世者不必皆守經之人亦有從權者矣權者不拘小節不介小恥之謂經則反是原夫節也恥也乃聖人立身之大道天地不變之大經人固不可忽者也然節有大小恥有輕重相時而行方不失爲君子魯連所謂規小節者不能成榮名惡小恥者不能立大功蓋亦有爲言之也竊常考之春秋而下成榮名立大功者代有其人不以時動而能成功未之聞也託六尺之孤寄百里之命以從權爲不忠不恥爲不倫節操自持一若松柏之不凋於霜雪此固君子所難能而古今所豔稱者然亦因其勢必當如此而後國

家平治設勢有不然而行泥於經則必有臣殉其君子殉其父妻殉其夫硜硜存溝瀆之見而社稷莫之荷嗣續莫之延幼孤莫之撫棄大義於不顧賫微志於九京者矣吾固知君子必不行也管仲不拘主亡身死之節曹沫不耻三敗失地之羞其卒也一則霸齊一則復土此二人者殆深明斯意矣是故申生伯奇之操徐衍申徒狄之行君子不取雖然風俗頹靡之秋俗尙依阿之會隨聲附和萬事模稜動藉口於規小節不能成榮名惡小耻不能立大功之說則其時雖求能守匹夫匹婦之諒者無復一人焉嗚呼不度時準理而一味從權勢必至名教蕩然廉耻掃地舉世無復有端人正士之跡矣是又不可不戒也

以守經行權立論相題有識末段補筆尤見周密

●從善如登從惡如崩論

洪啟芝

夫臨下而觀衆景畢現故觀覽之法無善於居高苟能攀登絕頂則溪谷清幽坵陵林本寺觀巍樓舉凡遐邇濃纖莫不真形呈露上牟天籟下瞰江濤可謂極遊覽之大觀矣雖然躋其顛者所見雖富抑知攀登之不易乎且偶一失足碎然下推則必墜於九淵之下沈埋不起矣是知由其道者循階而升行役雖勞猶可遠險苟反乎是瞬息之

間一瀉百丈彼登山之人兢兢於所循之或誤其以是哉今夫居高者循階之積也聖賢者行道之功也行道之人德隆而望尊由漸以臻聖賢之域是猶登高而望遠也至若喪道德壞法度背善以馳有不如崩瀉之速以兆危亡者乎從惡也易勢必至危身吁可畏哉夫遊者莫不欲居高望遠學者亦莫不欲爲聖爲賢然而躋絕頂臻聖域何其鮮與沈流九淵日居罪惡何其多與吁是亦視其人所志之何如耳苟循道以行困而益堅且戒心於後退而謂不置身於絕頂者未之有也反乎是則未中途而殂其氣或潛然退化而不自知宜其不克成功也謂之無恆不亦宜哉讀國語從善如登從惡如崩之語可謂善於取譬矣吾曹尚其自奮哉

按部就班語不虜廓

●惠者民之仇讎法者民之父母論

馮雄

管仲得君而能專終其身齊無亂考其致治之道明法爲本故其書曰惠者民之仇讎法者民之父母仲之任法至矣夫在上者以惠爲政民罔頌禱之不暇若執嚴法以約民未有不受民之深疾者而管子顧反言之豈任刑而不任德與抑斯言果有至理與細審其書而後知其言之有是有非也仲不云乎惠者多赦者也爲政而事多赦教化

不周民陷於罪者衆然後多赦以市恩耳王者之治豈應有此此特小惠而已非子貢稱夫子之惠卽孟子所譏子產惠而不知爲政者猶美於此夫多赦則啟民輕於犯罪之思惠祗及於被赦之人然而虎兕出於柙受其禍者衆矣民之慓悍者習於罪之可嘗試重陷於不義故多赦之弊必至今日赦十人而明日得罪者百人此時以竊鈎爲無足罪他時有白日刼人於市者矣陷於罪戾者寧非受其禍乎民安得不以惠爲仇讎是以唐宗釋囚昔賢深非之也然則法果足任乎此則匪易言矣古聖王之治無有重法者然自周秦至今未嘗閒有不用法而治者法律日以益密何也時與勢有必然也道德化民必上有堯舜禹湯文武爲君而後可然聖君不世出則道德有窮時民詐僞相承無成法以繩之亂可立待故法非不可用特不當偏於法耳法者民之父母此則仲之過喻法律嚴而少恩豈父母之於子所可比乎孔子未嘗不許管仲仲之言如此而孔子則有政刑德禮之辨蓋孔子之言非聖賢不能爲治易有人亡政息之歎如仲之言有成法可行中材執政已可維繫治安蓋王霸儒法之別人治法治之分悉於此見之矣

樹義必堅摛詞無懦

惠者民之仇讎法者民之父母論

盧炳章

梨洲黃氏曰三代以上有法三代以下無法有法無法者非有無之謂也三代以上之法公天下人共之三代以下之法私殺戮生於睚眦賞罰由於好惡謂之無法不亦宜乎故曰有法則人民循規而同其利無法則人民奸詐而受其禍何以知其然也蓋法與惠相背而不相容有法而無惠施惠則敗法施惠則驕縱之心生立法則畏懼之心生矣禍生於驕縱福生於畏懼事所必至也惠者因情以施然情有可原而法不可原今有殺人者或問之曰人可殺與則應之曰可而或人殺之士師遂拘或人焉在或人之意所殺者爲罪人則似情有可原在士師之意有國法在惠不可施故曰惠與法相背而不相容蓋瞽叟殺人而皋陶尤不之容以堯之爲君不能宥一殺人者以舜之爲君而不能宥其父可知古之賢君良吏重法而輕惠者矣管子曰惠者民之仇讎法者民之父母意亦有所本焉雖然法嚴令苛仁者哀焉因情施惠賢者擯焉古聖王知法之不可恃也故繼之以政知惠之不可施也故繼之以教善政民畏之善教民愛之政教行而天下化則法無所用而惠無所施矣管子不此之求以爲治之道不外法嚴令苛以法律爲治國獨一之利器無怪乎人存政舉人亡政熄管仲既死而禍亂接踵而

上海天一書局印行

起。吾於此益歎惠者固民之仇讎。而法者者亦未必爲民之父母。管子之言。固一得而一失也。

筆意疏宕。後段尤具宏識。

●儒以文亂法俠以武犯禁論

盛椿

客有宗申韓之學。爲法家之言。過盛子而問焉。曰。蓋聞周禮制官。司寇設而刑賞審。蕭何相漢。律例定而善惡明。法也者。所以繩民之過。而納之正軌。法立而天下平。法弛而天下亂。此其理甚著。蓋更千萬世而靡所變焉。然儒術假仁義之說。騁浮淫之辨。游俠憑血氣之勇。擅生殺之權。有史以來。不一見矣。韓非子曰。儒以文亂法。俠以武犯禁。意者若俠若儒。固皆不利於治國乎。顧子猶隆儒術。崇俠義。其去治體何遠也。盛子憮然太息曰。由子之言。行子之道。是儒俠皆譏。而專用法術。將使庶民終身囹圄之中。怵惕戰慄。曾不敢舒其肢體。官吏舞弊。侵虐其下。民不聊生矣。是烏乎可。子盡亦反其本矣。蓋聖王之治天下。其風民也以德。民薰其德。教不至爲不善。無所謂法也。世道下而德治失其效。用民騖於邪。甘背禮義之訓。雖有法禁。猶不爲止。儒者愍焉。憂之。因述聖王往事。著爲論典。使善有所勸。惡有所戒。其或佐天子。持大法。則引經持獄。一歸平恕。漢之于定國唐之徐有功其人皆誦法先王峨冠博帶爲天下之所託命由是以觀惟儒然後能守法且能用法安在其亂法哉如韓非子之所譏藉仁義盛容服飾辯說以疑當世而貳人主之心與夫深文周內出入人罪以快其私者是安得謂之儒以是而爲儒法安得而不亂嗟乎後世國家雖立法而無明法執法之人曲學之士貪墨之吏藉法律以爭鳴在上者復不知考察以行黜陟民無所措手足寃無所白以利民者殃民又安得謂之法乎則有閭閻烈士草野壯夫激於義憤疾朝廷之瞶瞶官吏橫行己意於是奮臂慷慨誅鋤强暴蹈刑觸憲曾不復顧故法治失其效而俠興焉俠之興法之衞也然則儒者秉法以佐德政之衰游俠仗義以救法律之亡無儒無法無俠亦無法乃謂之亂法而犯禁不其謬哉嗚呼三代以下士大夫汲汲於名利之途飾薦紳之術以衒當世世遂無眞儒匹夫挾意氣或誘於幣帛之重好爲殺人鬬狠世遂無眞俠於是法家嚴其網羅屏黜儒俠而民無噍類矣雖僞儒僞俠實有以致之韓子之言不其過乎且韓非子亦知彼亂法犯禁者不得謂之儒俠眞儒與俠固非亂法犯禁者也客頷首者再唯唯而退君子曰孔子有言導之以政齊之以刑民免而無恥道之以德齊之以禮有恥且格躋天下於三代之治明其道化以正朝野非儒不可離亂之季清奸

氣正世道則游俠尚焉盛子之言其有當乎

韓非之排斥儒俠欲以崇法治也不知韓非之所謂法乃慘礉寡恩其所謂儒俠亦僞儒僞俠耳是作推見至隱作作有芒

盧炳田

功者難成而易敗時者難得而易失論

沈奏廷

得時則功成失時則功敗功非難成也時難得也功非易敗也時易失也以難得之時立難成之功此功之成者之所以寥寥也以易失之時就易敗之功此功之敗者之所以比比也苟時而易得也則功亦易成矣時而弗失也則功亦弗敗矣功者時之果時者功之因有其因斯有其果有其時斯有其功世未有失其時而功成得其時而功敗者此時與功之所以相成而相因也今夫農春而耕夏而耘其時也秋而穫其功也使不得其春耕夏耘之時乃秋而耕焉冬而耘焉則尚有所謂豐收之功乎是故古聖昔賢之奮發黽勉者恐功之難成而易敗也焚膏繼晷者恐時之難得而易失也嗟乎百年之功一旦可廢流水韶華稍縱卽逝况夫功之成敗重於千鈞時之得失間於一髮以千鈞而繫於一髮成敗得失可知矣雖然功成功敗其命在天得時失時其權在我我而得時也則天自予我以功成之報我而失時也則天自降我以功敗之誅成也敗

也得時失時而已矣或曰我欲得時而時不我得我欲成功而功不我成將奈何曰時固難得也然我能守之弗失難得亦易得矣功固難成也然我能持之不敗難成亦易成矣其術維何曰奮發勤勉而已蓋一生光陰莫非時也一生事業莫非功也吾苟朝乾夕惕舉畢生之光陰而善守之則難得之時將焉往哉吾苟日淬月勵舉畢生之事業而善爲之則難成之功詎不就哉故時非真難得也非真易失也其所以難得所以易失者由我不善守之也功非真難成也非真易敗也其所以難成所以易敗者由我不善爲之也昔蒯通說韓信功者難成而易敗時者難得而易失蓋深寓警促之意焉苟後人以爲功之難成遂不求功時之易失遂不守時則天地之間時將永不可得功將永不能成寧非自誤耶天下無不可爲之事苟時愈易失吾將愈求其得功愈易敗吾將愈求其成則庶幾乎敗者成失者得而難者易矣事在人爲青年其勉乎哉

思清筆妙一洗塵氛

●舉世混濁清士乃見論

左景鴻

歲寒然後知松柏士窮然後見氣節惟碧血丹心乃能秉天地之正氣處於茫茫濁海之中不爲富貴所淫貧賤所移威武所屈瑩瑩皎皎如秋月之夜明及乎身死形滅而

聲名燦爛於宇宙間矣夫清潔之士之處身也有如鷄鶩羣中矯然一鶴世俗見之頻加白眼嗤之爲不識時務以圖進取之人而不知彼乃感於舉世之混濁不願汚其清白之身爲世詬病於是與物無爭與人無忤寄形於山水烟霞之間以詩酒澆其心中之塊壘者也嗚呼此所以舉世混濁而清潔之士僅得爲明眼人所見也可嘆也歟吾不知今之趨炎赴熱者何多也潔身自愛者何罕也中國際此赤馬紅羊之局陸沉板蕩之秋而南北鷸蚌之持猶不相下武人政客大顯其推波助瀾之本能操同室之戈矛以待碧眼黃鬚之醜虜烏言木屐之倭奴收漁人之利也嗚呼錦繡山河神明裔胄一旦沉淪於異族之手可不痛哉可不痛哉吾願覓得武陵源引身高蹈侶白雲而友明月躬耕養親卽末世不見知又何怨乎哉

聲情激鬱慨當以慷

●仲尼弟子受業身通者七十有七人皆異能之士論　陸鼎揆

士之挾奇才抱異能者天下未嘗少也秉兼人之智懷傑出之質若此者豈多於古而罕於今盛會於一時而或寥落於一時然而每當天下有一二賢哲出倡不世之學千里之外莫不潮起而泉湧雲龍風虎人才之衆猗歟何其盛及叔季之世舉天下入銷

沉之境上無才吏下無才民學校無才士隴畝市廛無才農工商當斯時也天下蓋有絕才智之患焉才能之盛於一時而衰歇於一時者是何故哉蓋天下非乏才之爲患無一二人出而率天下才智之士則爲大患無一二人出而爲之率天下雖有才智而不知自用其才智不寧惟是且不知所以才其才智其智狂者入於跛行狷者習爲愿士則天下才智胡爲不銷歇聖人知之故其誨士必因才而授學始循循而善誘終以待其自啟發故顏淵閔子騫冉伯牛仲弓盎然近仁則使爲德行之士宰我子貢長於折衝優於對辯則使治言語冉有有綜理之才季路有折獄之明則使治政事子游斐然以雅子夏恬然以靜則使專文學三千弟子蓋無不以教焉史稱仲尼弟子受業身通者七十有七人皆異能之士也嗚呼使無孔子之教七十七子其可得而異能耶彼七十七子其才能智慧必有過於人者一旦入聖人之門孔子於是量其才用其優長而各授以學以才能之士用得其長而又沐於聖人之化此所以能而異也七十子之外三千弟子蓋嘗同受業焉然而才智不如七十子受業之專不如七十子故能視七十子絀矣後之傑出之英才嘗有或過於七十七子者然而不遇孔子故不能盡其才如七十子世稱黃憲有似顏淵然叔度未嘗遇孔子者而身受其業故終不及顏子也

然而世雖無孔子猶有賢哲繼出爲天下率故天下猶得以不絕才智之士嗚呼賢聖之於人才若是其重也耶

筆端有奇氣的是通材

仲尼弟子受業身通者七十有七人皆異能之士論　彭　昕

昌黎韓愈曰古之學者必有師師者所以傳道授業解惑也誠以師者繼往開來負先知先覺之任其模範後學薰陶當世之功莫與倫比嘗讀史記仲尼弟子列傳云受業身通者七十有七人皆異能之士於此益歎聖門教法宏深成材濟濟蔑以加矣夫子以六藝授其徒禮樂者溫柔敦厚中正和平德育之教也射御者進退坐作正直心體體育之教也書數則出於手應於心動其思聚其神揣摩練達運思於物智育之教也合德智體完全教育循循善誘且因才而教視其病而治其偏以冉求之遲鈍而教之以聞斯行之以進之以子路之剛勇則以有父兄在抑其欲速之心參之魯柴之愚顏回之好學莫不各施其教而爲弟子者亦惟日孜孜啟愚問難問仁問孝問爲邦受言而退因才而學不以門第相誇不以干祿枉道德行言語政事文學四者分其科顏閔游夏等十哲列其首是以杏壇化雨槐市春風流被遐邇羣弟子皆景仰師宗志於道

據於德依於仁游於藝長於言語者外交家也長於政事者政治家也長於德行文學者教育家也洸洸乎皆廟堂之器也故七十七子平日學問於夫子之教觀摩於朋友之益不僅通才而已各皆有專長經世之才也雖然夫子東西南北之人學徒遍天下子長何爲特舉此七十七子而言子長之意蓋以七十七子皆有經邦濟世之才乃不爲世用不得展其懷抱於天下布衣終身故特書之歎懷才不遇而爲當世惜也噫竊以爲子長誤矣夫人豈必用於世而後能展其懷抱哉若然則不用於世可以不學矣當日夫子講學於洙泗之間師生相聚志於發揚大道遇則以政奠邦家不遇則以道濟生民用不用於當世於學固無關也今日宗邦文獻日興勿替皆七十七子述師傳之力也以其見用於一時孰若永傳於後世七十七異能之士亦可以慰矣

健筆縱橫英英露爽

●有報人之志而使人知之者殆也論

陸熊祥

自古大有爲之人無不能堅忍其性亦無不能刻苦其身者何也人情易中於所忽患氣之所入莫不怒焉憂之及時變已平則弛然如燕雀處堂懽然相賀東晉之割據南宋之偏安彼豈忘世仇哉徒知有報人之志而無所警於心仍不得謂明智之君耳昔

上海天一書局印行

上海交通大学百年报刊集成·第一辑（1896—1949）·学术学科

子貢謂勾踐曰有報人之志而使人知之者殆也而勾踐卒報越國之耻可謂知所本矣當日勾踐會稽之敗臣妾於吴三年而不倦其積怒者至矣所以不敢形於色者蓋稟乎有報人之志而使人知者殆之訓也事未發而機已洩此危道也靦顏屈膝以求其憐夫差視之果謂越之君臣全無心肝矣雖以伍員之智能揣勾踐之忍不能發范蠡之奸遣之歸國歸則如虎出柙如龍縱海罔不待姑蘇之棲甬東之辱而吴之沼也決矣使勾踐縱聲色弛武備或雖有報人之志不能深自韜晦如陳涉之隴上輟耕石勒之東門倚嘯則勾踐雖有大志吴宫臺苑安得由彼蹂躪耶由此觀之勾踐之滅吴越之幸吴之不幸也故勾踐有報人之志不盡係於隱忍亦半由夫差予以可乘之隙耳蓋勾踐之事吴也知彼知己能屈能伸觀其使吴行成之言一介嫡女執箕帚以晐姓於王宫一介嫡男奉槃匜以隨諸御婉約其辭所以廣侈吴王之志後聞吴伐齊勾踐又率其衆以朝王及列士皆有饋賂是非真心事吴將以豢吴也及子胥沈宰嚭用吴王淫樂甲兵鈍敝然後安受吾爐吁勾踐真一代人傑也少康一旅而興夏秦穆三年而報晉此皆有報人之志也今者歐美風雨排山而至東亞島國氣燄逼人太平黄海不將饜肥魚之腹耶吾國民當大聲疾呼竭力營救雖量力未足有爲而蓄志終期

一是然則有報人之志使人知之者殆也不將有悖乎端木氏之說乎殊不知今之報人與昔之報人不可同日而語也蓋昔日之越國吳國之越國也今日之中國中國之中國也昔之越國懾於吳王之威不敢輕舉妄動恐事未發而迹已彰適遭吳人之忌而越將不國今之中國雖紫髯碧眼魚服鮫履接跡中原尙無壓制之明文猶得大聲悲號喚醒國魂復我河山洗我國耻故勾踐之報吳不得已而臥薪嘗膽臣妾於吳所以使吳王不疑然後屋其社而制其命中國之思報人亦不得已而明詔大號所以一息尙存此志不容稍懈使列強諸國不敢生覬覦之心也故昔之隱忍服仇今之同聲救國其道雖殊而報人之志則一也

文情煥發筆意動盪

●用貧求富農不如工工不如商論

許寶良

處窮希達處貧求富此人之同情也然而用貧求富其道不出於農工商三者而農不如工工不如商何言之農者雖有良田千頃而春耕秋耘終日作苦一歲之內其所獲者不過一次而又甚微也且其間或有水旱之不虞災荒之時至則其所獲將不可得矣故以農求富既不能如工商之速又不能有工商所獲之豐雖汶陽之稼如雲秦揚

以農蓋一州而所謂田農拙業決非可以驟然致富也若工則不然作一日之工則獲一日之償有一器之成則獲一器之資若其作工愈多製器愈精則其所得者亦愈豐故工者用其智能卽可獲其俸酬無農人水旱之患亦無灾荒之虞此其所以優於農者也故古之卓氏程鄭宛孔以鐵冶爲業而致富今人之工業而强國者多也雖然工之所獲必以其力蓋未若商之力小而獲酬多成本少而獲利豐也夫商者要能推移去就與時俯仰觀時察變獲其贏利居奇制勝以致巨富故有商者一日之所獲爲農人一歲之所不及矣工人極力所得之利爲商人之所剩餘矣蓋商者致富最速之要道也然天然之物待農而食之工而成之商而通之商必藉於工工又藉於農此三者蓋有相互之關係也

就題發揮理明辭暢

本富爲上末富次之姦富爲下論

張有楨

嗚呼吾讀太史公貨殖傳而歎人心風俗之壞有由來也夫風俗之壞本於人心人心之壞由於生計倉廩實而知禮節衣食足而知榮辱生計裕則人心平人心平則風俗正三代以上無所謂末富也況姦富乎自管子著輕重之篇范蠡著計然之策天下熙

熙皆爲利來天下攘攘皆爲利往而民始舍本逐末矣雖然猶未至遽爲姦也漢之文帝親耕籍田以儉約先天下當是時孝弟力田之詔感動海內比戶可封幾至刑措民富於下國富於上非遇水旱之災民則家給人足都鄙廩庾皆滿而府庫餘貨財京師之錢累巨萬貫朽而不可校太倉之粟陳陳相因充溢露積於外君子好行其德小人遂以適其力故人自愛而重犯法先行義而絀恥辱本富之效章章若是迨至武帝內興土木外事邊功國用不足遂重歛於民歛民不已又厚取之於商算及軺車更造錢幣告緡之事既興盜鑄之禁又厲法益嚴酷桑弘羊孔僅之徒操榷算張湯杜周之輩治刑獄商賈中家以上大率破不特本富者無其人卽欲逐什一以取末富而平準置於京師都受天下均輸大農諸官盡籠天下之鹽鐵商賈無所牟利或且重得罪焉本富剷末富敗於是姦富出矣姦富者國之蠹也一鄉有姦富則一鄉之人盡效其姦一國有姦富則一國之人盡慕其姦浸淫而至於天下之人無所不用其姦姦矣而仍未必富或富矣而終以姦敗素封之家轉瞬無立錐之地問其故曰昔以姦起家今以姦抵法矣然而熙來攘往猶曰吾非爲姦也將以致富也嗚呼人心如此風俗如此殆哉岌岌天下有不亡者哉太史公作貨殖傳以刺武帝曰本富爲上末富次之姦富爲下

蓋就漢時人心風俗言之也夫人心風俗之壞因變本而加厲史公此言又豈僅爲漢時言之哉世之爲姦富者可以鑑矣

側重姦富相題有識末段尤足警醒夢夢

本富爲上末富次之姦富爲下論

沈昌

茫茫宇宙芸芸衆生沃野千里何莫非致富之場貨惡其棄於地故待農而食之虞而出之工而成之商而通之各任其能而致其力天然之富源無窮人類之能力亦無限以無限之能力開無窮之富源致富之道不亦易且多乎雖然天然之富源雖無窮苟不因勢利導則無窮者日覺其有窮人類之能力雖無限苟不盡量發揮則無限者但見其有限於是天然之富源有不開巧有餘而拙不足甚至奪人之富以爲富矣讀司馬子長貨殖傳未嘗不歎其憂世之深也夫本富者何發揮個人之能力以開拓天然之富源若農若虞若工若商竭己力以開利源有益於世無損於人利源開而天然之富源日闢人力盡而社會之富力實增故爲富之上者末富曷爲而爲次也曰孟子稱古之爲市者以所有易所無有司治之耳有賤丈夫焉必求壟斷而登之以左右望而罔市利故征商自賤丈夫始蓋自齊興魚鹽之利以致富强綴至輻凑逐末者衆漢興

海內爲一開關梁弛山澤之禁是以富商大賈周流天下然而熙來攘往競取什一之利下雖足以富家上不足以富國以視本富庸非次乎至若蜀之卓氏宛之孔氏山東之程鄭曹邴俱以盜鑄鐵冶致富刀間使豪奴自饒無鹽貸子錢生息下至掘冢姦事而田叔以起博戲惡業而桓發用富素封之權操之若輩於是乎民罹其毒國家之政教淩夷而閭閻之生計遂凋弊而不可問矣故國不患貧而患有姦富慨夫武帝之時窮兵黷武不知生息姦吏下民乘機致富桑宏羊孔僅之徒出始而弊民繼而弊商終乃使天下無本富之人即末富亦困於告緡之政破產者居其泰半而姦富反得因以爲貲夫本富者多則民富國強姦富者多則民貧國亡司馬子長目擊時艱故痛心疾首而發斯言殆亦冀當時君相之覺悟乎世之目論者乃譏子長重貨殖而輕儒術豈不謬哉

樹義必堅摛詞無懈

禮者禁於將然之前法者禁於已然之後論

鄒恩泳

已然之事易見將然之事難知見而除之易欲避未知難當夫亂謀已現叛證已確錮之而已誅之而已若在太平之世人皆飽食煖衣孰知其將爲亂者行爲恭謙孰知其

懷陰謀者將錮之歟抑誅之歟是皆有所不能矣苟不之禁任其逸居以放肆詭譎以飾非俟其既亂然後加之以法然恃一法卽可以已耶今有人平時不顧攝生一旦有疾乃恃藥石藥石既投未必有效也幸而痊可安知其不復發卽不復疾康健亦難期矣今執一法以臨天下天下不從將如之何亂者誅之誅不勝誅將如之何苟持之過急人民羞恥之心滅靦爲不善如恆事日事姦僞以爲掩飾本性亦難以復矣孔子曰道之以政齊之以刑民免而無恥道之以德齊之以禮有恥且格此之謂也故夫善爲國者以爲與其使民僞心以飾行不如使民心誠而行正與其難以盡誅不如一無所誅與其逆其意而禁其惡不如順其性而導之善於是乎作禮禮作則綱常明風氣振人心日遷於善而不自覺趨善彌近離惡彌遠不知亂事安能作亂是禮者未嘗錮誅一人而亂人不見叛謀不生蓋禮者不錮誅其身而錮誅其心既範及心亦兼範及身法範及身不及心也然則心之所爲乃將然也身之所爲乃已然也已然之成來自將然將然而無安有已然故古之聖王有見囚而泣者非哀其身之不得生也乃悲未禁其將然而徒罪其已然在犯罪者惡性久成莫明誅戮之由而罪之者則未免歎禮教之行不力也且夫已然之後繩之以法未能察覺而吞舟漏網者必有之而過於苛嚴

誤陷忠良者當亦不免若夫禮行於將然之前則百惡不及生卽已消滅故良醫必諄諄勸人攝生於平日善爲政者必汲汲於施行禮教其事異其理同也然則禮固當崇法必全棄耶曰不然將然不防必至已然故禮之爲物似緩實急行之宜常不可或斷既至已然禮無能爲故法之用實不得已偶用以禁一時仍毋忽於將然斯可矣

認題眞切立論碻當

古之學者三年而通一藝論

楊蔭溥

業精於勤藝成於專學通於一勤則不惰不惰故精專則不雜不雜故成一則不二不二故通公輸專志三年而木鳶可以高飛董子不窺園三載而學乃有成古人白首窮一經終身習一藝者何可勝數大小戴能勤於禮故以禮名申韓能專於律故以律名孫吳能一於兵故以兵名惟其勤惟其專惟其一故能精能成能通而創爲專學立爲專家著爲專書以垂後世漢書藝文志曰古之學者三年而通一藝誠哉斯言此使人勤使人專使人一之善訓也學者之病莫病乎好博讀書之病莫病於廣探時而經時而史時而子時而集時而法時而兵時而射時而御時而書數以爲博矣以爲多才且多藝矣問其經則經不明也問其史則史不通也問其子則子未悉也問其集則集茫

然也。問其法則律。又未精。問其兵則陳。又未習。問其射御書數則。又知而未貫。語曰。得十駑駘。不若得一良驥。得十樗櫟。不若得一梧檟。得十戈矛。不若得一干將。愚敢續之曰。博知百藝。而百藝不精。不若僅一藝而精通明徹。蓋夫藝之目至繁。且至賾也。藝之科至多。且至雜也。藝之書則更汗牛充棟。而不可竭也。吾人壽有限年。學有限時。設欲博習諸藝。則如粒數太倉之粟。手運華岱之土。日習一藝。而藝不能窮。日易一藝。而藝未能盡。與其習諸藝而諸藝不貫。則何如習數藝而數藝兼精。數藝兼通。數藝俱成之。爲愈耶。漢志之說。尚矣。今者新學流行。黌校林立。文有文學。農有農學。工有工學。商有商學。一切藝術書數。莫不俱有專科。或四年學成。或三載卒業。豈非與班氏斯言相合歟。

到底、一串、筆勢、纍纍、若貫、珠、

●古之學者三年而通一藝論

張承祜

學貴精。不貴博。涉獵百科。而不知其奧。博覽羣書。而不抉其精。則雖胸羅萬卷。而藝乏一長。不可以爲用也。學問無止境。雖沒齒窮年。亦不能以窮一藝。故以三年之期。而涉獵百科。則有餘。以三年之期。而窮究一藝。則猶懼其轉瞬耳。漢志稱古之學者三年而通一藝。蓋通者能融澈而得其徑以入也。學非止於三年也。三年之間僅通之耳。夫古今。藝。術。自六。藝。以下不知。幾千萬也。一藝。至微也。似不足爲用者也。三年之期。久矣。乃僅通一藝。似未爲得也。不知。一藝。之通可以運用。無終。三年。而得。通一。藝。則三。年。之。時。非。虛擲而三年之期。固未爲久也。一藝。得通。則一藝之長。非無用而一藝之精。亦未。爲。淺也。今之學者。好盡涉百藝。而不能專一。早習一。藝。暮攻一科。三年之間。固已盡習天下百藝矣。而考其精。則一藝。無成。不足以爲用。夫三年涵養於一藝。早斯夕斯而後。得通。則欲窮一藝而精之。三年。猶爲暫也。世人欲於歲月之間。盡獵百藝而卒無一長。豈不愚哉。

精神團結。意義。明通。

●千人之諾諾不如一士之諤諤論

顧禮宗

嗚呼。直言讜論之士。豈非國之寶哉。是非有顛倒也。曲直有淆亂也。行政有不便於民。也。非有伉直之士廷諍面論。將何以止僉壬之橫行。挽狂瀾於既倒。豺狼當路。張綱投輪。奸佞立朝。朱雲折檻。英風烈烈。氣概軒昂。雖或未能補朝廷之失。要足以明是非曲直於一時。非所謂諤諤者歟。嗟乎天下之亂。無是非曲直亂之也。政治之壞。無是非曲直壞之也而彼肉食者流阿諛爲務巽順是尙遇事則唯唯聽命無可否無建白隨聲附和用保祿位噫是豈特不能匡襄郅治已哉傷民之事當局或顧忌而未敢行者得如許人之唯諾而竟行之矣聚歛之議當局或瞻望而未敢發者亦以如許人之唯諾而竟發之矣於是乎天下人之是非不敢執政者之是非天下人之曲直不敢執政者之曲直時事尙堪問乎或曰諾諾者有時足以鼓當局之氣成其善績似亦未可厚非諤諤者有時橫議敗事恐亦未必盡然庸詎知事無大小是非曲直之別白不可少也彼以爲是而此以爲非彼以爲曲而此以爲直欲使從政者無過舉非賴諤諤者之爭論之辯難將何賴乎以視諾諾無是非者價直不可同日而語矣是故國甯得諤諤者一士不願得諾諾者千人也

議論透闢行文亦有氣盛言宜意到筆隨之樂

●居高堅自持論

曹麗正

自古聖賢豪傑或立功以救當世或立德立言以救後世所謂窮則獨善其身達則兼善天下其志在拯救天下後世故其居高位能先天下之憂而憂後天下之樂而樂天下苟得其所則視棄萬乘若敝屣枉己而事人雖以齊王猶反手而不爲以其志不在

堂高數仞榱題數尺食前方丈妻妾之奉所識窮乏者之得我也雖然此未易言也夫士人當讀書求道之時往往有氣蓋一世舍我其誰聖賢豪傑非異人任之概及其位崇勢厚於是得失亂其中利害奪其外遂至違厥初衷失其本心役志紛華縈情醉飽卒至一敗塗地遺憾無窮者不可勝數也故馬援戒梁松竇固曰卿等欲不可復賤居高堅自持援之所謂堅自持者非患失之謂也謂居高位者無淫於安富尊榮而以禮自持也夫月滿則缺器滿則溢人驕則敗此不易之理也可不慎歟傳曰在上不驕高而不危吾願世之居高位者三復斯言

筆意簡潔瞻視不凡

●識時務者爲俊傑論

葛東藩

司馬徽對劉先主論曰儒生俗士不識時務識時務者在乎俊傑斯語也實爲一代儒生俗士當頭喝棒勉後之學者深矣夫士之所貴爲學者在能應其時而用之三國時人才蔚起英雄豪傑不可一世然若昧於時勢逆天而行大業掃地不其殆乎徽之意以爲英雄雖足恃時局雖糾紛而自有識時勢之俊傑能主宰之也夫時勢之能識與否即爲成敗興亡之基固不待論矣雖然惟俊傑始足以言時務惟時務始見識於俊

傑暴虎憑河死而無悔者不足與言時務攘臂而起蜂鑽蟻附者不足與言俊傑今日時務與明日時務不必同幽幻變遷惟俊傑之眼光可識別之利用之成其所以爲俊傑者固在此而不在彼也諸葛武侯所以能功垂萬世成三代下第一人者何莫非如司馬徽所謂識時務之俊傑乎自古英雄其功業成就無不基於利用時務以爲之導可斷言也一人而識時務則其人爲俊傑之人一國之人而識時務則其國爲富強之國美利堅之勃興日本之稱霸東亞者其國民能識時務起而革新也嗟夫風雨飄搖神州多舛丁此愁雲密布滄海橫流之際或有識時務之俊傑應時而興起乎是則國人所渴望也

是何意態雄且傑

●盡忠益時者雖讎必賞犯法怠慢者雖親必罰論　榮廷楹

自來公私不兩立爲公則不可以顧私無論立足社會置身朝廷苟有絲毫私心存乎其間必致社會紛擾國家覆滅必也大公而無我因公而忘私有可以利國安民者則進之不究其爲仇與否也有傷風敗俗者則退之不究其爲親與否也如是則雖當人心惶恐枕席不安之時亦可抵於平不觀諸葛亮之治蜀乎盡忠益時者雖仇必賞犯

法怠慢者雖親必罰此所以能爲後世稱道也夫天下者天下之天下非一人之天下也爲國盡忠補益時艱者此人人之所樂道而欲賞之者也吾從而獎賞之鼓勵之非爲吾一人而賞之也爲天下人賞之也雖其人與吾有仇然仇者吾之仇也非天下之仇也私仇也非公仇也安可以爲吾一人而違天下之意乎苟有作奸犯科玩法弄權者此人人之所厭惡而欲棄之者也吾從而懲戒之斥罰之非爲吾一人罰之爲天下人罰之也雖其人與吾有親然親者一人之親也非天下之親也私親也非公親也吾罰之雖或有不利於吾而有利於天下況國自民而立民依國而生苟有利於國家未必有害於一人苟有害於國家未必獨利其一身古人所以有內舉不避親外舉不避仇之事此深得乎賞罰之正者也

立論精當筆尤暢茂

●志士惜陰論

林宗哲

用黃金可也妄費而無所得不可也度光陰可也虛擲而無所益不可也是以光陰者黃金之代價也人之惜黃金者每謂其小可以保一身之飢寒大可以致萬民於巨富用有必需出無虛擲視若生命重若天神惜之之心生而有之然視一生之光陰漠然

無所惜彼獨何厚於黃金何賤於光陰豈光陰之價不足以較黃金乎光陰之不可貴而黃金之可貴乎一寸光陰一寸金諺語所云猶未足以表其代價也天下有失而復得之黃金古今無去而復來之光陰光陰一去不再來雖有億萬之金無能爲也人生百年瞬息過眼一生所事不足以副此無價之寶生有涯而學無涯塊然一身沒世而無聞不爲光陰計獨不爲己身計乎惜此一寸之光陰非戀戀於無價之黃金蓋惜吾學問道德之未足也今日不學今日無所得卽吾一生少求一日之學更何論乎一月一歲及夫老大依然故我追悔少年時代視光陰如敝屣以爲今日不學尙有明日今日復明日明日何其多明日復明日萬事成蹉跎欲化白髮爲童稚不可得矣是以有志之士知老大之傷悲毋寧少小而努力大禹惜寸陰陶侃惜分陰彼位尊而職高何爲而惜此寸分之光陰蓋恐己身之有愧於天也天賜我以一身之時間冀我造一身之事業今日種一寸一分之良因後來獲一寸一分之佳果根深則蒂固基淺則屋傾皆恃惜陰之爲力也惜陰則有志有志則學勤學勤則道生道生則無愧於天無怍於人矣惟有志之士可以惜陰亦惟惜陰之人可爲志士也予望世人以大禹陶侃之惜陰爲本而以蘇秦匡衡之勤讀爲範而復能化無志爲有志而有志爲聖賢矣

蕩漾紆徐曲與題赴理愜詞順一片機神

君子以同道爲朋小人以同利爲朋論

王洪志

君子小人之別安在乎曰道與利之間而已矣君子之交以同道爲朋小人之交以同利爲朋何謂道天理之公也何謂利人欲之私也君子之交但知同道者即爲吾朋不同道者即非吾朋故以道德相勸勉以學問相切磋以信義相輔助有患難則援救之有利益則分潤之以文會友以友輔仁故其交如日月之明可以垂萬世而不絕其知遇之深有未可以言語形容者小人之交則不然但知同利者即爲吾朋不同利者即非吾朋其始也以酒食相徵逐以勢利相營謀指天誓日若生死不相背其終也一旦利盡交疏往往反眼若不相識若冰炭之不相容又且落阱而下石焉前日之交已冰消而雪解矣此所謂托水乳之契而藏鉤距之邪謀也豈足道哉故不久而交絕也蓋君子以義爲利小人以利爲利也君子周而不比同而不和故其交曰合羣小人比而不周和而不同故其交曰結黨君子之交永久之交也小人之交一時之交也故歐公曰君子有朋小人無之豈不然哉嗚呼自古及今小人之禍人家國者比比矣然則今人之交君子耶小人耶

雍容大雅詞筆亦登六一之堂。

盧炳田

君子以同道爲朋小人以同利爲朋論

瞿汝霈

蓋聞進德修業他山有助獨學無友孤陋寡聞友朋之道未容緩也特朋豈易言哉四海之大人品之不齊有如其面豈盡人皆可朋之耶蓋必有所同必有所近而朋也是故君子不屑與小人朋小人不敢與君子朋猶如水火之不相入冰炭之不相融其人品不同所求有異也君子所守者道義也所行者忠信也所惜者名節也其爲朋也在於進德修業故非道義之同於吾者即其忠信名節之過於吾者也故曰君子以同道爲朋小人所好者利祿也所貪者貨財也其爲朋也在趨勢附炎故非爭利之同於吾者卽相與爲弊之輩也君子以同道爲朋其朋也朋其道也則道高而朋日益朋日益而道益明始終如一以之修身相得益彰以之治國同心共濟居恆淡如也小人以同利爲朋其朋也朋其利也當其同利之時酒肉也徵逐也膠漆如也同道之朋勿如也然利之易盡非若道之難窮日進於高明而彼則日進於不盡也故有見利而爭先或利盡而交疏則反相賊害雖昔日刎頸之交而亦漠然路人視之矣故小人無始終之朋有今日朋而明日讎者有前日疏而今日親者矣要視其利之轉移耳雖然時至今

日世風日下上至政客下至庶人惟利是趨惟利是爭同利之朋觸目皆是同道之朋可得而見哉怡然理順渙然冰釋

仁可過也論

呂慰詒

天下之事失於中道曰過焉曰不及焉人莫不知過猶不及也故從容中道者尊之謂君子否則與不及同譏獨爲仁則不然蘇軾論刑賞曰仁可過也蓋夫仁者綱常由是而立倫紀由是而定至大至剛巍巍乎天地之至德人類之大道而王天下之要端也民之歸仁猶水之就下獸之走壙是以苟能行仁苟能施仁則將惟力是視惟恐其不逮誠以植其基乎仁正其趨乎仁根於心現於面暢於四肢發於事業如累土爲高基固矣雖千仞而不傾如遵路而行路坦矣雖千里而不迷耳可以死可以無死死之流而入於忍人可以生可以無生生之不失爲仁君大君子抱仁心行仁政常求其生猶失之死而世常求其死也忍矣故曰仁可過也書曰罪疑惟輕功疑惟重與其殺不辜寧失不經其亦此之謂歟今日吾國之行刑賞者不第不能過於仁且不知爲仁卽有一二爲仁者不過持一日之恆心矣一日之毅力而行一日之仁政而已是何異於以

一杯之水救一車薪之火不能息焉乃不謂水之微反謂水不勝火嗚呼是終不能行仁政也夫是終不能躋我國於大同之域也夫哀哉

昔人論文謂吐滂沛於寸心可以移贈

●聖人用兵皆出於不得已後世用兵出於得已而不已論

陳文松

天地之道有生必有殺有春必有秋聖王之政有弛必有張有德必有威天地好生而不能無殺猶聖王尙仁而不能不用兵也顧肅殺之事終非天地之所樂爲是以金風甫斂而冬即收藏嚴寒甫息而春即萌芽蓋雖不能無殺而終不忍多殺也聖人之用兵也亦然備而不用用而不盡降兵不殺窮寇莫追殺人之衆以哀悲泣之戰勝以喪禮處之誠以兵凶器戰危事事至於殺人終非仁者所忍爲也是以聖人苟可以弭兵者必不忍用之然苟蠻夷猾夏寇賊姦宄不誅之則將爲吾民大害鈞之害也曷若及其未大而除之然後聖人乃始用兵蓋所以圖一勞而永逸也故曰君子如怒亂庶遄沮又曰武禁暴戢兵保大定功安民和衆豐財者也後世則不然窮兵黷武好大喜功邊境無事而開釁鄰國地方千里而貪得無厭爭地以戰殺人盈野爭城以戰殺人盈

城雖寡人之妻孤人之子獨人父母所不恤也夫天地好生而乃令人不能自遂其生豈仁者所忍爲乎然而天道好還佳兵者終當自禍夫差兵力非不强也而卒禽於越隋煬國威非不振也而卒弑於臣蓋戾氣所積神怒民怨未有能令終者也然則善戰者果何益乎且夫邊疆無警非有蠻夷猾夏之憂也海寓晏然非有寇賊姦宄之禍也事非不得已斯可已矣何必結怨鄰國虔劉人民乎聖人用兵皆出於不得已故所至多勝後世用兵皆出於得已而不已故所向多敗雖善戰者終服上刑而吾民罔已苦矣然此猶爲務外者言也世有同室操戈連年不解民疲力殫財竭勢窮强鄰窺伺於境外士卒罷敝於國中而猶不知警惕相持不下是亦不可以已乎此之謂失其本心

議論縱橫有驚心動魄之處

●世之治也君子以直勝小人之邪世之衰也小人以狡勝君子之介論

陸祖英

今夫水之流也涇渭不同科馬之馳也良駑不並駕人之相處也善惡邪正不並立聖人作易以陽爲君子陰爲小人夫陽則剛剛則必明明則易知陰則柔柔則必暗暗則難測故君子之與小人如薰蕕之不同臭枘鑿之不相入冰炭之不可以一器梟鸞之

不可以共棲皋陶共鯀之不可以同朝顏回盜跖之不可以並立然君子直而不疑故易欺孤立無助故易危正言不諱故易讒廉潔不汚故易退小人則不然廣布私恩以植黨交通左右以結主脅肩諂笑寡廉鮮恥故其進也易其去也難是以世運之盛衰實係君子小人之消長耳故堯退四凶進八元八愷而天下治舜舉禹皋陶等二十二人而四海平湯用伊尹而商以王武丁用傅說而殷以治武王誅飛廉用散望而周以興所謂陽極陰消而君子道長是也然此太平之世然也而不可於衰世求之夫世之衰也君必昏庸則小人得以施其技矣出其狡獪之術足以惑人主愚上下知君子之介而易退也則進讒言以污之知君子之孤立易危也則合同黨以排擊之知君子之直而易欺也施詭詐之計以愚弄之知君子之直言不諱也激之使犯君之怒故桀任諸小人而龍逢亡紂用飛廉等而三仁去十常侍用事而黨錮之禍起僧孺之黨進則德裕之黨退蔡京執政而元祐諸君子罷汪黃用而李綱黜秦檜入相而張浚趙鼎貶嚴氏父子擅權而楊漣諸君子死忠賢當國而東林黨錮之禍烈此小人道長之時也粤稽歷史未有窮極嗚呼稂莠不除則嘉禾不植荊棘不去則蘭蕙不芳君子小人之不並立也明矣雖然吾以爲君子或尚能容小人而小人斷不能容君子其依阿洩涊

回互隱伏糾結如蛇蝎瓅細如蟣蝨如鬼蜮狐蠱閃儵狡猾不可方物縱遇明察之君有無從燭其奸惡者卽幸而知之矣而小人之小忠小信足以歆動之小人之同類同黨足以挽救之於是方欲斥之旋且置之方欲逐之旋且留之方欲殺之殛之終且信之重之故小人必不畏君子無他彼所處之勢旣盛則必有法驅除之而所謂君子者難進易退不效龍比之身膏斧鉞則必見幾而作入山入林而唯恐其不深不密烏虖豺狼滿道鴻鵠絶跡妖氛瀰空爲害斯烈此世界之所以晦蒙而天下之所以大亂也悲夫

胸羅全史有浩然氣以驅策之四千年治亂興衰言之詳盡

●世之治也君子以直勝小人之邪世之衰也小人以狡勝君子之介論

袁丕烈

蓋聞君者國之原也原清則流清原濁則流濁是故明君在位則隆禮至法兼聽齊明親賢而遠不肖故天下之俊賢莫不願立乎其朝矣而骨鯁之士雖皎皎然强項諍諫亦無以見疾於其主矣公正之輩雖嶷嶷然孤高不阿亦不蒙讒於小人矣而呰窳嚅唲之徒脅肩諂笑之輩不能逞志弄權此所以明主爲政而天下治也洎乎末世庸主

上海天一書局印行

當國則惛庸愚慢於是貪佞之輩狡詐之徒反得藉以殘害忠良誣諂賢俊而耿耿拔俗之士則剛直性成高介自期不聽朋黨比周之譽不用殘賊加累之譖不近隱忌壅蔽之人不許貨財禽犢之請於是小人之疾之也益深而其譖之也愈深至其主則冥頑不靈惟小人之言是聽故君子雖悃悃欵欵正言不諱卒被讒於小人而見棄於其主惟然故賢者日遠而小人愈進雖間有一二大臣屹然立乎廟堂之上然孤立無助終無以敵羣小此所以庸主爲政而國祚衰也余嘗證之史乘堯舜在位則禹益契稷進而四凶蒙罪及桀紂之世龍逢蒙戮箕子被囚其餘耿介謇直之士莫不被罰而遭菹醢而趙梁雷開之徒反得安富尊榮位於廊廟之上周之治也以管蔡之邪僻作亂而周公得而誅之魯之衰也以孟軻之賢而臧倉卒能尼魯君使之不得見故王子應麟之言曰世之治也君子以直勝小人之邪世之衰也小人以狡勝君子之介旨哉斯言以堯舜之明故能識禹益契稷之賢而知四凶之不肖以桀紂之惛故蒙於趙梁雷開而斥龍逢箕子以成王之智故周公能以直勝管蔡之邪以平公之庸故臧倉之狡能勝孟子之介夫君子之行介且直小人之行狡且邪君子固莫不疾首痛恨於小人而小人亦莫不猜忌嫉惡乎君子故君子與小人如冰炭之不相容也其能進賢退不

肖而治天下者其惟在上者乎嗚呼君子固非不多覯而明君不常有而小人之姦邪狡詐固無時不扇惑其主讒陷直士故雖有君子具剛直之志操耿介之節卒至能不得展被讒見棄屈平有澤上之吟蕭望之有飲鴆之禍永言前載能不爲之感慨蒼涼而不豫哉嗚呼千里之差興自毫端得失之源百世不磨世之操黜陟進退之權者可不慎諸

感慨淋漓語有包孕

反絕交論

陳文松

亡是公喟然而歎曰嗟乎世道之陷溺深矣綱紀淪廉耻喪風俗漓友道薄方其盛也則逐臭之夫趨炎之士莫不奔走逢迎惟恐或後宴飲無虛日徵逐罕暇晷握手把臂誓同生死角哀伯桃不足尙鮑叔管仲未足方也及其衰也則向之所謂生死之交者率反眼若不相識又從而擠陷之焉嗚呼世道之險巇若此是締交轉以害身同游翻以速禍又何貴乎朋友哉朱穆昌絕於前劉峻廣之於後良有以也言未旣有客笑於前曰異哉吾子之言也朱劉之論蓋偏激之談而非公允之說也吾子其何取焉今夫人之得有學問者莫不曰父師之教育也然而責善之道父不可施之於子切磋之功

師不可得之於徒故父有詔而無教師有教而無勉勉勵之功鞭策之益舍己之外莫友若矣是以求學之時有疑義而不可質之於師者可以告之於友涉世之後有難事而不能決之於己者可以商之於友舉凡規過責善切磋琢磨之事非父師教育之所及者友皆可得而言之朋友之道夐乎尙已朋友者五倫之一而己之耳目也故曰以古爲鑑可知興衰以銅爲鑑可正衣冠以友爲鑑可明得失若之何友道之可絕也詩曰嚶其鳴矣求其友聲言鳥獸之猶求羣也易曰天地交泰言天地之不能無交也夫鳥獸微物猶知求羣天地絪縕不能無交而謂以萬物之靈得天地之中以生名爲人者獨可無交乎哉且子之所謂友者固非聖賢之所謂友也聖賢之所謂友者非爲其以酒食相徵逐以貨賄相往還也爲其爲進德修業之助也故曰君子以文會友以友輔仁蓋友者可以文會而不可以宴集也所以輔仁而非所以般樂也故其益有四焉促膝談心志同道合一益也砥節勵行勉學勤務二益也患難相助休戚與俱三益也規過遷善繩愆糾謬四益也其在易曰二人同心其利斷金同心之言其臭如蘭由是觀之朋友之益蓋可知矣是以廉藺蜚聲於前范張揚名於後炳曜丹青流芳百世若夫以酒食相徵逐以貨賄相往還此特逐臭之蟲蟻趨炎之螢蛾已耳烏足以言友哉

且夫以利交者。利盡則交疏。以義交者。義存則誼存。不以義交而以利交。欲求緩急之助。患難之援。是由南轅而北轍也。豈可得哉。豈可得哉。擇友不詳。觀人不精。不幸而比於匪人。則曰此友道之當絕也。謂之不誣可乎。否邪。而朱劉之爲是言者。蓋一則憤世道之淪胥。一則閔任氏之顚越。有爲而言。要其理未必然也。故曰偏激之談。而非公允之說也。今子見利交之爲梗。而遽以爲友道之可絕。是猶懲羹而吹虀。畏噎而廢食也。其可乎哉。夫人之不能無羣。自然之理也。今乃曰交可絕也。羣可離也。衆可遠也。苟人人如是。則是天下之人。無非獨夫。天下之大。皆成絕域。文化何由進。智識何由闢。社會何由立。風俗何由良哉。而說者乃曰此所謂潔己以全身。絕交以遠害也。豈不謬哉。何吾子之不察也。亡是公乃愀然變色。蹵然改容。避席而辭曰。吾過矣。吾過矣。廢然而退。嗒然而逝。

機神洋溢。罄所欲言。

勇於公戰怯於私鬬論

王叔龍

夫國家養兵。所以禦外侮而保障人民者也。値此衆寡相陵之世。弱肉強食之秋。兵果精而强也。則國受其益。民得其福。倘不枉平日之教養。設疲而弱也。則國爲其累。民受其害豈養兵之真旨哉故兵貴精強相間而不在多貴勇怯相濟而不在衆否則雖多何益雖寡何害也夫兵固貴乎怯勇相濟有勇無怯則亂有怯無勇則懦勇公戰怯私鬬則國強反是則國弱可不辨歟若夫用兵以禦外侮則惟患兵之不勇愈勇愈善蓋恐其不能殺敵而致果也設爭地爭城自相魚肉其豆相煎同室操戈則惟恐其不能怯愈怯愈妙蓋恐其傷及國民之元氣也故同一勇也用於公戰則爲勇用於私鬬則爲殘惟怯亦然用於公戰則爲怯於私則爲讓二者得其所則強失其所則弱可不凜歟可不慎歟溯自五口通商以來外侮內侵日益急迫臺灣見奪朝鮮被滅軍港要邑割屬他人國權喪失殆盡皆曰是兵力不充之弊也及推翻專制創建共和以來我國兵額遂數多於鄰甲於全球矣宜乎國威振刷與列強並峙稱雄東亞何各國見侵愈烈外交失敗愈甚耶豈兵力果不足一戰乎抑兵之未有勇怯乎此無他勇怯錯用之故也試觀皖直之戰川鄂之爭兵士未嘗不勇一戰而血成渠再戰而骨如山冒槍衝彈奮不顧身豈真我國之軍果無勇乎惜用於私鬬耳方甲午之役中日之戰兵士何曾不怯未見敵卽棄甲曳戈而走既見敵則擲槍拋彈而降豈真我國軍人不怯乎惜怯於公戰耳勇於公戰則外侮不侵怯於私鬬則內訌不起則其國自強反是則國弱

此我國今日之惡現象也。邇來北伐南征之聲日張。是南北之紛爭也。乃南又與南爭。孫陳決裂。鑿枘相投。北又與北鬨。奉直搆釁。兵戎相見。致使人民日處水火之中。視民命爲兒戲。吾不知我國軍閥果何所居心耶。試問各武人何不一移精鋭之師以對外人乎。苟能猛省回顧。力矯前非。以私鬬之勇以向公戰。以公戰之怯以應私鬬。並力對外。吾恐列强食之而不能下咽也。又何患中華之不强哉。奈國人竟置若罔聞也。悲夫。

議論名雋。詞無泛設。

△書牘類

●與友人論詩經大義書

陳文松

某某仁兄史席。承詢詩經大義。弟不敏。雖嘗從事於此。然豈能窺其宏旨哉。竊惟詩之爲道。本諸心聲。發爲天籟。道人性情。節人哀樂。其用甚宏。其義甚廣。昔吳公子季札之論頌也。曰美哉。直而不倨。曲而不屈。邇而不逼。遠而不攜。哀而不愁。樂而不荒。用而不匱。廣而不宣。處而不底。行而不流。五聲和。八風平。節有度。守有序。盛德之所同。嘗本此義以讀雅。竊謂亦兼此數長。請分別論之。文王之篇。咏德頌功。其聲洋洋。而不伐不矜。惟諄諄以無念爾祖。聿修厥德。及宜鑒於殷。駿命不易相勉。非所謂直而不倨者乎。古公被逼於狄遷居岐下其曲至矣而緜之篇追述其事惟言都邑之佳土地之美無屈抑之言非所謂曲而不屈者乎伐崇之事爲時最邇而皇矣一篇以監觀四方惟民之莫爲言以見文王伐崇乃上帝所命不必言功而功自顯此邇而不逼也生民一篇追敘后稷之始生其事遠矣而不卽不離言皆有物此遠而不攜也幽厲之時人民愁苦民勞之詩所由作也然細繹其言爲民請命而無愁怨之思文王遺澤猶有存焉則哀而不愁矣大明之詩述周興之由其樂洩洩而以天難諶斯不易惟王警之使知有節則樂而不荒矣國之大事在祀與戎旣醉一篇言祭祀之禮而以孝子不匱永錫爾類反覆咏之所謂用而不匱也蕩蕩上帝一篇歷代帝王皆可用爲龜鑑其義至廣而蘊藉於中未嘗盡發所謂廣而不宣也蒸民之篇專述仲山甫之德而其言有物足爲人臣資鑑非處而不底而何江漢之篇專美尹吉甫之功其聲流動而有所歸宿非行而不流而何具茲十德被以文章則五聲自和八風自平節守自皆有度序矣其爲盛德之所同豈不宜哉抑又有進者大雅一卷所言者無非欲使人君知命之不易有所警惕故不憚其煩反覆咏歎觀其一篇之中有二見者有再見者有言隱而意存者有意賅而言簡者皆不外斯意易傳所謂君子安而不忘危存而不忘亡治而不忘亂是以

身安而國家可保者也。其可與大雅言命之不易一語相印證乎。弟於詩學研究甚淺。所得止此。未諳閣下以爲然否。弟某謹啓

本吳札論頌之旨。分疏詩義。知於三百篇中饜饋深矣。

●與友人論文書

葛東藩

任公足下。秣陵一別。夢寐難忘。正擬裁簡通候。忽奉琬琰之章。快何如也。辱承不棄。下問以文。不學如藩。焉敢語此。然以我輩情誼之切。亦所不計。而盲人瞎馬。遺笑大方。知己如兄。幸有以教之。夫文者何。論其體。則千變萬化。奇離奥妙。與天地同其大。與日月同其明。大智莫能窮。畢身莫能殫。此先哲所以有假我之歎也。論其用。則狉獉進而爲開化之鼻祖。干戈化而爲揖讓之功臣也。堯舜因之以成郅治。始皇失之以兆亂亡。古今法治。無不視文之否泰爲轉移。甚矣。文之不易言。而於今又不得不言也。今之所謂文者何哉。東鈔西襲。拾他人之牙慧。無中生有之新名詞。鄙俚不通之白話文是已。曉乎文者。載道之器也。千古明哲之精神所寄也。太平盛治之世。其文多和而緩。大亂之後。其文多悽而絕。壯士之文。恆多慷慨激昂。騷人遂客之文。恆多窮愁怨悱者。良以文之於人。猶影之隨形。不容粉飾者也。今人之文。所以不能復於古者。毋亦以時勢之推

移潮流之鼓盪風骨稍遜矣、復加以科學之繁頤學者不能專力於文藝於是文學益形退化耳然而文化大昌國運賴之科學雖爲勢所要求而要其基不可不備也今人雖不必盡求於古然而大義亦不可不明也英滅印度授以英文日亡朝鮮禁用韓文意至深矣我國自門戶開放文化頽敗日落千丈至於今掃地而空矣神經過敏者方日出新裁提倡白話新體以自命不凡後生智識未堅附如流水一犬吠形百犬吠聲雖有君子無能爲矣其甚者要求擯棄中文盡用外國文以歸大同其亦不思之甚矣今夫國與天地必有與立文學者與立之具舍之而不講則一國之精華全失之矣以若所爲求若所欲吾不知其可也夫文之尊也旣如彼而文之衰也又如此國之不替其可得耶孟子曰吾善養吾浩然之氣是氣也上達乎天下應乎人擴而大之可以磅礴四海筆而書之則爲文章孔子殁而微言絕七十子喪而大義乖能以文垂萬世者有幾人乎況近代歟然而居今論古毋乃太遠其所以爲今世之文者則曰外求其字句之明通內養其接物之操守不戾於今不泥於古旣窺於古又準乎今旁及他國文字以擴其眼界是亦足矣至於其他無論古今中外殆莫不以意爲骨以詞爲表以氣爲前驅以聲調爲歸束文章之能事古人論之詳矣而所可憾者吾國腐儒每多紙上談兵咕嗶，窮年不思攬而用之，以善其身，兼善天下。讀西史，哥倫布覓尋大陸，華聖頓創造民主，功播遐邇，名振萬世，豈非振古鑠今、垂耀人間之大文耶？足下其有以教我乎？秋風多厲，諸惟珍重。東藩謹上。

昔我有先正，其言明且清。

●擬上政府論南北和戰書

吳清序

竊自武岳震動，湘粵搆兵，蜀難未已，荊亂又興。或主和以紓難，或請纓以平南，閣員之意見紛歧，疆吏之宗旨各異。先戰後和，所以復北洋已失之威；停戰示誠，所以促萬世和平之業。廟堂之上，易起紛爭；京外軍心，勢將解體。竊恐南北之戰未開，北派之鬨已起，統一之局未遂，割據之勢已成，而中央息事寧人之宗旨，終無以大白於天下也。民國十載，兵刃頻興，都邑荒涼，室家離散，富者中落，貧者無依，直魯之民流離異域者，不知凡幾。此南北開戰之禍一。兵興以來，四民失業，散爲游民，聚爲盜匪。綠林興於漢衰，黃巢亂於唐季，涓涓不塞，將成江河。魯省毛匪（報載魯匪毛思忠有復反之耗），特其一耳。若兵連禍結，不靖孫恩，恐亂極隋煬，反者六十四處；變生赭寇，反者十五六年矣。此南北開戰之禍二。湖自督軍兵諫，宇內騷然，商賈凋敝，各物昂貴，銀鈔之週轉不靈，金融之通行頓滯，湘蜀各境。尤爲受害。赫赫市場。悉爲灰燼。效玆高之愛國。曾獻乘牛。遇項羽於咸陽。羣驚火鴿。方冀貿易漸盛。補往歲之失於桑榆。不謂戰爭再開。痛來日之難於荆棘。此南北開戰之禍三。況又禍起蕭牆。變生肘腋。爭同鷸蚌。漁翁之利可收。吞若鯨鼉。先聖之邦必絕。劉淵興師。塞北乘八王亂晉之時。匈奴地取河南。值諸侯亡秦之日。自相魚肉必起狼心。且日設民署。所以便哀哀無告之魯民也。（報載魯民訴訟每爲地方官顛倒是非訴諸日人反得其直噫）苟中央澄清吏治。魯民亦何至訴諸日人。今中央策其全力以制南。魯人存亡。非所問矣。竊恐此風一開。國民將解體也。此南北開戰之禍四。外交風雲。日益緊急。俄德搆和。已成事實。處此驚風駭浪之中。宜有同舟共濟之雅。苟我不能旅行應盡之務。日人必生越俎代庖之謀。假途伐虢。虞可坐亡。此南北開戰之禍五。且夫兵隊一興。盜賊蠭起。若損及外人財產。必至引起友邦責言。或將假同盟之名。而陰行幷吞之實。名雖自主。實同附庸。波蘭前車。可爲殷鑒。此南北開戰之禍六。綜上所言。有一於戰。未或不危。然默察大局。愈釀愈危。設萁豆而燃。其不念同根之誼。必弱肉以強食。驟來合併之兵。且復辟雖滅。餘孽未清。潛藏者豹將養毛。就撫者鷹猶帶眼。苟南北之再戰。必死灰之復燃。我大總統縱有擎天之力。安能挽已倒之狂瀾。雖欲南北一家。又安能止異族之窺伺。

或謂京津祕議聲勢激昂强拂其情懼將解體竊以爲軍人服從元首之大義久已共明夫誰能以一己之私情陷國家於萬刼今日以代理元首之威不能止運兵之謀他日又安能以正式總統之令弭兵諫之禍倒阿授柄爲患且滋應請大總統開誠布公下停戰之令而爲統一之謀夫廉藺釋怨趙足當秦平勃交驩呂難亂漢吾知封豕長蛇之衆咸存貢獒獻雉之思不難禍滅無形兵消域外矣若必鋌而走險獸困猶鬪恐南北戰爭不至亡國不止也語曰知止不殆此其時乎

運議論於駢儷之中詞采斐然措詞亦極得體

擬上大總統論清理外債書

莫文浩

大總統鈞鑒溯自民國成立以來財政日絀國內生產狹小如故而支付反日增大軍民之擔負日重於是朝夕所供惟外債之是賴凡國內通商要隘路礦權利大半已爲外債之抵押品夫外債者誠一時緊迫不得已暫以濟急之事非可時時飲酖止渴也吾國重要利權從前抵與外人者既不能設法收回又不從事生產以輕擔負歷年所積外債爲數幾何非惟國人不知卽現在掌握財政者亦難盡述其詳不於此時籌畫償債方法只顧善借爲能國家前途豈堪設想耶謹乞鈞座破除積弊速以清理外債

爲前提則吾國將來尚有富强之望蓋外債雖以濟急然實理財者之下策吾國生產素不發達歷負重大債息所剩更微國內支配更難應付於是轉折數年所有生產物均幾變爲債息今不加於清理則國民固屬糊模而握政者亦難明悉夫既不明底蘊則必奢華如故慾望如故國家擔負因之愈重外債因之愈增猶一小康之家其子姪不知家產之狹迫自難禁其奢慾此一定之理也苟能將外債詳加清理即行佈告國人雖不能亟亟設法償完亦可稍減握權者之苛求以輕國家擔負而國民亦可經此警告力圖生產猶家庭之子姪輩得悉家境之困逼旦夕難支勢必各進前程自圖生活是故清理外債非僅爲警告國人減少剝削亦即爲償債之先步收回利權之善策不然則執政握權者之人索求如故有所不遂即各謀借外債既不求政府之許可又不查問所欲抵押地之已否抵出或遇該地已爲某國之抵押物今復押之他國則兩國因起衝突國基危亡即在於此波蘭印度之續可不深慮耶總之清理外債正爲我國挽回富强之先聲反言之即爲破產亡國之預兆肅此布陳敬請鑒核

語意沈着動中肯綮

南洋大學國文成績三集卷六終

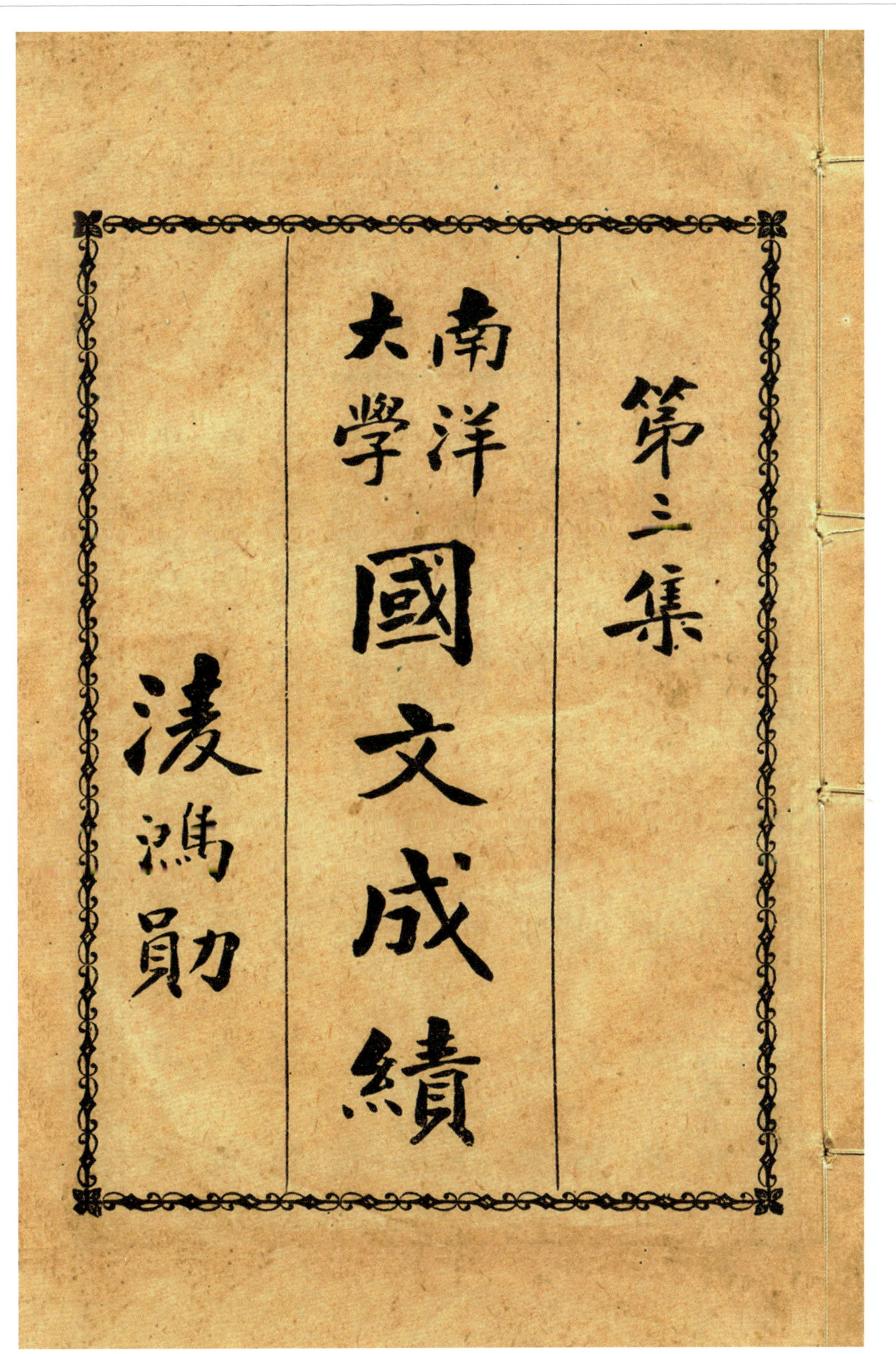
南洋大學
國文成績
第三集
淩鴻勛

蘇州振新書社發行

司法金鍼

▲大理院判例解釋菁華錄（民刑事）	十輯	五元六角
▲最近司法法令	二輯	八角
▲中華民國新刑律	一冊	三角
▲縣知事審理訴訟章程	一冊	一角
▲各級審判廳試辦章程	一冊	一角五分
▲違禁罰法白話解	一冊	一角四分
▲漢譯民法要覽	一冊	五角
▲漢譯刑法要覽	一冊	五角
▲黜盧判狀隨錄	二冊	五角
▲洗冤錄詳義（大本）	五冊	二元五角

南洋大學國文成績三集卷七

△時務論類

●中國宜注重滿蒙主權論

貢乙青

滿蒙之入我版圖久矣。迨辛亥革命。更專制為共和。合五族為一國。由是滿蒙土地。為中國之兩部土地。滿蒙人民為中國之兩部人民。其關係我國之重要可知。其主權之宜注重。抑何待論。然中國至今式微甚矣。山東為日人覇佔歷年。今始由華會議決歸還。蒙古為俄匪蹂躪。今猶不能克復。如滿州雖未明為日人所得。而其主權已隱為日人把持。若長此以往。恐五族不能合。國將不國矣。以地史論。滿昔為遼東。蒙昔為匈奴。在此二區域未入我範圍之際。虜劉我邊陲。擾亂我封疆。無朝不有。至滿清一統。撫有其地而後。其患始除。以地勢論。滿蒙橫延中國東北。勢足控制中國。元清二朝。由此二區闖入。攫我大寶。設此二地主權墮落。外人則效元清者定有其人。我民其旰食矣。我中國固以地大物博著名於天下者也。地兼三帶。其物產全。人民四百兆。適足支配。所有閑曠之地。厥惟滿蒙。他日如人數繁盛。皆可北移。天生樂地。世莫與京也。今日本已呈人滿之患覬覦滿蒙虎視眈眈無日不以攫奪滿蒙爲念及今不圖後將莫及矣滿蒙主權之於中國猶人之有背也據滿蒙而控中國猶撫人之背而推之其有不傾仆者乎無滿蒙則回藏散中國瓦裂瓜分之禍至所謂脣亡齒寒輔車相依者是也是故人欲立必審其後齒欲暖必先保其脣車欲存必先固其輔中國欲安全必先重滿蒙主權我國民其可以目前之急而遂忽背後之顧因國內之亂而遂忽視滿蒙主權耶吾故謂滿蒙主權之重不在山東問題之下

應如何收回主權篇中雖未議及然論列利害粲然分明固非徒事摭拾者可比

◉膠濟路贖歸民有論

沈觀瀾

自太平洋會議閉幕以來國際問題之最耀人耳目者膠濟路之贖歸卽其一也當是約之議定人每目爲日本之讓步吾國得以乘機贖歸永享其主權殊不知此實日本有意永轄該路之陰謀侵略吾國之遠策而亦吾國存亡之危點也須知日本之承認此議非真讓步也徒美其名以取信於各國耳蓋彼等深悉吾國財政之匱乏決無此巨款以應贖路其勢必不免於借債國外日本當此時機遂得竭其力以貸款與吾國而得吾國以相當之抵押品及贖回之期至縱或可達贖歸之目的而其時其他主權

之喪失或恐有過於膠濟路之價值矣試觀數年以來因借債而將鹽餘礦產等之國產以質於外者何可勝數卽足以證明借債之可畏循是以往國家之危險誠有不可挽回之勢矣於此可知日本之野心而吾國民萬不可再作袖手旁觀之態度而視爲平常之問題任腐敗政府之惡施橫行不速起而爭回自贖也近來識見遠大熱心愛國之士大聲極呼以號召國民之起而自贖以歸民有而保主權是誠救國之惟一高策所謂天助自助者吾民欲遇救必先圖自救但試觀國民之附和者寥寥一若不以此等問題爲可畏噫可歎哉孟子有言國必自伐而後人伐之至公之論也吾國民當是危急存亡之秋倘能各竭其力之所及同心一致集款贖路取而有之旣足以爭得實權而救國危又足觸外人之心目而畏他邦亦可表現吾民之能力矣國民乎政府不足恃官僚軍長更不足恃可恃者誰厥惟吾民而已矣盍起而自贖自辦路權旣操吾民之掌握山東全省實利賴之君不曾聞日俄之戰爭乎以俄之强大而反爲日所擊敗豈不異哉此無他國民自助之故也蓋雖數齡孩童亦知節用其餅餌之費以助軍餉是足徵彼邦國民之熱心自救足使其國轉危爲安觀吾國現在處境尙可挽回而吾民何獨不知自强乎吾深望同胞同心一致慷慨解囊以贖此路則爲利無窮矣

悚論危言發人深省

●膠濟路贖歸民有論

王兆能

就吾國現勢論鐵路建設之增加誠爲當今之急務膠濟路爲魯案問題之重心爲吾中國存亡之絕大關鍵美總統哈定氏發起太平洋會議國民莫不喜出望外經民氣之力爭代表之抗議始得奏凱而旋向之所失於凡爾塞者今居然復得之於華盛頓日人允我以限期贖回指日可返祖國之魂而稍濟國民犧牲之代價於萬一也獨是我國鐵路事業採國有政策行之者十有餘載不見有若何之發達雖由於歷年變亂阻其進行或由於交通行政長官隨政潮以代謝在位日淺莫能貫澈其主張籌款之艱是則因之大者也卽或以息借外債爲計旣左而款項又往往流用於他部行政方面其不能發達者亦宜矣至國民共有政策自吾國歷史上察之則根本不能成立蓋京奉路之官侵商權粵漢線湖南段之官奪民股此當世所盡知者也官格喪失信用掃地加以民智日啓派股之法旣不能行而自由認股誰願前來此國民共有政策不能施行之根原也今日吾民漸趨於自動活潑地步集團行動之事日多行政方面苟能訂立保護民有鐵路之規則奬勵民有鐵路之專章實施民有政策則不難無首倡

者成效一著則利之所在民將組織公司踴躍開辦於最短時間可增幾許路線故前述之利益非實施民有政策不足以實現也今政府決將膠濟路作爲民有與吾民振作之機國民乎非人人以救國爲天職以國士自命乎欲償素志此其時矣盍興乎起爲我鐵路界開一新紀元大放光彩於世界以奠我風雨飄搖之邦基也

卓有識議不比鈔胥文氣亦極深穩

●刷新爲圖治之要然與其趨於極端而陷於危險孰若望任事者之容納與覺悟共圖改造而易以成功論

沈元慶

竊自辛亥戰起帝制摧滅集五族而爲國幷六合而成家吾儕何幸得居此立憲政體之下然十四年之中國體迭更不惟百度不能刷新抑亦變本加厲天災人怨相乘而至南北之統一不能各省之兵禍尤亟吾考其所以豈共和之不宜於吾國耶抑吾民之程度太淺乎曰否否蓋吾民望治之心太切而上下皆趨於極端以致瀕陷於危險而不悟欲圖挽救舍上下一心同舟共濟其道末由良以刷新一切固爲圖治之要務而進銳退速又爲成敗之必然故與其上下異途互相爭勝毋寧使在上者幡然覺悟而放棄一切之私利容納公衆之趨向而在下者則思逐漸改良無故事苟求之心則

朝野交融羣策羣力以謀國事之進步不獨裁兵廢督可使實現卽國本之鞏固亦於是賴之方今執政者則爲爭權之官僚而秉斧鉞者又爲持勢之武人一則賣國求榮心存圖利一則擴充地盤謀爲不測至以通人達士或以不黨而見斥或以不遇而自嘆斯上下之勢既殊而賢愚不肖又迥異於是責任者無圖治之心存利祿之見不惜以個人而違輿論一意孤行致是非顛倒墨白混淆使民生日卽於凋零而國事不可問矣在下者則又肆意攻擊不留餘地使執政者老羞成怒夫如是則各行其是而水火之見益深乃致官民不相容遑言於五族哉歐風亞雨凜冽逼人美浪非濤澎湃東渡國家之元氣不振政體之統一無望是何怪外患之日亟內亂之不已哉吾故以爲欲求刷新首宜上下和睦開誠布公無爾虞我詐之心無苟且敷衍之念上則屏除私見容納民意除人間之疾苦下則鼓吹刷新造成輿論備政府之採擇蓋官民之相處猶脣齒之相依譬如兵爲萬惡之首亦爲保民之具今也兵隊滿天下是應裁汰之以輕吾民之負擔向使不與執政者互相容納徐圖妥善之方則兵變爲匪其害豈不較烈故與其上下異軌同受其害孰若共同負責而成功必易之爲得也

詞意穩愜竟體無疵

勞農神聖論

郭守先

人生有身體精神之別哲學有唯心唯物之分二者相關古今萬說或以爲背道而馳或以爲相輔而行或以爲如鏡之兩面表裏合一或以爲如刀之鋒利舍一無他綜考異論趨勢可知大抵時代古則分離愈甚時代近則相合愈密惟其謂二者之相離也故人有發展精神部分者有發展身體部分者而常謂精神高於身體重心而賤物惟其謂二者之相合也故欲發展精神必兼發展身體欲發展身體亦必兼發展精神精神身體一而非二物卽是心心卽是物孟子謂有治人者有治於人者西哲柏拉圖亦謂人以發展知識爲上身體爲下信斯言也治人者可安坐無事錦衣玉食治於人者終日勞苦飢寒交至如是則勞工芻狗耳誰復重視之哉近世以還思潮迴非英之渦文法之聖西門德之拉塞爾馬克思感於古代學說之偏倡勞工主義於世界俄之托爾思泰孕思退益夫奇思等更本愛之宗教以拯救勞工爲職志發爲言論播諸著述喚醒人民於沉酣之中列寧氏更本其血忱摧蕩威權蓋世之尼古拉氏建設勞農政府勞農主義因以盛倡於世界世人之言解決社會糾紛者莫不相聚而談曰勞農主義勞農神聖雖然吾人之持論立說也非人道而吾亦道之進而求勞農神聖理論之

根據果何在耶人之生也非衣食住無以爲給衣食住之來源勞工農人之所得品也文化日進生育繁增銷耗滋多生產應加倘不以勞工爲神聖人人坐事於生產皆坐言文化徒知銷耗馴至供不給求彼爭此奪弱肉强食而社會之擾亂以起生存倘不能文化云乎哉此就社會之安寧而言勞農之所以爲神聖者一也人之秉性雖千差萬別絕無一同而智慧能力大率相類其所以有智愚賢不肖懸隔之差別者社會環境教育訓練爲之移黑人之幼童而入歐美文化之邦其長也智慧與歐美人相若移白人之穉子而入非澳野蠻之域其長也愚魯與黑人相似人生之材力既略相同則其受教育也求智識也從事於勞農也亦宜無不相同各盡所長始得所需個人之安寧社會之秩序從而大定此就人生之本能而言勞農之所以爲神聖者又一也文化進步由於人類精神發展精神非身體何依身體非勞作不强卽謂勞農爲文化之泉源亦無不可綜厥各由從人而高呼曰勞農神聖理自正可雖然理固如此事何由行勞農神聖吾人已篤信之矣勞農如何而後能神聖非吾人篤信者之責又誰之責耶吾常見口言勞動神聖而行動則視勞動爲芻狗者矣高樓大屋旨甘飫肥指揮僕役有如馬牛稍有不是怒罵隨之言不由衷又希望其能行者必也大布爲衣膏粱爲食安

步。當車勞而後取。斯可與言勞農神聖。是所望於今之青年耳。噫。世界廣矣。列國已有自爲之倡者。環顧二十二行省之中。誰爲中國之渦文聖西門者。誰爲中國之馬克斯列寧者。不禁馨香禱祝之矣。

窮原竟委。動中肯綮。

勞工神聖論

曾憲煶

神聖二字本最高尚之名稱。無所不明。謂之聖。聖而不可知。謂之神。非有萬能之才力。不足當此二字也。昔日君主。專制人民。懾於人君之尊嚴。對於人君以服從爲天職。於是爲天子者。於無形中成萬能。在下者無以表其敬順。則尊之曰聖。若以昔人之眼光。視勞工之以力餬口而求生存者之卑下。名之曰神聖。不倫甚矣。殊不知勞工二字範圍甚廣。凡以勞而爲工者。無論其勞心勞力。而其收效能有益於人類者。皆可稱爲勞工。故雖以人君之尊。苟其致勞之處。能造福百姓。則帝皇亦勞工之一也。反而言之。丐者有力而不用。怠惰以爲生。雖日沿百里之途。過千萬之戶。竭力盡瘁。而欲求附於勞工之列而不可得。嘗思處此競爭時代。惟勞工乃爲萬能。無論任何事物。惟以勞工博來者。來源始爲正道。存在乃得永久。而其利益乃傳遞而無窮。若非勞工而得者。目前雖具極顯極大之利益而結果則消耗也易足貽害於無涯不觀夫我國之政局中人乎握政權者借行政以歛貲掌兵符者扣軍糧以肥己買賣選權則議長議員之屬各有慣技尸位素餐則顧問諮議之儔盡無良心位高望重叱咤風雲固人民之所企望而不可陟者然一旦政局變更則前日之顯赫者今則相片高懸舉國通緝相去何啻壤也此無他非勞工而享厚利之結果耳吾人視此可知勞工之價値實吾人之飲食衣服住宿名譽安樂凡繫於人生者皆類然然則勞工之爲神聖豈妄言哉

釋勞工二字鞭辟入裏

●英雄造時勢論

許兆鸞

西諺云時勢造英雄英雄造時勢吾謂因時勢而成之英雄非真英雄也惟能造時勢之英雄乃真英雄何也凡英雄而爲時勢所造者當其初必不自許爲英雄人亦不共許爲英雄惟適與時勢相際攀附青雲扶搖直上致英雄之名永垂後世雖婦人孺子亦莫不耳聞其名欽羨不已不知時無英雄遂令孺子成名耳非本有英雄之氣亦非有英雄之志惟天假之緣得因時成事耳若造時勢之英雄則不然天下皆夢而我獨醒天下皆靜而我獨動人莫敢先惟我當先雖處極危險之大局極困難之境地必盡

我之力處之若泰山而後可了我之初願此所謂真英雄也英雄之所以能成英雄者非造物能致之也必自苦其心志勞其筋骨不甘與草木同腐建立偉功而後人乃歌舞之而崇拜之不亦宜乎

短小精悍人馬辟易

●勝負論

張江泉

余嘗聞勝負於軍事矣有朝勝而暮負者有朝負而暮勝者有勝於一旦而敗至數月不能恢復者有敗於一旦而勝至數月猶能取勝者有今日勝而明日負者有今日負而明日勝者有勝至數年而不爲人敗者有負至數年而不能勝者又有忽勝忽負瞬息改變而不可定者噫勝負之無終勝負有若是乎雖然勝負之決者乃爭者自取之也苟我力可勝而我氣也驕則必不能勝卽能勝之亦可暫而不可久也我力不能勝而我氣也壯雖一時不能勝然終有勝之之一日也然則勝負之決固不在力之强弱而在氣之驕與不驕壯與不壯也是則勝負雖無終勝負然欲終勝或願終負亦未嘗不可也誠使勝者不以勝而驕兢兢焉戰戰焉若未勝朝暮淬厲未嘗以一勝而怠枕戈待旦未嘗以已勝而安無時不備無事或懈二敵相遇我不以其已敗而輕視之疏

忽之如是而不能終持勝利者我未之見也或有偶然敗衂即士氣大餒爲將帥者不知鼓而勵之爲士卒者不知興而起之因循坐誤以爲我力之終不敵也而不復存復仇雪恥之念以此士氣以此將帥其軍之能得勝者吾誠不知其可也是勝負亦有終勝負惟在勝者之能否終保其勝而負者之是否甘自安於負耳雖然通俗弊病一勝即驕士氣大變安能不懈而受挫乎一敗即退士氣已餒尙能圖恢復乎以此故勝者祇有一勝而敗者鮮有能恢復者也總之人處勝負之地位者不可以勝爲勝以負爲負勝者固宜視若未勝力歛驕氣敗者當視若未敗益矢奮興則勝者可常保其勝敗者亦不難重整旗鼓矣是故士氣之盛衰實操勝負之權世之欲謀終勝或欲恢復敗卒者其先注意士氣乎

用意極見細密文筆亦曲折周詳

●優勝劣敗論

葛東藩

自地球有生以來何止數萬萬年此數萬萬年之中生物繁殖何止千億百兆地球之面積有定限生物之繁殖無止境適成反比例故物類爲謀生活與位置之故則不得不藉用人事以補救天然於是乎競爭起焉競爭既起勝敗乃立而勝者生存敗者滅

亡天演之公例也始而力與力爭則强者勝而弱者敗智與智爭則智者勝而愚者敗强者與强者爭而力相等也則繼焉以智若智而又相若也則惟有準公理之裁判一如近之歐戰是也在上古之時競爭之義甚狹故競爭在力之强弱既知力有未可恃也乃遷於智之大小至於競爭愈激烈愈永久而人物以別家國以成更進而去其原始之競爭爲人類之競爭而個人而團體而國家其所競爭者亦至繁若政治也教育也工商也科學也外交也兵力也至廣而密去昔遠矣此其所以高出萬物也嗚呼自達爾文之學說興優勝劣敗之義愈闡明愈逼近殆成生物生存滅亡之公例不容非難焉於是人類愈見恐慌地球愈覺喧攘萬物由沈寂而變爲動盪世界由和平而趨於戰爭中間由競爭而判爲優劣由優劣而寄其生滅幾有間不容髮者矣是故同一人類也而紅黑者劣敗而奴隸而漸滅黃白者而進化而庖代之同一人羣也優者而主人劣者而輿臺小而至於一事一物大而至於人羣社會皆同然也物質由競爭而趨於完備生物以競爭而日就減少競爭之義大矣然吾人知競爭之可貴而抑知優勝劣敗之必有所本乎暴虎馮河不足與言競爭也投鞭斷流不足與言優勝也所謂優勝者何曰必據於德依於仁游於藝爲學術之競爭爲人格之競爭夫然後優勝可

恃也非然者强力之暴現劣敗之機也人之誤解優勝劣敗之義旨未有甚於斯焉者也

精理奥旨深入顯出不同浮光掠影之談

文明基於道德論

黃文峯

世之說文明者有二曰道德之文明曰物質之文明是皆耳食之論也道德高尙固不足稱文明物質精進更不足與言文明也大地蒼生主宰惟人惟人有互助之精神知共展其幸福於是道德高尙惟人能獨運靈竅利用萬物於是物質進化必也基於道德之懷於是以物質之進化謀人類之幸福使不負蒼天厚我之意使人類不失固有之賜然後得謂之文明矣二者缺一物質不進本能不盡茹毛飲血穴居野處山阻無車水隔無舟彼太古之民無憂無慮無災無禍無機巧之心無殘賊之意爛縵天真道德非不高也然而幸福不盡不得謂之文明雖然道德不尙失互助之精神則物質之進化反殘人類之幸福不觀今日歐美之所謂文明乎西國哲學家杜威在我校之言曰文明者衣食住之文明也我歐美之文明卽衣食住之進化嗚呼畫棟雕樑極人功之巧窮奢極侈備萬物之用物質誠進矣然而高廈連雲而萬千苦人貧無立錐之地

衣錦食饈而萬千苦人曾無溫飽之時少數人之逸樂千萬人之流離少數人之幸福千萬人之悲苦物質逾進化則少數人之斧鉞逾利是則文明者少數人之文明彼大多數之人類固不若茹毛飲血時自由之幸福適成為太古之文明也尙書曰利用厚生我先民伏羲神農樹藝教稼則民享五穀之豐鑽木取火則人有熟食之利故物質之進化使匹夫匹婦共享其幸福吾願歐美研究物質之進化者盍存吾先民伏羲神農之道德乎則人類之幸福必與物質而共進然後或可企文明之世矣嗚呼我國素重道德素稱禮義之邦自應發揮德性再求物質之進化以補人類幸福之不足乃邇者士大夫醉心歐美物質之進化遂以道德為無用倡言改革以求文明其國於是飛行下潛之術未精卽用之為自殺之具大江南北無非煙雲彌漫之天緣木求魚水深火熱又奚足與言文明哉吾恐刼到紅羊將索吾中華民國於枯魚之肆矣噫世之人能以道德為文明之體則物質進化始為文明之用也

識議崇閎詞氣勃發

●論學校廢讀經之害

羅錫暄

國於大地必有與立猶之衣焉無領不足衣猶之舟焉無舵不足駛夫無領之衣猶不

失其爲布無舵之舟仍不失其爲木惟無教之國則直如聚無量數食人之獸於一邱其爲害可勝言哉惟聖人之言乃能出汚而去濁故其理罔替其光輝乃歷久而彌增吾國數千年來所藉以維繫人心扶持國本者孝弟忠信禮義廉恥八字卽可括之於以知聖經之益於吾人者大矣聖人往矣不可得而事乃反而求之於經蓋亦曰經書之言聖人之言也研練而揣摩之則庶幾能正其心斯可以正天下非徒觀其表而遺其裏耽文字而忽真詮也是故秦政焚書二世卽斬其祀姬周好道上天錫以永年其影響於國家之理可謂顯而易見者矣晚近歐風東漸美雨西來學子莘莘儒冠如鯽談新學者每鄙國學爲無用夫震地之汽車騰空之飛艇一彈毀城之巨礮入水無滯之潛舟均藉新學而始著其理固也舊學之不如新學亦固也惟是世間萬事萬物皆有變遷而道德之論乃歷億萬斯年如一日科學亦有所謂新舊而良知良能之說乃無少更之時今以舊學爲陳腐理固當也獨奈何並此天經地義之至言而並廢之推其初心殆將欲如始皇之焚書而後爲快誠不知百凡科學之於世猶四肢百骸之於身道德乃其主宰也今之人不知有羞惡辭讓蓋蔽錮其本心已久蔑棄古先聖人之道而自道其道屛斥古先聖人之德而自德其德以至於此而不知已陷溺天下矣嗟

乎水之深矣火之烈矣聖人往矣欲求似聖人者不可得矣聖人之言亦不可得聞矣茫茫禹域尙有振鐸而傳夫子之道者乎

警透之思運以雄直之氣遂覺一往無前

人生不能無羣羣而無分則爭爭則亂亂則窮論　龍純如

太古之初草木榛榛禽獸狉狉人生其間無羽翼之使足角之利無爪牙以爭食無毛甲以自護其不被禽獸害者幾希矣有聖人者出合多數之人以爲羣爲城郭宮室以禦禽獸製弓矢刀刃合而射殺之於是禽獸迺不爲人害而爲人役是故禽獸有毛革爪牙之利不能施諸人而反爲人擒者以人能羣而獸不能羣也苟人不能羣則人類之滅久矣夫羣愈大則力愈強而事愈多事有不能獨理者乃羣舉一賢智者以理之是謂之長長之大者謂之連帥方伯最大者則謂之君夫然後一羣之事乃治故羣者君也從羊從君夫羊最能羣之獸也以君在羊之首而爲羣故羣者必有一君以領之也君之下有連帥方伯郡長鄉長互相隸屬於是乎上下有分長幼有別是謂之禮故禮者所以別尊卑分上下治人羣者也夫有禮而後君臣定君之使臣臣之使民猶身之使臂臂之使指心之所向指無不從君之所命民無不順是以大治也故荀子曰人

無禮則不生事。無禮則不成國。無禮則不寧。又曰。禮者。別親疏。利人羣者也。故禮者。分之至也。上下分則民相安。父子分則民孝慈。男女分則民不亂。於是相生相養。樂其天年。而不被禽獸之害。此羣而有分之善也。若乃無分則無禮。無禮則上不信。下不忠。父不慈。子不孝。男女無分。長幼無別。見利則爭。所好則奪。爭故亂。亂斯窮。及其亂且窮也。剖骨而炊。易子而食。其與禽獸相去又奚以異哉。吾故曰。羣貴有分。而分則必以禮教爲本也。

發明禮教爲本意。樹義必堅。摛詞無懦。

有獨立自主之精神自造一國之勢力論

嚴家範

慨自歐和既遂。參戰各國。咸得其平。而吾國以勢力不逮日本。公理爲强權所壓。致拒簽德約。赴歐代表。遂不能挾權利以俱歸。夫吾國土地。固未嘗小於彼島國也。物產固未嘗亞於彼島國也。人民固未嘗少於彼島國也。而一則置身於五强之間。一則伏處於小國之列。勢力之軒輊。乃有判若霄壤者。是何故與。曰吾民無獨立自主之精神而已矣。反觀國內義勇隊之組織。童子軍之訓練。除一二通商大埠外。平素固未聞有人發起爲此者也。集羣以謀自衛。結社以研究學術。二者皆爲國民平日自治之要素。而爲之者固絕鮮也一旦國有戰事或逃入租界爲苟安之計或乞助外人爲萬一之圖求專門家而不得焉求堅結之團體而不得焉剜肉補瘡割股療毒如是而謂爲有獨立自主之精神豈可乎瑞士歐洲一小國耳處列强之中而各國未敢瓜分之者蓋其國民獨立自主之精神有足以過人者日用之品無需仰給於外人團練之軍足以自衛而無患博學之士能應國民之需團體之衆可促國民之進步雖以德皇之桀傲猶謂瑞士不可欺故大戰既開德軍不敢入瑞而反向比由是以觀土地雖廣人口雖衆物產雖豐如吾中國而無國民自治之精神以爲之輔助則決不能造一國之勢力土地雖狹人口雖少物產雖鮮如瑞士者其勢力尚足以震懾强德吁吾國民猶欲擴張吾國之勢力乎盍不一躍而爲能獨立能自主之國民

布置停勻詞意雅鍊

●論武人專政之禍國

曹麗順

自古國家之權苟爲少數人所把持往往足以爲禍何也其權重則可以任所欲爲而莫能禁可以任所欲爲而莫能禁則國家之念輕而私利之心重矣然其爲禍要莫甚於武人夫文士之秉政者多知禮義愛名譽其次者不過貪財貨受賄賂其甚者枉法

害民而已有人信任之付以權力則可以作威福一旦行爲不法去其權易易耳武人則不然知大義者寥寥而目不識丁者十居八九下可以縱兵殃民上可以左右政府慾壑不滿則稱兵要求削奪其權則擁兵自衛雖法律不足以治之輿論不足以儆之其害於國家爲尤甚也吾國藩鎮爲有唐一代亂源衆所共知卽法之拿破侖亦以一介武人毀棄共和窮兵域外終至全歐合而拒法法乃大敗皆足爲殷鑒也慨自吾國改造以來八年於茲百事無進而紛亂愈甚究其原則武人專政之故耳二次革命雲南起義清帝復辟南北相爭致干戈不息於疆場人民不寧於閭里武人爲之也會議干政解散國會扣留餉械運兵逼京使政府之設施動多顧慮政府之舉動無不掣肘武人之故技也其小者縱虎狼之兵殺人民姦婦女燒廬舍以害一方其大者違憲法閉國會以遂其政治之野心結强鄰借外債以固其個人之權位而禍被全國至於教育摧殘工商凋敝其間接之影響於全國者尤不可勝道向使諸武人各盡天職以其干政爭權之心思用於整頓軍隊則足以保衞國家而內則憲法可以成立政府可以鞏固自治可以進行更以其所借外債用於內爭者提倡教育鼓勵工商維持金融而民生富庶民智開明內旣治平則外侮不來吾國國勢必可躋於强國之林遠勝於今

日矣驅除武力收回政柄轉禍爲福責在吾人假而裁兵以減其權廢督以削其勢設真正之國會以爲監督則武人專政之禍可以少息民國其庶有瘳乎

直抒胸臆無所顧忌有彌正平擊鼓王景略捫虱之概洵未易才　盧炳田

論廢督之不可不實行地方自治

呂慰詒

夫人必自放其權利然後人攬之我國民亦必乏其自治之能力然後督軍橫治之然則督軍固不得自爲督軍也我國民實召之我國自民國以來督軍橫行摧殘輿論荼毒民生至於斯極亦未始非國民乏地方自治能力放棄地方自治權利有以召之也今者廢督聲起全國響應英威捐軀以首倡蘇鄂同心而力爭誠我中國革新之良機會然吾謂非實行地方自治不爲功夫地方自治者是使地方人民各盡其職各無推諉之謂也蓋人人自强不息行無越思恢恢乎行所當行油油乎止所當止則地方治地方治何復勞督軍之治哉督軍之廢宜也不然者人民不識自治爲何物棄德崇姦猖狂妄行則地方亂地方亂則他人將代治之他人者名卽非督其橫暴將仍如督軍也我國苟能實行地方自治廢督可立行豈獨吾民之幸哉

筆意簡捷而尚不失之直遂

△說類

●說風

嚴珊

莊子曰大塊噫氣其名曰風風之起也由於氣壓之差氣壓之差則因大地中熱度不等所致空氣遇熱則漲遇冷則縮氣漲則上升上升則氣壓減少他處之氣乘隙而來而風遂生也易曰撓萬物者莫疾乎風蓋其來其去能使瞬息之間變幻無窮熱氣騰上至於中域爲冷氣所侵既不得上又其性輕不得復下則必至橫飛飛之速遲强弱視氣之衆寡清濁及上冲之力與勢故氣之冲著疾急一値阻阨其退飛亦必速迅由是可知風之飛時其前後左右之氣無不動而隨之也風之爲害者有旋風有颶風蹶石拔木崩山攡谷當其鋒者莫之能免風之有益者有和風有惠風發榮滋長利物便人受其德者漠然相忘同一風焉而有善惡之別管子云風漂物者也風之所漂不避貴賤美惡至公無私所行無常嗚呼其信然哉周禮春官保章氏以十有二風察天地之和月令孟春之月東風解凍季夏之月溫風始至孟秋之月涼風至仲秋之月盲風至此其大略也至洪範論皇極之建有云曰蒙恆風若知風教之可以啓蒙也其在易觀之象曰風行地上觀先王以省方觀民設教風行地上周及庶物爲周游之象一國

之政教不良則民無所適從否塞不通上下隔膜故其象爲蒙而其驗爲風漢儒以洪範五行占君德之臧否其義蓋有本焉今夫政治者風化之所始也風氣之所由出也不觀乎風乎蓬蓬然起於東海蓬蓬然入於南海是惟無作作則萬竅怒號其響應固若斯也政治亦然上不能修明政本則一國之中無論爲士爲農爲工爲商無一不因風化之衰而漸習其惡習豈獨政治教育亦然一家之中苟失其教育其子弟無論愚智與中材無一不爲風氣所轉移而因循不能以自立嗟嗟世風敗壞莫今日若矣是豈被國家空氣之壓迫至於此極耶夫詩有六義一曰風序云風風也上以風化下下以風應上竊本此義以告世之維持風化者

推闡新理獨能以經說貫串之乃見會通

◉說風

黃觀德

大風颯至木葉紛墮勁草披靡客有造予而問曰悲哉風之中人也其氣肅殺其聲悲烈值此歐風侵入之時茫茫大地將見陸沉令人不寒而慄予方手易一編澄思屏慮默察夫陽消陰息之由坤闔乾開之理作而歎曰易稱撓萬物者莫疾乎風信有然矣然易不又云乎同聲相應同氣相求雲從龍風從虎聖人作而萬物覩子聞朔風之怒

號。而以爲風。無益於人。今試與子闡明易理。以晰風之妙用。易蠱之象曰。山下有風。蠱。君子以振民育德。今吾國勢之萎靡。由於民德之缺乏。而民德之缺乏。由於在上者不知振之育之。是故欲張民氣。先正民風。欲正民風。先培民德。此聖人所以特示其象於蠱卦也。易觀之象曰。風行地上。觀。先王以省方觀民設教。教化者。政治之本。國家風化之所自出。今吾國未受教育之人。十居其五。窮鄉僻壤。風氣未開。民未知教。實業無由而興。生計無由而裕。欲革末俗之頽風。得乎。昔堯既命契爲司徒以教民。又曰。勞之來之。匡之直之。輔之翼之。使自得之。又從而振德之。嗚呼。此其所以能化草昧爲文明也。易恒之象曰。雷風。恒。君子以立不易方。易所謂君子者。在上位之君子。出政教以治民者也。在上者。無毅然自立之方。或恃金錢以運動。則開奔走之風。或通賄賂以交結。則長貪婪之風。甚至侵越權限。攻擊之風以生。不負責任。疲輭之風以起。上行下效。通國風靡。以視論語所云。君子之德風。小人之德草。草尚之風必偃。尚書所云。彰善癉惡。樹之風聲者。不亦大相逕庭乎。子慨吾國風俗之敗壞。僕願吾子知風之自也。客曰。然則吾人當此疾風卷籜之時。將何以自存哉。予曰。子無慮也。天道不能有絀而無舒。在易益之象曰。風雷。益。君子以遷善改過。吾與子當敬承天怒。力圖孟晉。解慍阜財。庶靜以

俟之耳客乃唯唯而退穿穴經義言之有物

說雲

馬長庚

粤惟青雲得路資以飛騰絳雲在霄任其舒卷雲行占雨施先兆於物爲靈雲蒸與霞蔚交輝在天成象或爲山嵐所起或爲蜃氣所噓此雲之所自來而載諸書册者也然而春雲則名花競豔冬雲則潑墨呈形夏雲則幻出峯奇秋雲則甚於羅薄暮雲則寄懷論文之友朝雲則肇錫侍妾之名此雲之因時而異者也又況秦雲望函谷之牛衡雲斷湘江之雁煙荒瘴厲蠻雲橫亙於滇池草白沙黃胡雲盤旋於絕塞此雲之因地而異者也而且雲深採藥逍遙童子之師雲淡尋花彷彿少年之樂太史祥書雲物將相蔚魏國之勛畫工妙極雲林今古傳倪迂之筆此雲之因人而異者也若夫雲想衣裳春風拂檻雲聯艫舳寒雨連江雲廊偕水榭齊開竹苞松茂月斧共雲斤互運伐桂樵芝此雲之因物而異者也卽人卽物隨地隨時雖變幻之無常總氤氳之可愛果使從龍有像出則翊贊夫雲扉抑或倦鳥知還入亦棲遲於雲岫起伏旣生動有致行止更因應咸宜乃者天降奇災人罹慘刼鸚洲猿峽慨戰雲之瀰漫蔀屋茆簷看愁雲之

環。壓。烟隴。雲塍。之地。多付。汪洋。鋤雲犂雨。之人。半呼庚癸。縱使雲腴。露液。振捐。亦自有人。其如雲散。風流。生聚。究占何日。安得慈航。雲覆。極苦海以登天。忍教書屋。雲停。望神州。而袖手也哉。

鏤雲裁月之詞。行雲流水之筆。天孫雲錦。方此瑰奇。妃子雲裳。遜其雅豔。盧炳田

說電

沈昌

廣漠之野。有物焉。金屬。爲友。木石。是仇。非液。非氣。彌滿。太空。或藏雲間。或匿大地。無體而能發光。無形而可取。用人觸之而卽斃。物遇之而立毁。噫。是何物耶。非酷暑暴雨之日。隨雷車以俱至者耶。非驟發驟滅。鏡千里而燭九天者耶。非具有潛力。可支配一切者耶。非近世科學家所殫精研求。工程家所銳意利用。稱之爲電者耶。或謂電有電母吐火、肆鞭懲惡、誅妖救世、濟人。既明罰而飭法、亦驚遠而懼邇、三字留書、世傳謝仙之火、六丁取易、史識上帝之威、或破高謀之石、或感齊臺之女、如策如鞭、豈容或遁、既疾既潛、誰其能逃、吾謂不然。考易離爲電。說文云電者陰陽之所激也。莊子陰陽錯行天地大駭。於是有雷有電。禮月令仲春之月始電。疏稱電是陽光。陽微則光不見。此月陽氣漸盛以擊於陰其光乃見。西哲研究之結果亦曰電有陰陽異性相吸。同性相抗。障

礙阻隔激而成光發而爲聲陰陽和合其光乃滅若銀若銅傳電最速若木若石阻電頗烈夫宇宙之萬物一陰陽之結精也電爲陰陽所激而成物莫不構夫陰陽卽莫不有電陰陽相和潛而不發陰陽不和光聲隨作空氣含陽電大地含陰電因水電之蒸騰聚而爲雲雲含陽電與空氣同行至低處或觸山嶽遂感地氣復成陰電酷暑暴雨光騰紫蓋雷聲隨之隆隆不已此雲與雲之陰陽交感作用也時或影舞火毬從天而降爲雷爲霆燬物傷人卽晴空萬里一片孤雲夏秋之交亦屢見不鮮此皆陰陽自然之理天地固有之象豈有他異哉且電之來源非徒自天空也兩手磨擦則有硫氣兩物相擦能吸纖物鋅片銅片浸以硫酸端連銅絲可以引電天然磁石中繫銅絲旋轉不已電流遂作電雖有天然人造之各殊其陰陽之原質則一蓋人工之所以能生電者因各物中有天然之電質也古時神道設教以濟法律道德之窮致失電之利用者久矣今者科學日精發明奇祕蓄電以器導電以線而電爲人役矣昔之視爲畏物者今則造之馭之無日廢之警懦惕愚之具一變爲世界進化物質文明之利器矣其爲電也一在人之善用與不善用而已防天空流電之襲擊則設以避電針恐電壓過高之肇禍則製有量電器傳遞消息有有線電與無線電瞬息千里傳達言語有電話兩

地相連有若一室若乃火樹銀花照耀八表者電燈也運貨載客機聲軋軋者電車也夏置電扇滿室生涼冬備電爐暖氣四溢工廠巨機千馬所不能移者電能移之沈痾劇疾藥石所不能治者電能治之噫何其盛歟寖假而普天之下無所不用其電真可謂電世界矣雖然近世電學正在萌芽吾儕其及時悉心研究銳意講求俾電之爲用日新月異而歲不同毋使西人笑我拙也作說電

五光十色俊偉不羣

說電

章同芳

大矣哉增物質之文明助交通之利便代人力之辛勞感世界之萬類其聲爲雷霆其光奪日月能起萬鈞之重或傳千里之音者非電其誰與乎電分陰陽兩極兩極和而電流生電流生則觸發而成聲散播而爲浪吸引而生力兩遇而相感其所以操縱萬能者陰陽和之故也夫宇宙者鑪也萬物者銅也當其鎔冶之時必抑之以陰而助之以陽陰陽相和而萬物以生往昔洪荒之世渾渾沌沌地面酷熱獨陽無陰是無萬物也逮乎中古地球漸冷由是和煦而爲春夏嚴寒而爲秋冬四時遞代百物消長是知陰陽和而電生電生卽萬物生也按電之發明始於十六世紀時英人祁爾伯自後科

學家本祁氏之發明從而研究於是電學昌明文化日進昔之驛使傳郵今則電信電話昔之焚膏求光今則電燈明耀昔之機械由火力發動今之機械由電力發動舉凡增進文明之利器無一不藉電之力是以曠觀宇內電流澎湃幾至無處不用電謂為電氣世界誰曰不宜然電之為物能權衡萬類發之至微用之至廣善用之則利人昧用之則害己妄用電氣垂爲厲禁以其能生殺人也吾觀夫泰西各國於一事一物之發明莫不悉力研究期其精益求精雖視而不見聽而不聞嗅而無味如電一物能使其生奇效於當世是以古時恃鎗彈以殺人近或有用電氣矣刀兵殺人於有形電氣殺人於無形其墟人國也較智不較力回視吾國墨守舊法即欲步武西歐亦多求知其所當然而不知求其所以然相去奚啻天壤嗚呼此强弱之勢所由判歟作說電

精義內含寶光外發極行文之能事

●說潮

朱代杰

拘墟先生深居簡出未嘗觀於汪洋之巨浸也聞現代新潮澎湃心希其異造浩然子而問焉浩然子曰天風浪浪海山蒼蒼船舶若鷗波光似鏡旭日如丹餘霞成綺於斯時也忽而水勢暴漲波浪排空如下自天際不可阻禦又如千弩齊發萬馬奔馳者潮

之勢也叢亂如林兀突如山者潮之象也驟若風雨響若雷霆者潮之聲也前仆後繼勁氣直達者潮之力也觀之者聳駭奪魄若無所處然潮足以曠眼界拓心胸滋可樂也拘墟先生未悉其究若不輕信乃再詢曰潮何由而致有何益乎浩然子曰是亦陰陽消長之理也月攝海水旋起旋落一日兩次是名曰潮可以溉田畝可以澤桑麻可以刷泥沙可以盪汚穢其漲也舟楫易入江河則可以便交通其落也螺蛤遺於灘瀨則可以生財利潮之爲益豈不大哉方今世道開明文化進步思想發達學說橫流各逞其智各展其能魚龍雜遝飆至雲起是亦子之所謂潮乎曰然是思潮也根乎人心者也思想發於心謂之潮思潮之能洗舊維新利賴人羣者謂之新潮凡潮之功用性質新潮皆具之故能使愚者智頑者化怯者勇懦者起而奏改革思想促進文化之效也奈何世之拘儒方竊竊私議其患害而欲爲防川之計也拘墟先生靜聽久之崛然而起恍然大悟於是逢人輒樂道新潮不置也

筆陣縱橫詞鋒廉悍

說潮

潘世宜

有體之物水最流動地上之動萬千皆太陽爲之惟潮則由於月力蓋格物之理凡氣

之動者必有力。人力風力以至電力。無非太陽所生。月體本寒。熱自日得。光自陽反。所能用其力於地表者。則惟鼓易動之水而爲潮。人力風力電力。每易見其動也。人皆習之。惟月力則不然。潮之來。高下不可量。方向不可定。緩急不可測。淜湃騰蕩。激衝飛濺。猛瀑狂蛟。河決海嘯。不可方物。秋風吹葉之雄聲。則曰如潮。之壯。千軍萬馬之銳氣。則曰如潮之湧。凡聲色之驟浩者。莫不以潮狀之。政潮學潮。是究其所以能如此者。亦曰其力之容蓄不露。一發而不可復遏耳。然細考其期。古人謂其有信。重究其勢。則高潮低潮。亦可以時計也。若夫三春江上。八月錢塘。習之既熟。無復驚駭。或爲志士勇夫。見而激昂。或供文人雅士。偕來玩賞。甚至漁夫賈子。亦復乘潮而出。隨潮而返。蓋其至之數。其動之易。向之所以動魄驚心者。一變而爲常。舉氣之一呼。百川用長。氣之一吸。百川用消。冬夏氣不同。故四時之潮有盛衰。朔望氣不同。故一月之氣有盛衰。潮隨地氣之呼吸。爲變遷。此定理也。然而近世之新思潮。其力且駕潮而上之。潮流所至。行將淪胥以亡。爲問今之世。有障百川而東之。挽狂瀾於既倒乎。不禁拭目俟之矣。

黃河落天走東海。萬里瀉入胸懷間。具此思潮。筆潮幾與蘇海韓潮等。洵奇觀哉。 盧炳田

◉說龍

裴元嗣

北洋之濱靈怪棸居龍虎與狗三傑並名當世之變羣焉飈起叱咤風雲百靈為輔狗終困甕虎亦樊縶獨龍夭矯不為人制歲乃大旱黎民苦飢帝顧曰龍汝出作霖龍初受命則有所思繼乃昂首勢召雲雷扶搖未上掉尾遲遲客有告余曰此神、龍、也變化飛騰能利蒼生余曰唯唯夫乘雲氣而變化者龍之本能也雖然龍之貴不在乎此所貴乎神龍者謂能防患於未形彼風雲雷雨既為龍之所司則大旱而災乃龍之失職龍不能調和風雨於平時而大作霖雨於已旱之後其功雖大其行未可嘉也語云曲突徙薪無恩澤焦頭爛額為上客使此北洋之龍一飛上天再騰降雨以慰斯民雲霓之望亦焦頭爛額之類而況其未必乎此乃在田之常龍非神龍之謂也蓋神龍者功不可見形不可測非有聖人且不知其為龍千百年中只生一二老氏之猶龍得其神似也其次蟄處無鳴高之念出則存匡時之心漢末南陽之臥龍是也他如荀氏之八龍則龍而豬矣夫就老氏之龍觀之若隱若見不可得而觀就諸葛氏之龍而觀之使無草廬之三顧一臥龍而已然則龍之所貴者可以見矣凡夫澎湃於洋海之中作風雷於普天之下以自取名而收利者皆禍世之龍是當與豕蛇之羣狼狗之屬同拘蟄以死宜也。今北洋無首之羣龍。將何所歸。吉耶凶耶。余不得知。然處茲大旱待蘇之際。慎毋爲禍世之毒龍也。作說龍以記之。

卓犖爲傑。文亦猶龍。篇末意有所屬。尤覺汪洋恣肆。

●說龍　　歐陽崙

龍。靈物也。詠於詩。載於易。雜出於傳記百家之書。雖村童俗婦。莫不知其爲靈也。顧其形。似蛇而有角。類獸而有鱗。近魚而有爪。能行於陸。沒於水。騰飛於空際。高出乎九霄之外。其處乎雲霧之間也。或伸或縮。若隱若現。鮮有窺其全體者。其力足以拔山岳。枯河海。行雲施雨。斬除妖氛。吼則天地爲驚。怒則萬物震恐。故人莫不愛之敬之尊之畏之。此其所以爲靈也。然而龍之出也。雲必從之。無雲則龍之靈弗能顯。威弗能伸。德弗能彰。雖有龍。吾人亦莫知其爲靈也。是故龍之爲靈。有似乎聖人之大道也。顏子稱孔子之道。仰之彌高。鑽之彌堅。瞻之在前。忽焉在後。非猶龍於雲霧中之變化莫測耶。達巷黨人稱大哉孔子。孟子稱孔子聖之時。非猶龍據萬物之所有。而能萬物之所不能。時潛則潛。時飛則飛耶。夫聖道明則邪說去。聖道晦則邪教興。非猶龍之能驅邪除暴耶。孔子之道。得七十子之布施。然後能傳後世。永垂不朽。龍得雲以保障之擁護之。其靈遂足以顯於天下伏羲之世有龍馬負圖孔子嘆聖道衰因曰河不出圖河圖卽龍馬所負之圖然則龍與聖人出處之關係大矣又豈尋常所能逆料哉

獨具卓見迴不猶人

◉說虎

錢夔

虎生山中以爪牙之利嘗爲羣獸雄羣獸畏其威懼其勢奉虎若王虎亦自得以爲己之威勢果足以制羣獸而長山林也遂大肆其凶暴之性專以橫惡加諸羣獸羣獸忍受之而莫敢與之較於是深山曠野間惟虎獨尊焉虎嘗引吭長嘯於羣山之間羣獸懾服而不敢動又嘗跳躍於衆峰之巔羣獸走避而不敢前虎一怒可立死百獸虎一喜羣獸遂覺受寵若驚矣虎之威勢日以增羣獸之苦虎也日以甚而山林中之虎患遂無窮期矣向使始也羣獸能不奉虎繼也羣獸能力禦虎虎雖以其力大身碩之威挾其爪牙之利如羣獸之合力何其爲患不至若斯之甚可斷言矣然則虎之爲患羣獸自縱之虎之殺羣獸也毋亦羣獸先有自殺之道乎吾聞古之善養虎者不敢以生物與之爲其殺之之怒也不敢以全物與之爲其決之之怒也時其飢飽達其怒心虎雖暴而未嘗不見馴於人又聞古之善刺虎者兩虎爭人而鬬俟其力之竭小者死大

者傷乃乘隙而刺之一舉而兼兩虎無刺一虎之勞而有刺兩虎之名是故虎雖能吞噬百獸而人足以制其命獨怪世之爲虎作倀者逞狐之媚假虎之威爲虎傅翼飛入都邑擇人而食譚者至於色變或養虎以自貽害噫虎一戾蟲耳彼其在深山之中百獸震恐及陷檻穽搖尾求食惟天下無制虎之人虎乃始猖披而莫制今摶摶大地冠虎冠者幾何人卜虎卜者幾何國卞莊不作周處無聞過泰山之下徒聞彼婦之哭慘然歎苛政之猛於虎也噫

與可畫竹雙管齊下而形影自分吾於此文亦云　盧炳田

●說虎

何仁龍

虎獸之至猛者也晝臥於山坡之下夕出於茂林之中爪牙如刃目光如電振尾一吼百獸震恐全山其家人獸其食也雖然虎亦至馴者也周旋於牢籠之中俯眠於陷阱之內舞躍如猴帖服如犬搖尾求食狸猫狎之惟飽是圖惟命是聽也然其一出陷阱則其威如故是以虎之猛終爲人獸所共畏者也西山有虎體健而善躍力大而性忍同類莫之及尊之曰王虎亦自王也羣獸則畏之奉之恐不及然逢其怒則立搏而殺之途遇他獸無强弱皆鬭之不必其飢不必其仇也羣獸患之則議曰吾聞苛政猛於

虎吾王今日兼苛政矣奈吾等何顧計無所決而相率以逃於他山者無數虎不之意猶圖併他山野心不自止也既而山中獸殆盡數日不一飽殗殗僅一息矣南山亦有虎焉體大甚而不強毛色純黃好晝眠不喜噬嗑同類以易與也王之虎既爲王游谿澗不外圖是以狐狸媚於內熊羆專於外虎有二子分山爲南北以封之二子骨肉也然貪利兄弟常不睦不睦則爭爭則各有所損父權微不能禁也於是二子爭益烈各以爪牙決雌雄恆各有所傷而東山之虎方轆轆其飢腸思張其饞脗以併吞此山焉嗚呼危哉東山之虎甚小而衆或疑爲猫之所化而爪牙特利食量甚宏惟有特性不忍食同山獸獸服之甘爲死常獵南山獸以爲糧南山地大獸衆不及覺也而虎則日圖大開疆土以張其勢近方日磨其爪牙訓練羣獸將不利於南山也又可畏哉然甚畏北山虎北山虎雄偉而懷義羣獸尊之爭導以獵他山之獸虎每食泣曰此我等同類也彼亦欲求生獨奈何我獵而取之哉乃戒殺食惟五穀他山獸有歸之者虎撫之如子於是他山有爭蓋常求屈直於虎虎斷之甚公四山權多半爲所握故西山虎畏之東山虎亦懼焉而是虎之義門不衰古所謂仁虎聞於郡國者其是之謂乎

盱衡時勢託物寄慨文頗有磊落嶔崎之概

意在言外頗有匣劍帷燈之妙　蔚芝加評

說蠹

何鴻業

浪漫先生晨入書城斬祓蛛絡掃滌蠓塵見一蠹魚長可尺許偃息於斯蠕蠕欲起拂以青壘忽失所在先生惶然徐察其變冥思寂想倦而假寐夢一丈人儒冠垂帶白頎有神先生進而揖之曰君何人耶胡爲乎來哉曰予蠹處士也寢饋書城左經右史嗜之成性朝斯夕斯者蓋數年於茲矣知君有書癖故來揖君君欲知余世族乎粵稽在昔羲聖既作書契肇始予之先人胎孕文明降及東京族遂蕃息賜履於紙作我墉垣即墨侯爲我良朋管城子爲我契友賜號鞠通別名脈望三食神仙之字遺悅人間與世無競與物無忤此予之真相焉然族既繁衍類復有別時有不肖者混我族類爲世大害君不見夫峨冠拖紳竊位廟堂聚斂爲能賄賂是務者非官吏之蠹耶虎符是握坐擁貔貅驕悍奢淫殘民以逞者非軍人之蠹耶投機既濟壟斷先登攫衾金融惟利是視者非商人之蠹耶嬉游荒怠立雪無功初解新知便非古聖者非學子之蠹耶凡此社會國家之蠹其流毒無窮皆竊予族之名以害世然非真予族也予雖不肖終不肯舍此書城而他適欲與勤讀之士爭一席地先生其許我乎浪漫先生既聞是言悚

然而省乃肅客退作說蠹以行於世

結局空靈文亦嫺雅

●說蠹

虞漢

客有整治書篋見書有被剝蝕者跡之則蠹也喟然歎曰甚矣蠹之爲害也呼朋引類競相齧蝕至使藏無完册蠹若不絕爲患孔多爲之奈何或聞而笑之曰子何所見之不廣耶不觀夫彼教育家乎負盛名而無實學丐襲新聞囂然於衆發爲奇論以震耀世俗耳目然問其教育原理既茫然無所知至學術趨勢更瞠目不能解濫厠其間自謂得志豈非教育界之蠹乎生財無道投機心切虛聲號召不務實業擾亂社會之金融激起工商之恐慌豈非實業界之蠹乎藉祖宗之餘蔭戴縉紳之假面結交官僚欺壓平民居心險惡有若蛇蝎則有社會之蠹盤踞高位援用朋黨互相鉤結排斥異己擅作威福箝制人民冒天下之不韙居賣國之惡名則有國家之蠹故物莫不有蠹事亦莫不有蠹不獨此也形於色著於行爲天下人所共曉者此行爲上之蠹蠹之下者也若夫外貌儼然口是心非欺蔽天下之耳目博一己之實益此心術上之蠹蠹之上者也行爲上之蠹吾可知而避之心術上之蠹則方且日與周旋而不覺縱除奸有志

而防範爲艱當今天下滔滔蠹患正殷吾子亦何尤夫蠹哉余聞而笑之曰子之言誠有激而爲是耶則信辨且美矣吾請蠹其說柳子有言曰物壞蟲由之生元氣陰陽之壞人由而生然則人之爲人固天地間之大蠹也墾荒鑿井伐林疏川開山碎石燔木鎔金蒸汽使動激電以流營營擾擾攻殘敗撓使元氣陰陽天地萬物不得其情不安其所其爲蠹也不滋甚哉且不蠹於此者必蠹於彼子將以鋤奸祛惡爲正誼人道而非蠹耶然而彼奸惡者方蠹汝矣子將以燔木鎔金爲文明進化而非蠹耶然而彼木石者方蠹汝矣且夫蠹不自知其爲蠹也稟性在天賦形於神不使蛀蝕不可得也故自其變者而觀之則物與吾皆蠹也自其常者而觀之則皆得天之宜也各行其是各盡其職斯可矣又何必介然於蠹不蠹之間哉作說蠹

光怪離奇罕譬而喻

●陶淵明愛菊說

何仁龍

蓋聞君子無所嗜淵明愛菊者何哉豈以貪功利好聲色者謂嗜而菊獨在例外耶抑以其異於衆人之所嗜而不得謂之嗜耶何彼有嗜而人獨不異其嗜耶吁其有以也夫淵明非以菊之鮮美獨立而可親可愛也又非求異人之行爲奇爲高也蓋敬其不

畏寒霜不與俗爭有大異於羣芳淵明故愛菊敬而愛之非嗜而愛之也當夫晉之士民競溺於功利之間矣淵明念天下無可與計事者且已爲晉臣不甘屈節因不得意而證懷於菊良以菊有隱君子風而高出於當時士大夫之流故非淵明不足爲菊之知音非菊者又烏能當淵明之寵愛哉惜夫今之士人不知淵明之深心而但知其行高不知菊花之可敬而但知其色美於是把酒東籬慕淵明之高風遙步西園賞菊花之雅趣喧嘩雜陳其喜洋洋而自命高士嗚呼此不獨爲淵明所笑抑且爲菊花所棄也夫

頗饒作意筆亦不俗

△書後類

◉書史記儒林列傳後

陳壽彝

人亦有言史基於經言始於學太史公先黃老而後六經殆病於龐雜今讀儒林列傳古人固未可厚誣也夫太史公雖未嘗爲博士弟子亦未嘗不貫徹聖言參研羣籍故於經傳之旨趣瞭然賢哲之授受不紊齊魯諸儒鮮有過之者而尤長於春秋春秋者孔子所以定素王之局而左邱明所以居素臣之分也太史公之志能勿謂之素臣乎

孔子嘗曰巧言令色足恭左邱明恥之丘亦恥之不義而富且貴孔子之所輕亦太史公之所輕也蓋自叔孫通公孫弘之流務曲學以阿世逢掖之士章甫之儒幾與宦官妾婦等故太史公深惡痛嫉之寓貶於言外明其爲小人儒也及其還師巴蜀見父於河洛之間蓋知富貴之不可求矣史談學天官於唐都受易於楊何習道論於黃子而獨推崇道家毋亦羨其猶龍之說乎文景之世務於黃老至武帝乃以尊經爲名優禮阿諛諂佞之儒如公孫弘輩則徒名固不足以爲治也故孔子曰齊一變至於魯魯一變至於道又曰觚不觚觚哉觚哉武帝之所謂重儒亦觚不觚而已漢不第不能躋於唐虞三代之隆反將變於嬴秦之衰此太史公所爲長太息者也後之作者首推孟堅於儒林傳之外復列藝文志儒林所以紀人藝文所以紀書其源出於劉向之七略後世因之非孟堅優於子長也蓋秦火之熄未幾書之散佚者多而流傳者少則羣籍固不能以臆造也述而不作信而好古太史公有之矣孔子之作春秋游夏不能贊一詞太史公之成史記貫穿經傳馳騁古今自劉向揚雄以來孰不稱之爲良史乎驗於儒林列傳而益信

世之譏議史公者謂其先黃老而後六經退處士而進奸雄蓋未審史公繼續春秋

之微意也被作者一語道破洵探驪得珠之作。

盧炳田

書史記貨殖列傳後

王沖

古人以財爲末故舜命九官未有理財之職周官財賦之事一皆領之於天官冢宰而六卿無專任焉漢之九卿大農掌財在後少府掌天子之私財又最後唐之九卿與漢不殊而戶部不過尙書省之屬官重教化而後貨財也後人視貨財有如性命教化不足以齊之故於教化之外不得不以財聚人養人然非以之制人也譬之臧獲婢妾仰食於家主所以畜之者恃有恩意德教維繫其間不徒以財相制也故善理財者使天下皆利其利而已亦得利其利不善理財者欲一己獨利其利故天下亦各利其利其最下者欲奪天下之利故天下亦各相奪利以帝王之尊親細民之役懷貪欲以競百姓刻剝聚斂思有以勝之至戶亡積貯物力凋傷百姓不自相奪何以爲生故自廊廟朝廷巖穴之士無不歸於富厚至於吏士舞文弄法刻章僞書不避刀鋸之誅者沒於賂遺而仲長敖覈性賦謂倮蟲三百人最爲劣爪牙皮毛不足自衛唯賴詐僞迭相嚼齧欲置多金唯盜唯竊倚門賣笑纏頭十萬士之所志者千鍾粟黃金屋一旦服官不惜齒禽獸賢者困於窮約掘塚博戲販脂賣漿灑削馬醫之流得與天子分廷抗禮天

下事寧有瘳乎史遷以貨殖終以先王詩書禮教之澤至漢武蕩焉無存蓋傷之深而思有以儆後世人君之與民爭利也至於中下之人非貨財不足以自存饑驅道路奔走侯門金盡裘敝落拓歸來之日妻孥交謫戚黨齒冷更不幸有白髮高堂忍饑受凍爲人子罪或心熏富貴身窮墮節史公憐之使之留意家人生產之事俾各得所豈瑣瑣爲富商大賈市井之徒記資產哉

深得史公傳貨殖之意筆墨亦有龍門胎息非於腐史研究有素者不能到此境界

盧炳田

●書漢書貨殖傳序後

馮雄

班生蘭臺載筆東觀典書網羅舊聞斷代編史詳其體例可得而言凡夫年在孝武以先事入子長之記率皆直寫遷書弗加潤飾是以稱名未改遂召子元之糾歲月偶差重煩倪思之考或謂二史體製未同取材宜異有待重編無取因仍禮禁雷同文貴己出孟堅之襲了長斯爲陋已此實耳食之談未之思爾讀漢書貨殖傳序知其否然矣史公自遭陵禍忠誼莫宣承業箸書用抒幽憤篇名平準直斥在朝傳述貨殖隱譏時主寡婦多金天子客禮秦皇如此漢帝可知稱道往古以喻當時託之微言未可明說

耳班生接跡前修亦傳廢貯卓程孔邴刀史任姚人物本同敘說未殊獨其序贊之意有與史公大異者焉非新論之是好迺强同之實難也故致富之術不分爲三科御民之道未辨於五策以謂先王之制禮法大坊民無爭心財用遂足周室既卑王綱弛紊上下無等尊卑何別貴賤强弱財力爲衡務貨輕穀舍本逐末民弗安業國受其敗矣考孟堅之論誠推之千禩而不能外放諸四海而咸可準者也良以主非好貨何取引古以爲譏朝無忌諱何取隱文以辟患身未不遇何取詭辭以寫怨時殊往日何取因襲以爲文蓋班之於馬故已神同不病貌異爾比似劉昭續志僅鈔蔡邕歐公修書但删劉史則知良史取材自深斟酌哉

熟於史學頭頭是道文筆更淵懿樸茂饒有蕭選氣息

書漢文帝後二年遺匈奴書後

張紹琨

雄傑好亂之士與夫雄才大略之君可感以至誠而不可服以威力夫匈奴之爲邊患久矣周逐玁狁趙破林胡雖幸戰勝於一時而不能保相安於長久逮其得志必凶悖暴亂以逞其欲此所以謀治平亂之道小矣余讀漢文帝遺匈奴書觀其言語文章光明磊落開誠布公以順天恤民爲念藹然仁者之言以單于之雄暴亦不能無動於中

以謀萬民之樂也文帝其知所以處隣國謀治平之道乎雖曰其時匈奴勢强以高祖威加四海而見窘平城之圍呂后憑建國之威而不雪嫚辱之恥文帝之爲此實不得已也然能化干戈爲玉帛寢兵休卒俱蹈大道其福國利民也亦多矣若夫兵傾天下財盡一國窮兵黷武與之爭戰則屠戮人之父母殘殺人之妻子骨暴沙礫枕骸遍野寇雖傾折而荼毒生靈功不補患況不能必勝耶始皇嘗築長城以拒匈奴矣其寇邊也如故檀道濟雖可作萬里長城寇萊公縱能爲北門鎖鑰然一旦城頹鑰壞而寇不旋踵不知所以謀治之道而徒欲以威力征服難矣哉譬之豢虎豹然苟得其道而養之朝三暮四以懷柔之虎豹雖猛亦必帖耳俯首以聽驅策而不爲人害苟徒欲以力服施之以鞭撻壓之以戈矛其勢必反噬人困獸猶鬬況以虎豹之雄乎匈奴世居塞北凶悖性成暴悍從事實一虎豹之國也爲中國主者君能以恩懷之以誠待之又安知其不爲我用而處於相安無事之域耶或曰匈奴世爲邊患即以誠待之亦必相寇如文帝待之以誠其後又叛武帝始略征服之固非以威力不可余曰否否文帝以誠待之故終文帝之世無爲大患昔者郭子儀能使吐蕃謂父邊疆賴以相安者何也以誠待之也故以誠待人者人未有不感動者也至誠可以格天況於人乎余因之有深

感矣今日名爲共和胡越一家然而塞北之風雲險惡鬩牆之紛擾頻年讀漢賈捐之之作涕泗悽愴觀李華吊古戰場之文毛悚骨驚誰實爲之至於此極是皆不能以誠化人欲以兵威取勝致之也今天下皆好亂矣惜無如漢文帝者以待匈奴之道行之開誠布公俱蹈大道以順天恤民爲懷使老者得息幼者得長以圖長治久安也悲夫

氣充詞沛獨擅勝場入後感懷時局脗合題義不同節外生枝

●書漢書朱買臣傳後

黃丕傑

蘇秦曰貧賤則父母不子富貴則親戚畏懼何其言之痛也父母且然況妻子乎大江之濱有巨魚焉臥於泥塗困於草莽婦人孺子皆得而侮之一旦縱於大壑奮迅直逝於是攀鬐附鱗者有之趨走前後以丐其餘瀝者又有之及其失水而僵臥也玩之弄之陵之折之不拯救之且下石焉夫涸轍之魚猶縱壑之魚也今日之魚猶昔日之魚也乃昔侮之而今諂之既諂之而又辱之魚之忽榮忽辱誠足令局外之人代爲之悲而彼趨炎附勢之徒以睥睨傲視之餘而繼之以舐癰吮痔搖尾乞憐之後而臨之以高坐堂皇曾幾何時而前後判若霄壤嗚呼世態炎涼人情冷煖士之懷才不遇者誰非困於汙瀆之鱣鱏而能始終如一別具隻眼者舉世有幾然此皆泛言遭際非所論

於父子夫婦也父子夫婦人之大倫士當窮時雖困阨閭里貽譏外人然父未嘗不以爲子婦未嘗不以爲夫卽父或棄子而婦未有棄夫者蓋婦以夫爲天一與之齊終身不改甘苦與同者也若朱買臣者家貧力學在君子觀之本無足怪卽就常人論之則恚惡譏誚之辭必來自無識者之徒其親戚朋友必不至是也況其妻乎而豈知其妻恚怒之不足且下堂而求去豈買臣不足取信於其妻歟抑謳歌道路之果足爲羞歟蓋其妻茹苦含辛之念轉而爲趨炎附勢之心於是忍視其所天如餓殍是猶魚之涸臥江濱制於螻蟻之時也及爲侍中繼爲太守而其妻始羞憤而死恩怨悉酬張湯之徒趨承恐後猶魚之跋浪而攀附鱗者之多也及坐法免官退爲長史向之奔走左右者適居其上於是挫之辱之一如失水之頃矣余旣讀而有所感爰備論之使知好學如買臣安貧如買臣猶不能見信於其妻以告天下之爲人夫而不學者貧賤如買臣顚躓如買臣猶能致身於顯貴以告天下之爲人婦而憎其夫之貧賤者夤緣若張湯遭際如張湯猶不免死於非命以告天下之諂貴驕賤前後如兩人者

經營慘淡煞費苦心末段竟可作儆世文讀

●書後漢書黨錮傳序論後

陸競智

語云。英雄造時勢。時勢造英雄。古之心志相若。才力相侔。而其事蹟相逕庭者。要皆關係於時勢。非有所軒輊也。漢前有遊俠。後有黨錮。皆氣節之士。其矢志同。而成就獨異者。豈非時勢有不同耶。西漢承戰國之後。處士習於縱橫。而朝廷之禁網未密。氣節之士仗義疎財。招食客以集勢。此所謂遊俠也。東漢當桓靈間。閹寺秉政。氣節之士。激於國是之敗壞。引同志以圖挽救。此所謂黨錮也。夫黨錮崇尙氣節。以糾正朝政爲主體。固爲亂世所不可無。使士類苟無氣節。則無振作之氣象。而奄奄如病夫。天下事尙有瘳乎。至其聯絡同志。不異遊俠之招致食客。而遊俠之食客。祇知爲主快恩怨。主而慕義輕生焉。則食客之氣節。固可以風世而厲俗。苟主而凌强侮弱焉。則食客之氣節。亦適以推波而助瀾。是故遊俠致士。以盡節義。其心公而私也。獨黨錮則不然。與己同者。標榜之。與己異者。排擊之。雖有似於意氣門戶。不知非意氣也。非門戶也。爭理道之是非。政治之純疵耳。非如遊俠食客者比。是故黨錮結友。以冀補救國政於萬一。其心私而公也。要之西漢遊俠諸人。其心可敬。其迹不可從。東漢黨錮諸人。其遇可憫。縱其迹亦有過激之處。如張成之子。犯在赦前。而李膺殺之。是明授小人以隙也。然原其心。亦當恕其萬不得已之苦衷。夫士之貴乎天下者。貴其氣節而已。然氣節激則足以禍身。

氣節靡亦足以禍國黨錮氣節可貴而過激之處未免有禍身國若人能懷遊俠獨立不羈之氣節而舍其恩怨必仇之私意取黨錮固結之能力而去其過激之流弊是真造時勢之英雄矣

議論切合筆亦明暢

◉書晉魯褒錢神論後

董憲

或問曰甚矣晉魯褒之論錢神也其言曰忿爭非錢不勝幽滯非錢不拔怨讎非錢不解令聞非錢不發信如錢神則紂王聚鹿臺之財不爲無錢而何以血流漂杵前徒倒戈董卓藏郿塢之金亦不爲無錢而何以衷甲無益臍脂燃燈錢之不神可睹已曰否不然客未知錢之所以稱神也神有使常人不可測之術漢文帝賜鄧通銅山許自鑄錢鄧氏錢滿天下常人測之必以爲錢與鄧氏同始終未幾而通餓死此錢與人以不測也非神乎哉且神有使常人不可親之勢蘇秦黑貂敝黃金盡父母不子秦以爲大戚然秦實無恙逮揣摩之技工一旦懸相印車騎甚都自視意甚得而不旋踵身敗名裂此錢示人以難親也又非神乎哉嗟乎錢者人之所欲得而用之者也人欲用錢而卒爲錢用此錢之所以神也錢用漢末諸雄則篡竊之心作錢用唐末諸鎮則割據之

上海交通大学百年报刊集成·第一辑（1896—1949）·学术学科

禍成駕馭七國者錢也楚愚秦詐弱奴强霸轉盼滄桑劉項交戰七國不自知也操縱八王者亦錢也枝幹自摧利奪其魄荆棘之中銅駝垂涕八王不自悟也錢無遠不至無時不繼人樂爲之用而錢之用人乃久而益精其用人於戰也始自車戰殺人尙少變而至用巨砲則錢一用力且殺數萬人矣錢一發令則和者萬喙一聲錢一推薦則舉者萬言一轍錢之神日益大受錢侮者必倍蓰於前史所書吾不忍預言也魯褒論錢神區區於忿爭幽滯斯猶論晉錢耳然錢神於晉已召胡人分裂我中國可感也夫既書所言於論後因與客相歎者累日二十七史儲蓄於胸中一受鞭笞橫溢而出推倒一時豪傑開拓萬古心胸

盧炳田

書晉魯褒錢神論後

黃修青

錢陋物也君子恥言之而魯褒獨有錢神之論讀其文揚錢之能惟恐不達其極然玩其詞意固知其嫉俗恨世憤而作此爲當途之棒喝作後世之龜鑑其稱頌之惟力實惡絕之恐不及以頌揚之筆寫胸中無限牢騷其意亦足悲矣雖然錢豈誠神耶古今修身之士爲錢而失德者不知其幾何也博學之人爲錢而名裂者不知其幾何也顯

達而以錢敗僨陋而以錢聞者不知其幾何也貞烈之子爲錢所磨折而喪生雄壯之夫爲錢所抑遏而無爲者又不知其幾何也至於貧困而死窮獨而亡者固不能以意度而數計矣謀於錢者無不成絕於錢者無不死謂錢有神錢誠神矣試思世人皆力耕以足食勤作以備用則雖滅錢可也錢又何神哉特世不能使衰弱孤幼者自謀衣食亦不能强老病罹疾者無求人助則錢不能廢勢所然也人既不能離金錢以生存則錢能役人固亦宜矣而錢又神矣夫天地生萬物而盜萬物以衰老萬物供人用而盜人以疾病金錢助人服奉而盜人奢侈而盜人失德錢固不神而人自神之者也雖然人既神錢矣而又陋焉阿堵之物昔人恥言即世之好錢若命者亦皆諱莫如深以孔子罕言利以利爲利昔人指爲長國家務財用之小人也錢使人身敗名裂人好利之罪也非錢之罪吾人不能立志立德卓然不爲錢所惑則神錢可也以爲世間惟金錢可也吾人固不能陋之也如誠能卓然不爲所惑則錢誠陋物矣錢誠不神矣因讀錢神論誌所感如此

用筆有夭矯之勢一結尤饒精彩

●書劉孝標廣絕交論後

吳繼三

友者五倫之一載之於聖賢之書發之於聖賢之口而曰絕之豈劉公之論好異於聖賢乎曰否夫組織仁義琢磨道德此固友之上焉者所謂君子性分之友也至若假交友之名行賈豎之實得勢則情深膠漆失勢則宛同陌路前親而後疏始合而終離此固友之下焉者所謂小人勢利之友也君子性分之友求之惟恐不速小人勢利之友去之亦惟恐不速也三代而下風俗澆漓人心險詐友道之淪亡也久矣安樂相共患難相棄彼固視爲交友之常道若任昉之子見棄於其友者比比皆然此劉公所以作廣絕交之論也五交三釁何其痛之深而言之切也雖然劉公之所謂五交不過見利而進見難而退此固鄙夫之常情不幸而與之爲友雖無益於身亦無害於身也甚焉者平日則志同道合一旦位居顯要一人譽之百人交相和之援青松以示心指白水而旌信詡詡然語曰余固某之知友也卽某亦信其言而無不墮其術中引爲知己孰知一轉瞬間僅有毛髮之利害則拂袖而去視同陌路宛若寇讎昔之譽之頌之今且謗之毀之揚其惡而隱其美踐之蹈之而後快若西華之著葛衣帔練裙到溉兄弟之祗棄而不恤者已爲用情之厚焉君子讀柳子厚與許孟容書所謂射利求進者塡門排戶百不一得一旦快意更造怨讟益痛於韓子所謂擠之又下石焉者矣是故逐寇

準者即奉寇準者也殺夏言者即攀夏言者也其他頌新知背舊知結暴貴詆故相者何可勝道求如曾布之不負安石已絕無而僅有矣君子讀陰雨谷風之篇未嘗不歎詩人之言簡意該而孝標此論有累言之而不能盡者矣然則激切之談刻覈之論容非斯人過中之言乎積道不厚者即其宅心不厚者也詩人之言和而緩孝標之論張而急君子於此亦以覘世變已

文有清矯之氣

書韓昌黎送窮文後

蔣鍾燦

嘗讀韓子送窮文不禁喟然而歎曰人烏可不窮哉彼五窮者正君子所自立而小人之所無也智窮則行止落落悃款朴誠學窮則道真學純不惑於邪文窮則言能載道傳諸萬世命窮則表裏貫一尙義輕利交窮則友必賢淑道同志合總此五窮苟獲其一當可立世況韓子富有其五哉然則送窮之文其滑稽之談歟抑諷世之言歟夫錦衣玉食高屋華廈者不數時而泯然無聞澌滅無餘較之立言於世傳名萬古照曜簡册如日月之明者其窮達爲何如哉嗟夫韓子之窮窮於一時而其不窮者實無窮期矣世之求達一時以快其欲者其讀韓子之文亦有感於中耶嗟夫世有韓子之窮鬼

吾亦將延之於上座

昌黎送窮文與反恨反騷同一旨趣是篇着墨無多均中肯綮洵爲簡練之師

盧炳田

書韓昌黎毛穎傳後

薛椿蔭

偉哉毛穎博通今古學究天人長不滿尺而心雄萬夫大不盈握而力敵千軍貶則嚴於斧鉞褒則榮於華衮可以驚風雨泣鬼神通天地裂金石非獨此也聖賢先哲之微言大義非毛穎無以傳也英雄豪傑之豐功偉績非毛穎無以載也詩書禮樂之教非毛穎無以寄也治國齊家之道非毛穎無以存也凡天地間之事物可悲可喜可泣可歌者靡不賴毛穎以傳以載而以垂不朽噫毛穎其可敬也夫其可拜也夫設微毛穎則是堯舜之道不傳於後世文武之業不聞於當今孔孟無以明其道平良無以見其智賁育無以稱其勇禮樂無所寄斯文無所存治亂興衰之道得失成敗之理與夫智愚賢不肖之辨皆無以信今而傳後也由是觀之毛穎之才不亦大乎毛穎之功不亦偉乎而昌黎此傳不亦宜乎嗚呼天降斯民作之君作之師堯舜天降之君也孔孟天降之師也如毛穎者其亦天降之而使之大有造於人乎是則與堯舜同傳也可與孔

孟同傳也亦可雖然毛穎與陳玄陶泓褚先生功業相同而昌黎獨爲毛穎傳而不及三子豈昌黎厚於毛穎而薄於三子乎抑以爲三子之事蹟無可稽考而遂付之闕如也吾不能夢見昌黎而問之惜夫

書後一體或駁其悖謬或補其不及或證其事實而已是作對於毛穎之才華功業。引而伸之所謂補不及也證事實也至若墨舞筆歌乃其餘事。

盧炳田

●書柳子厚宥蝮蛇文後

王沖

長木之斃無不標。國狗之瘈無不噬。遇難成之事不可銳以自任而卽於敗。與小人處。不可難自我發而受其毒。君子保其身明哲而已矣。柳子厚宥蝮蛇文之作。其懺悔早歲之孟浪乎。子厚卓鑠絕出。然鸞翮鳳性不能自抑。故附於王叔文之流以求速達。欲其速達也。故去惡鋤奸不遺餘力。夫宦豎之流既受腐刑身殘處穢。闒茸邪孽之輩所求者惟權與利而已矣。奪其權奪其利可也。今并欲置之死。夫蟻螻猶且惜其命。矧亦人耶。困獸猶鬬。蠭蠆有毒。宦者猶蝮蛇。貿然觸之。雖欲其不螫人安可得哉。子厚以絕世之資。使闒茸下流逞其狡猾。致雄節高氣盡成獲落。中涓本小人無足深怪。而子厚之遇可以哀矣。嗟乎君門非遠。豺虎孔多。蹇修雖工。鳩媒實誤。遂使霜蹄一蹶。蹭蹬十年江國淹棲從來如此周南留滯自昔已然雖曰天命豈非人事哉使子厚而折銳摧矜韜光歛輝則怨尤自遠機械何從水濕火燥雲龍風虎王佐之材豈多讓哉乃積毀銷金積讒磨骨齎志沒地銷落湮沉固非子厚之願亦豈子厚之所及料哉子厚之遇重可哀矣每見常人一遭坎軻初則咄嗟無聊繼則怨天尤人不可一日子厚晚年雖多牢騷之作而宅心仁恕出言誠摯然其難言之痛益覺徘徊依戀不得自已人知宥蝜蛇文之作爲進德之言吾但覺子厚之遇彌可哀矣吾然後知雄虺九首含沙射影小人伎倆層出不窮無怪乎直道之不足容於世也千古畸人所同聲一哭者矣嗚呼風塵澒洞豺虎咬人忽失雙杖吾將曷從

　文頗有幽秀之氣

◉書范希文嚴子陵先生祠堂記後

高學海

高尚之士每以富貴爲可悲而以遯遁爲可喜余嘗疑之及讀范公嚴子陵先生祠堂記乃知其慮深見遠實非常人所可及也今夫鑽營之士日奔走於權要之門婢膝奴顏諂媚求貴然其終也身觸刑辟妻子受辱始悟前日之非嗟何及也夫光武之與子陵少同研席情至親意至洽也官之不受寧釣於富春江者豈矯情也歟彼世之鑽營

者非其戚故且依附不暇剏官之而不受耶夫坐高堂騎大馬之樂孰與理亂不知黜陟不聞之可樂也使子陵果有意於仕途則片言之徵可貴而有餘而乃寧終老於富春之下而不願列身朝廷者其將以諷歟或謂子陵誤光武爲漢高之流故寧效張良不蹈韓信嗟夫光武者東漢之賢主也賢如光武尚不可仕豈天下無堯舜終不可就仕耶吾謂子陵之志謀在百年而不在目前也彼光武非漢之人主乎然今知之者有幾人也彼子陵則上至士大夫下至婦孺無不津津樂道過富春者必相指而相語曰此漢高士嚴先生之遺跡也而光武則又如何耶生則赫赫帝皇死則塚中枯骨僅爲歷史上過去之帝皇徒供史家之參考使子陵當日不自愛則亦鄧禹馮異之類耳雖然子陵之志光武成之光武之量子陵大之缺一不可也以爲世法以警貪懦誠確當哉然范公用意亦深矣

筆意夭矯不羣

●書蘇子瞻范增論後

瞿汝霈

蘇子之論范增責增之去當於羽弒義帝時也嗚呼誤矣蘇氏此論未知增立義帝之意者也增之立義帝也非爲楚也非爲義帝也爲項羽作傀儡以號召天下耳當其立

也增爲之謀則其弑也亦安知非增之謀哉增既爲之謀亦安用其去哉義帝之被弑正猶鳥盡弓藏兔死狗烹耳蘇子不察以爲增與義帝有莫大之關係甚以同存亡喻之非所謂差以毫釐謬以千里哉雖然增之計亦陋矣強秦之暴浮於桀紂人人得而誅之人人得而討之羽欲發難發難可耳何必以義帝爲名哉成湯之討桀也未聞借他人之名也而天下從之周武之討紂也亦未聞借他人之名也而天下亦從之天下蒼生沉溺於水火之中有人焉出而以鋤奸誅惡爲己任拯斯民於水火民何樂勿從哉增計不出此乃詡詡然以立義帝爲得計增之假立義帝識者早知義帝之被弑必矣既立焉而復弑之欲人心之不失焉難矣然則使天下病項羽者誰歟非范增乎且增謀士也其所爲謀吾嘗見之矣鴻門之宴增勸羽殺沛公羽不聽羽終以此失天下嗚呼增特小天下者耳增之意以爲與項羽爭天下者沛公而已沛公既殺羽可稱雄天下抑何不思之甚也天下之大英雄果沛公項羽已哉鴻門之沛公羽可得而殺之天下之沛公羽可得盡殺之乎且天下事有防於此而發於彼者矣秦始皇既并六國懼胡人之强暴亡秦也作長城以當之而不知亡秦者秦人也非胡人也唐太宗知武氏之亂唐也日得姓武者而誅之而不知武氏之日侍於後宮也王猛勸苻堅殺慕容

垂不聽而秦以亡張九齡勸玄宗殺安樂山不聽而唐以亂然非苻堅之傾國大舉玄宗之荒淫佚樂誰得而亂亡其國哉必殺其所忌而得天下者未之有也故爲增計者當教羽以仁義之道用兵之策然後與沛公一決勝負睹天下大勢之誰歸豈不磊落大丈夫哉如此雖有十百沛公擅羽之勇而行仁義之道又何懼哉乃增教羽以專諸聶政之行以此爲謀以此爲道行於天下羽雖殺沛公終不免自亡矣

議論英偉筆鋒犀利

●書蘇子瞻論河北京東盜賊後

黃潔

衣食足然後能守禮節生計裕然後能循法令此固常例也當民之生計未裕衣食不足之時窮其智盡其力以謀衣食設有足以免此衣食之艱難者雖不合於禮節不循於法令亦將悍然行之而不顧蓋饑寒死也犯法亦死也然饑寒之死不能避而犯法則或有幸而免者焉由是較之犯法而爲盜賊不亦愈於枯坐而待死乎此貧者之所以甘鋌而走險而盜賊之所由熾也是以欲民之守禮節循法令必先足其衣食裕其生計也設在上者不知足民衣食而徒責其犯法不知裕民生計而徒責其爲盜賊此亦無異於見河之汎溢而不知疏浚徒築堤以濟一時豈非舍本而求末乎且夫民之

自謀其生也辛苦年餘所得無幾得免於饑凍已屬幸矣而一遇歉荒必致不能自養而況襲斷其生利之源攘奪其辛苦所得乎且人非金鐵孰能與饑寒相爭心非木石孰能見一家之人嗷嗷待哺而無所動於中乎其勢不至於犯法而爲盜不止故雖董之以嚴刑加之以峻法而不能稍殺其勢也此子瞻論河北京東盜賊疏之所由作歟

竟體清暢

●書蘇子瞻前赤壁賦後

瞿汝霈

天地一幻境也人生一大夢也幻爲蝶斯蝶矣幻爲莊斯莊矣夢而樂斯樂矣夢而悲斯悲矣無夢之非幻無幻之非夢也然人多不自知其幻其夢而更入於夢中之夢者矣余嘗讀蘇子前赤壁賦見其文境超脫有飄飄欲仙之概及讀至其固一世之雄也而今安在一語而知其感慨之深也其語爲孟德悲豈徒爲孟德悲哉當東坡泛舟夜游時矗乎其前者赤壁也斯壁也亦周郎與孟德用武之赤壁也孟德之舳艫千里橫槊賦詩固不可見卽周郎之連兵火攻追奔逐北亦不可得而見也千百年前之耀武於斯地者不可得其數千百年後之耀武於斯地者更不可得其數某也成某也敗聲勢赫赫又孰不如孟德與周郎哉然千數百年之後塵消煙滅碎瓦頹垣荒榛斷梗鬼

燐螢火昔日之敗者不可得昔日之成者亦不可得矣惟此巍巍之赤壁滔滔之長江依然如舊今日今夕之赤壁依然昔日昔夕之赤壁也亦後日後夕之赤壁也是則爭一世之雄於赤壁者徒令赤壁增一度之戰史而使後人興無窮之憑弔而已今又有爭一世之雄於赤壁者矣然其人有不足使後人憑弔者則尤可悲也夫嗚呼天地其幻境耶人生其大夢耶吾哭赤壁吾弔赤壁吾尤豈徒哭赤壁者哉吾尤豈徒弔赤壁者哉

文境如海市蜃樓鏡花水月其胥蘇之繼起耶抑蒙莊之後身也讀竟如置身濠濮間　盧炳田

●書蘇子瞻李氏藏書記後

何仁龍

凡人莫不求利己故獨佔其利而不忍以分人者有之顧一己之私而忘他人之禍福者有之以私掩公損人以利己者天下皆是也惟仁者則不然寧損己以利人必不忍損人以自利苟有利不忍獨享必以分人余讀李氏山房藏書記未嘗不欽仰公擇之仁而以爲子瞻仁者之言之不虛譽也夫以粟施飢者則有時而盡以衣施寒者則有時而敝以財帛施貧賤困苦則有時而竭惟公擇遺人以詩書俾知聖賢之道詩書之

義可以飽天下士人之腹可以救當時人民之厄取之而不竭傳之而無窮蓋將以聖賢之道灌之於天下之人詩書之益施之於後世之士豈特有益於一鄉一時而已哉此仁之至也今之高官顯位國危而不能救民困而不知恤國庫空虛而私囊充盈貪欲無饜而不知恥者以視公擇之仁賢不肖爲何如哉

用意切合詞亦敷暢

◉書蘇子巢谷傳後

曹麗順

忠義瑰奇之士往往見於亂世然不見於士大夫而惟見於山野無名之人宋哲宗時舉行新法賢人相繼貶黜士大夫方以不與交遊爲幸卽親友亦不敢聞問獨有巢谷者走訪蘇氏兄弟於萬里外谷誠奇男子哉然何其遇之悲也谷初傳父學既習武藝苟貪緣時貴何患不得祿位而谷不之顧周遊西北交其豪俊與韓存寶善既而存寶獲罪將死乃懷金私授其子人莫之知嗚呼人之所需於朋友者非爲富貴之時乃爲緩急之際患難之秋可得其助也存寶將死人徒咨嗟歎惜惟懼禍之及已孰肯干犯禁網爲其妻若子計乎無谷則存寶之妻子又何以生存乎古人云一死一生乃見交情谷之謂矣谷與蘇氏兄弟同里相識及仕於朝未嘗一見其不願干進可知至其遠

貶蠻荒。則不遠萬里而求見。嗟乎。人方顯貴時。則門庭如市。趨奉阿諛而求見者日不暇接。一旦失勢。或罹罪禍。則門可羅雀。往日之趨奉阿諛者。皆如路人。掉首不顧。其甚者下井而投石焉。其次者避之若浼。聞其名則掩耳而走焉。其猶能念曩日之情誼。而存問慰藉者。士大夫之中。蓋百無一二焉。而況巢谷者一落拓之士。與蘇氏不過鄉里相識耳。未嘗受纖微之恩也。夫古人於萬里外求父尋兄者。且嘖嘖於人口以爲難得。矧一獲罪之故相識耶。是尤古今所不經見者也。誠所謂古之人。非今之人也。其後谷旣見子由於循。復往訪子瞻。遂死於道。子由深憫其不遇。潦倒以死。余謂谷苟遇權貴爲之引援。誠不難致富貴。取祿位。然富貴而名湮沒者。不可勝道。使谷不遇存寶。則其義俠之奇行無由立。不遇蘇氏。則其義俠之奇行無以傳。是其不幸。正其大幸也。巢谷之遇。誠無可悲。

持論精到。筆下亦勃勃有生氣。

◉書孫樵書褒城驛壁後

曹麗順

天下之事物。建設難而破壞易。故其人有公德心。則其羣興。無公德心。則其羣敗。蓋公共之物。得一二熱心者。篳路襤褸。胼手胝足。嘔心血。費光陰。歷盡艱辛。僅而得此。苟人人愛護而保存之尙可不廢前功不然則日侵月蝕幾經霜露毀壞無餘矣如建大廈費若干之財力若干之籌畫經匠石之建築工人之雕刻漆師之潤澤而後煥然可觀蛀生於梁則其頹也不旋踵余嘗讀孫樵書褒城驛壁而不禁重有感也覘人國者不必問其政事之良否民生之裕困見其道路之穢濁房屋之傾圮市街之蕭條可決其國之衰也覘人家者見其几案之雜陳塵埃之封積可知其家之敗也夫驛當四會五達之衝八方之人莫不資爲交通之需要此人之公物也褒城驛經嚴震之經營宏麗冠天下其規畫之初必有甚苦且難者乃數世而後庭除荒蕪堂軒破殘泉枯魚盡矣此由人民之無公德心也觀此一驛則一國可知也宿於驛者皆國民也移其汚敗室廬糜毀器用之力於社會則社會凋敝矣移之於國家則國家衰弱矣故唐無兵革之禍而戶口益破民生日困國勢寖衰豈無故哉老甿曰舉今州縣皆驛也蓋刺史縣令視其職守猶過渡也於是恣其黠吏叫囂隳突吸民之血敗民之家已則知飽鮮醉醲積金囊帛而其州縣之人民流離分散田野荒蕪如驛之庭除室家破敗如驛之堂軒矣而余則謂舉今國家亦驛也秉國鈞者一歲中不知幾更也故視其職守過渡而已惟知飽鮮醉醲囊帛積金而已矣人民之疾苦非所顧也田疇之荒蕪非所惜也金融

之枯竭。災黎之顛沛。均非所哀也。其甚者。惟恐兵革之不起。國家之無事。而日以爭競權利禍國殃民爲快意。卽其汚敗室廬糜毀器物之手段也。都會之地。武夫悍卒。星羅棋布。橫行無忌。卽其飼馬宿隼之故技也。故今之田野。猶彼之庭除也。今之城邑。猶彼之堂廡也。而吾中華素號爲地大物博文明冠於世界者。亦如斯驛之衰落矣。回想先烈擲幾許之頭顱。流幾許之熱血。其創造建設之艱難。有百倍於斯驛者。而今一轉瞬間。其景象與斯驛無稍異。而爲時且尤速。然則哀哀者固視吾國家爲驛也。此吾讀孫樵書褒城驛所以重有感也。

感不絕於余心。溯流風而獨寫。傷心人固別有懷抱也。盧炳田

●書朱子讀書法後

彭昕

紫陽宋代大儒也。闡心性之學。窮格致之理。精理奧旨。曠世寡傳。觀其所著讀書法上下二篇。原原本本。譬理精透。其大意有三。而所以行之者。一也。始曰求其解。語云欲讀書。先識字。若字義不明。則魯魚亥豕。辭乖理謬。害意實大。故讀書必先逐字逐句。求其解說。使字句無疑而後可。然其始也困難必多。非副以堅忍卓絕之志。不爲功。蓋事之成。非由易而得者。其成就愈大。其創始愈難。不能爲其難。安能成其事。堅卓之志可以

去障礙可以禦危難成功之母也繼曰究其理書以記事文以載道一書有其志之所在一書有其道之所存吾人所讀者皆古聖賢人有所爲而作也宜就其言而察其理因其理而感悟夫天下萬事萬物之成敗得失理會於心用形於外以此而讀書不致有爾爲爾我爲我之弊矣然理至深遠若徒誦其文辭不一致其思囫圇吞棗食古不化雖富五車亦書簏耳其於書中義理毫無所得猶同秦越究有何用故必勿忘勿助沉潛索研其理出矣由是理明詞達心心相應聖賢千言萬語此心同此理同也所謂六經爲我註脚豈過言乎且夫初手一書若無義理之可尋然手而披目而覽口而誦心而維或研其上下之文或察其左右之義穆穆其思渙然冰釋怡然理順矣故勿忘勿助沉潛索研乃讀書之要中最要者也終曰玩其文古聖人非有意爲文然道勝文著故六經之文如日月經天江河行地天下之至文也卽如紫陽非求工於文者也然因其道業之隆文章亦斐然而工吾人讀其文體其神因而致於用惟文至精密必涵濡諷詠乃能有得於心蓋涵濡之法如雨露潤花勃然而興生氣盎然最易得其神高聲朗誦則心口會合機體和暢易於成其格二者合文在是矣而其所以行斯三者何也曰勤也蓋求解貴勇猛不勇猛則不能久察理貴沉潛不沉潛則流於惰玩文貴吟

詠不吟詠則易於困合此數者一爐而冶之可以謂朱子讀書之法而讀書之能事畢矣

條分縷晰頭頭是道

書方望溪左忠毅公逸事後

高學海

有英雄之量而後能識英雄之人有豪傑之槪而後能識豪傑之士夫士之未遇也不過蓬門桑戶耳雖懷澄淸之志抱宏偉之才而識之者誰乎然彼終有欣遇知己之機快遂平生倘不至老死牖下者此天予之以機歟夫得英雄難而能識英雄尤難是故非奇特瑰異之士不能識驚天動地之英雄不然彼天雖設以相合之機而所遇非人英雄亦徒受人呵斥耳然使英雄一朝得遇其知己經綸懷抱得以發展則其感激知己吾知其必有甚於鞠躬盡瘁也嗚呼是說也吾於史公之於左公見之史公當時豪傑也其賃居蕭寺匿彩韜光亦不減武侯之隆中也而左公以素昧平生乃一見而許爲知己此天予之以機乎抑英雄相遇正合其時乎侯方域曰英雄之與英雄可一望而知意者左史之遇其亦如侯先生所云乎夫得一知己可以無憾智伯以國士待我我故以國士報之豫讓之徒猶能作此語矧左公以如許深恩加之史公身上亦何怪

其感激涕零雖粉身碎骨亦謀一報乎追左公之下獄也史百方營救不得乃持五十金涕泣謀於禁卒以冀一見左公方其時感遇知己深情暴露之際與夫左公忠君愛國之情數百年後讀之猶令人泣下沾襟也嗚呼魏閹之亂縉紳而能不易其志者有幾人乎彼左史雖有契遇之情然世態炎涼大多攀龍附鳳使左公而與時俯仰則高官厚祿豈難得哉而乃冒觸其忌且雖左公卒後猶能候太公太母起居拜夫人於堂上此實可風也況其上恐愧朝廷之言又能推報知之情以報國家乎是故左公之得史公也爲國家也非爲私黨也史公之報左公也報國家也非報私情也夫以不偏不黨而惟國家是圖左史二公亦可謂豪傑也夫

抑揚頓挫神似大蘇

●書李文忠論幼童出洋書後

張紹琨

今夫謀大業者不急近功成大事者先定大計大計者吾之所以謀自立也能自立則足以建不敗之業樹鞏固之基近功者僅沾沾目前之利也圖目前之利者易以自敗而卒於無成余讀李文忠論幼童出洋篇觀其深謀遠慮碩策宏謨可謂具爲國之要道握自強之樞紐矣夫我國古時閉關自守夜郎自大憒然罔覺以四夷之學爲不足

道故不肯虛心研究而厚非之且以吾國爲文物之邦藝術兵法故步自封遂使四千年來鮮有進步迨乎清季甲午一役海陸俱殲與外人遇戰輒大敗四鄰環視鷹瞵鯨吞李文忠公於是時仔肩國家重任當此競爭劇烈之秋默察中外大勢怵時局之可危念交鄰之有道明守舊之不足以圖存而思與海內咸與維新是非派遣幼童出洋學習軍政船政步算製造諸學無以圖自强用是開風氣之先聲建國家之大計觀其所論派遣聰頴幼童送赴泰西各國書院學習使各國擅長之技我皆能諳悉凡遊學他國得有長技者歸卽延入書院分科傳授精益求精期於月異而歲不同取彼之長補我之短採彼之巧補我之拙若此則我國可以漸圖自强其利一我國科學粗淺師材難覓圖書儀器標本機械一無所有使一旦遽欲盡購其器不惟力有所不逮且此中奧窔苟非徧覽久習則本源無由洞澈而曲折無以自明今遠適肄業使共明其理習見其器躬親其事集思廣益歸而觸類引伸以收久大之效其利二溯自與外國交通以來東西各國欺我不諳西律遇事狡賴無理取鬧折之以中國律例則彼諉爲不知悍然不顧欲有以折服之非得熟諳西律之人不可今使幼童出洋學習西律將來學成歸國遇有交涉事件卽使之辯論使交涉不致失敗則裨益於國家殊非淺鮮其

利三由此觀之則我國前途似可以有爲矣然時至今日尙萎靡不振貧弱至極國體損傷土地割讓抑又何也吾聞之日本之所以强盛有虎生三日氣呑全牛之概者皆在明治之任用伊藤山縣諸人使得展其才行其志用以維新其政治改良其國家取歐美之長補彼之短致有今日耳而環視我國則不然凡學成歸國之士僅用之於海關及作繙譯員之用致不能舒展其抱負所學非所用甚且投閒置散又安望其能爲國出力興利除弊整頓國家乎此則余不能無憾乎當世之用人者又豈文忠之所及料哉

識見超卓動合自然

◉書李文忠覆醇邸論鐵路書後

沈同德

今夫利害之來恆相參半借洋債以築鐵路予外人以債權不啻予外人以路權故鐵路不可不築而借洋債以築鐵路是宜審之又審讀李文忠覆醇邸書而嘆其見識之高眼界之遠以及省事之周密辦事之精詳誠五十年前吾國之惟一人才也夫五十年前國人知鐵路之重要者至鮮其略知一二者類執舊不化出種種反對之論調以爲阻難文忠則主張旣定先就淸江漢口等處布設鐵軌使風氣旣開各省以次續造

釐訂章程招集商款可以補助官幣之不足則洋債之漏巵可塞而路權可以永保矣然文忠知鐵路之重要興辦不容再緩而是書詞意曲折若非己所能勝任者以動醇邸好名之心內得大權之助於以執行一切其用心亦苦矣書中謂我國不數十年可鐵路交錯倘繼文忠者復有文忠其人則斯言誠可操左劵惜後人未能從文忠之言不借外債致我國現在鐵路大半在外人掌握誠恨事也嗚呼今之執政者又盲然不悟外債日增反以鐵路押諸洋人以助內爭此與借外債而築鐵道者相差又不知萬幾矣吾不知執政諸公讀文忠此書作如何之感想古今人不相及吾竊歎今之執政者罔自有肺腸也

目光如炬料事如神

●書李文忠請設海軍書後

沈昌

自古國家大事非真知灼見之士不能洞晰機宜防患於未然當未雨綢繆之日條陳利害每不見用即用亦未必如其意盡其才此古今所同慨也清光緒時李文忠上書總署請設海部兼籌海軍慮遠思深宏謨碩畫誠所謂真知灼見者也然細按書中語氣頗有欲言而不敢詳言者如不曰專設海部而曰請鈞署兼轄不曰如何擴充海

軍而曰聽尊處自持何避當道之嫌若是其甚耶夫自道咸以來中國遭英法之侵欲爲亡羊補牢計不可不設海軍審矣綜諸地理我國有萬餘里之海岸二十餘之良港東通太平洋以達美洲西越印度洋以抵非歐欲適應天然之形勢以控馭外洋兼須籌設海軍況商業競爭注重海外貿易尤賴海軍以爲保護且中國人口既繁不能不趨向殖民異國非有海軍孰爲捍衛張國威而讋敵情則設海軍自爲當務之急宜專設一部與他部相埒令由中出事不旁撓然文忠何以不敢徑奏請者誠以當時朝士泥古守常輕視西制以爲學在四夷可屏而不用惟文忠能不避衆議毅然建白真淸時有數之人物惜乎孤掌難鳴獨木無力國帑尙不空乏乃不及時籌辦至光緒十七年始正式立北洋海軍然所用如張幼樵丁汝昌輩畀以重任一挫於法再蹶於日文忠十餘年之慘澹經營孤心苦詣一旦化爲烏有至今海部虛設海軍寥寥嗚呼此豈文忠之過哉使國家早有設海部籌海軍之誠意分年籌款趕造戰艦建築軍港多派學生出洋則十年之後將才林立養精蓄銳可與各國一決雌雄奈何海軍經費出納之吝出洋學生無多以致人才缺乏軍艦粗備以不教民戰文忠固逆料其必敗輕於開戰政府之咎豈文忠之過哉或謂我國海軍文忠成之亦文忠覆之文忠實無功於

國惡是何言歟文忠爲我國創辦海軍之人然在國家勢力之下未能籌措如意竭力擴充使當時海軍用人悉歸文忠吾知海軍必有起色夫然使當時無文忠其人出而建議恐海軍之設更不知俟之何日今日中國國勢雖弱尚能分設海陸兩部非文忠之功而何嗟乎建設海軍本政府之事政府不知而外臣建議外臣建議而猶不能如其意盡其才嗚呼此有清之所以亡而中國國家之所以不振歟

獨得雄直氣發爲大文章

書李文忠請設海軍書後

陳俊述

中國古無海軍自中法一役清廷知陸軍之不足恃也乃始設立海軍合肥李文忠實主成之雖創辦伊始雛形粗具然規畫周詳不可謂非國家前途之幸乃至甲午一役盡殲於日論者多咎文忠之籌劃不當不知此非文忠之罪也我國海軍創辦未久經費未充船械未利操練未熟人材未成清廷不忍一朝之忿欲收效於數年之間此其所以一敗塗地而不復振也觀李文忠上總署請設海部書於此數端嘗縷晰言之且謂此爲國家百年大計宜逐漸籌備徐期其成及後中日釁啓勝負之數文忠早料及之而不能止之者以戰本廟謨也雖然國以一人興以一人亡當時清廷執政皆宗室

貴戚不識新政爲何事漢臣中如曾左輩强半凋謝清廷欲籌海軍而不得人此醇邸所以殷殷致意於文忠也夫設海防衙門於近畿七省防務以一重臣任之則事權以一仔肩巨任舍文忠將誰屬哉爲文忠者正當建節海上固我封疆如此則海軍日以精練和戰之權亦可操自文忠矣乃謙遜自守一任朝廷之處置不知清廷可以任文忠文忠固不可使清廷自任也嗚呼此海軍之所以盡殲而文忠之所以終受謗歟夫薦賢自代古稱休德然處天下滔滔之際則孟子有舍我其誰之慨文忠賢者何未之思耶讀其書不禁爲之悵然矣

議論倜儻綽有見地

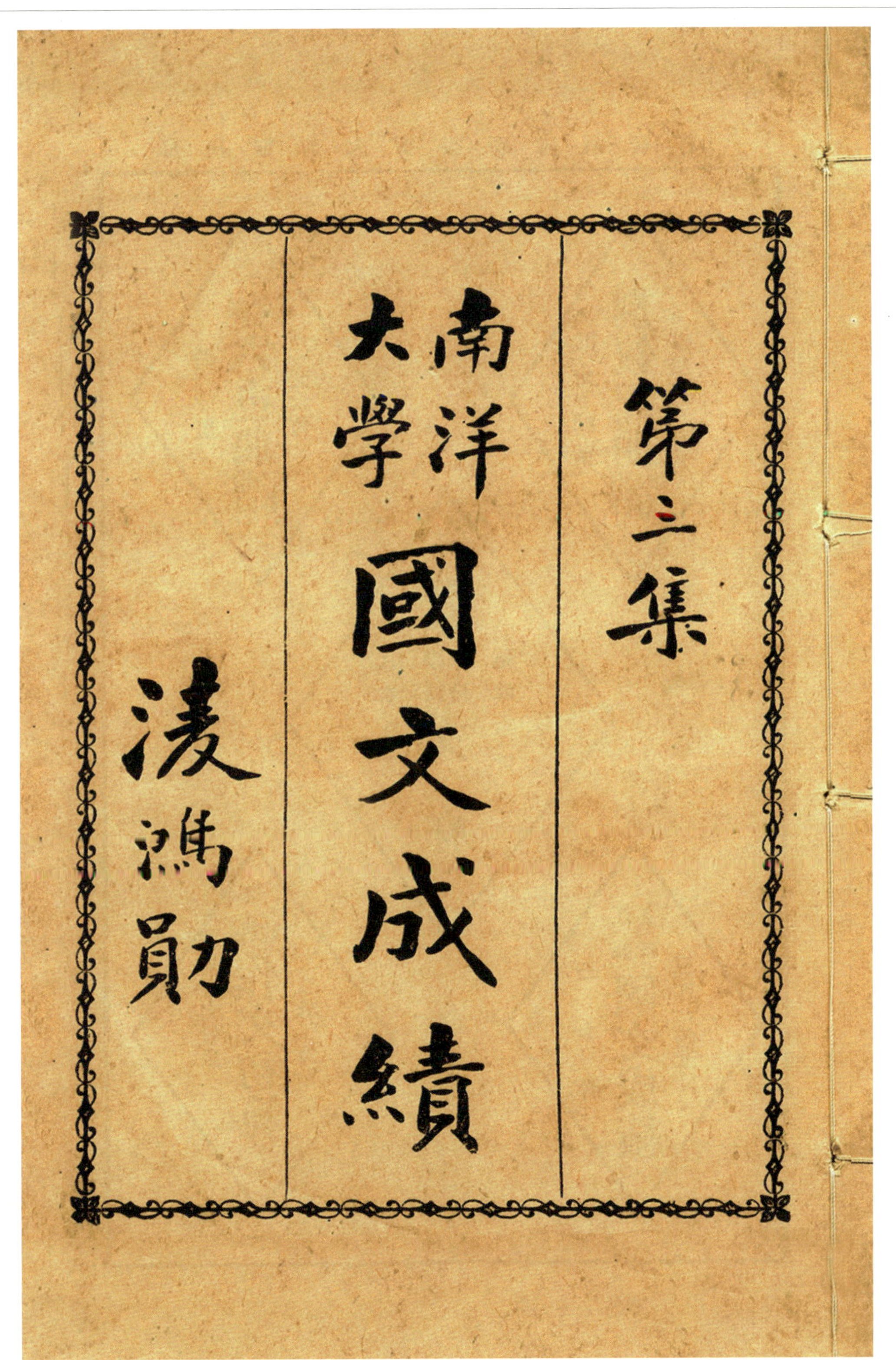

南洋大學國文成績

第三集

淩鴻勛

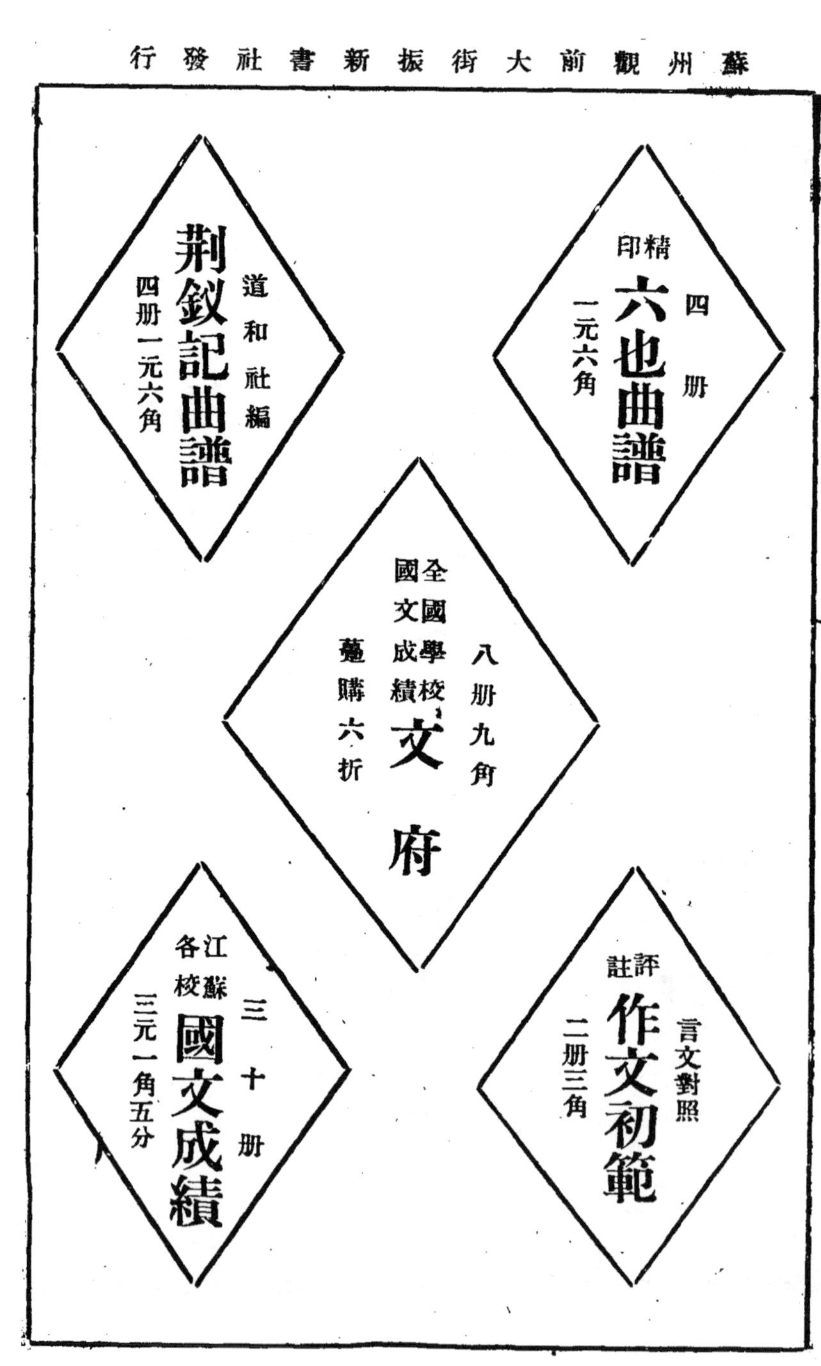
蘇州觀前大街振新書社發行
精印
四冊
六也曲譜
一元六角
荆釵記曲譜
道和社編
四冊一元六角
全國學校
國文成績
文府
八冊九角
躉購六折
評註
言文對照
作文初範
二冊三角
江蘇各校
國文成績
三十冊
三元一角五分

南洋大學國文成績三集卷八

△問類

●問虞公假道於晉而國亡宋人不假道於楚而國病吾國當交通時代路政果可在人掌握乎試詳言之

鄒忠曜

問嘗讀左氏書至虞公假道於晉而國亡宋人不假道於楚而國病未嘗不歎國患皆由自取而路政之不可不注意也及今又有所謂外人共同管理中國鐵路者曰異哉國弱則强者必借道路之名以滅之何古與今同一轍也繼而悟曰鷹隼以山爲低而橧巢其上魚鼈以海爲淺而窟穴其中非人能得之也負餌而自爲人所得也虞人不受璧馬晉人必不能滅之也且夫道路者國家交通之脈絡也脈絡已爲敵人所有尙何主權之有哉至於宋人不假道於楚以致國病此非宋君之罪過實執政者操切從事故耳若宋人知一使之不足禍國讓彼過境遣使責以不順先王之道不告宋國擅自過境之罪則吾恐楚人不能遽以兵臨城下也嗚呼外交失策卽有國亡被伐之禍可不愼歟吾國當交通時代實業工藝運輸糧械均賴鐵路以制勝若路政歸諸他人

則貨物稅率之輕重外人可任意增損之財源外溢行政經費勢將虛懸國何以立不幸而內亂猝發外患迭乘雖悔噬臍其何能及或謂中國路政苟爲世界强國共同管理可以修明大備統一路系且各國正在平均勢力必無侵奪之患不知此特井蛙之見耳處此天演競爭時代弱肉强食惟利是視各國豈有以真誠待我者哉其始也共同管理及其極力經營則各處路政勢力亦仍相等設各國協以謀我倡均分之說是時中國財政交通悉在人掌握將何以抵抗豈非養虎狼於室中人無狎獸意而獸乃有傷人心也何異虞公不度晉之借道爲陰謀而晉竟滅之也爲今之計惟有據世界公理委婉而爭不貪目前之利則中國尚不至於傾覆也是故兩國交際無損於實際則不妨退讓以示寬宏若其有損主權有害實際則必不可承認晉引兵假道於虞以其國家之滅亡在此一舉也故不可宋人苟假道於楚則無害於實際也故曰外交太過也若夫擴充路線改良路務流通吾國商貨便捷往來行旅免貽外人口舌是又掌交通者之專責也苟欲借重外人美其名曰共同管理統一路系不禁疾首蹙頞而相告曰中國存亡亦在此一舉斷乎其不可

馭題得法筆亦新穎

●問孟子言徒法不能以自行今論者輒謂國可以法治試就已往之陳跡及現今之情狀一研究之

鄒恩潤

人存政舉人亡政息斯義也講法治者咸以爲訾謷以謂法者國之幹也法既立矣可以永存治安長策循法已足人之存亡於法無損益則政之舉息於人之存亡何與焉嗚呼斯言而然則法至今日蓋亦備矣鑒彼强國以法致富庶者步武效顰以富庶吾國可也何爲而國勢飄搖一至於此君子遠觀陳迹邇察國情有以知其不然矣宣聖治魯路不拾遺爲政之良何以加茲然致仕之後魯之善政無聞焉夫豈無良法以爲後繼者遵守毋亦徒法不能以自行乎夏禹令導道擊鼓論義擊鐘告事擊鐸啓憂擊磬而夏癸至貪很荒淫龍逢受誅商湯身禱自責作銘警戒而商辛至飾非拒諫比干剖心商鞅爲秦立法樹自强之基而二世以苛法擾民天下瓦解沛公約法三章取而代之自來一朝之興必有英明之主施良法以蘇民困及其叔季必有昏庸之主行亂法以深民溺前覆後繼千古一轍非亂法之忽滅於前而良法無可採取於其後也蓋爲政不在多言顧力行何如耳有英明之主則良法既立守之彌堅行之必力賞罰無偏功罪不棼若遇昏庸之主雖有良法弗遵守焉則法無異具文而苛政自興故謂法

可治國則可謂僅有具文之法而國遂可治則言不可以若是其幾也今夫禮讓規矩士君子所以自勵其身而非所望於暴戾鄙夫者何也禮讓規矩非能自行以淑人必有人焉身體力行之而後其用乃彰謂禮讓規矩足以成德斯固然矣謂僅有先正禮讓規矩之嘉言懿訓而民德遂可歸厚者非所聞也治國之道亦若是焉已矣是以共和之制世固有以之自强者矣吾行之則何如國會之制世固有以之爲民視民聽之所在者矣吾行之則何如內閣之制世固有以之專責與政者矣吾行之則何如凡百良法他國行之國勢興隆民受其賜吾一效之則國勢益弱民生益苦非良法之獨厚於他國而獨薄於吾國也有共和之名而無其實則徒有共和之法不能行也有國會之名而無其實則徒有國會之法不能行也有內閣之名而無其實則徒有責任內閣之法不能行也有凡百良法之名而無其實則徒有種種之法不能行也甚則多援曲媚重罪可得赦免負氣倔强帥職可以自稱武力專橫莫敢誰何執法者不敢犯其鋒反從而嘉之法已無存行於何有此則現今之情狀而論者輒謂國可以法治吾不知誰與行之而誰與治之也無法無以爲國徒法不能自行然則如之何而後可曰在得人

痛發有法而不得人之弊明白曉暢意無不盡一結識力筆力兼擅其勝

●問孟子闢楊墨韓昌黎讀墨子何以言孔墨必相爲用試申其義

張駿良

夫道無常道名無定名古今有不同時勢有變遷道因時勢而異名以古今而別孟子昌黎皆有功於儒而一則闢楊墨一則言孔墨必相爲用何也其道尊孔子言仁義未有異也其行距邪說攻異端不辭好辯之名進諫佛骨之表亦未嘗有不同也其所以異者古今有不同因時而立說耳戰國之時楊墨之言盈天下天下之人不入於楊則入於墨其勢駸駸乎駕吾儒之上苟不闢之則斯文日喪大道難明故不惜距之闢之斥爲禽獸孟子者乃得道之傳儒者之功臣也其闢楊墨者以孔道之與楊墨交相毀而不相爲用也昌黎之時楊墨久息佛老漸盛佛主寂滅老主清靜其說與墨氏相反而與楊氏相近昌黎欲闢佛老故視墨氏之學不得不有所立說夫墨子之爲儒所詬病者莫若兼愛無有等差然而墨子之徒親在亦愛其親親死亦未有不葬其親孔子嘗言汎愛衆矣墨氏尚同兼愛上賢明鬼其說固未可厚非也其稱孔子必用墨子墨子必用孔子蓋謂墨說猶愈於佛老孔墨交相爲用而使拒佛老之說尤爲彰明較著

耳是知處孟子之時楊墨不得不闢所以抑邪說而明大道也處昌黎之時墨道已滅佛老繇楊氏之緒餘爲我無君爲吾道害反不如墨氏兼愛之說足與孔道相爲用是故昌黎之表章墨學者所以距佛老而明大道也其流雖二而源則一事雖異而旨則同蒙故曰道因時勢而異名以古今而別也

識力超卓獨得驪珠

●問救趙一役宋義與項羽策略不同試論其優劣　沈奏廷

兵之勝敗亦多術矣有一鼓作氣乘敵之强而致勝者有相時而動視敵之疲而致勝者要皆事勢之不同而非可以一概論也吾觀宋義與項羽之救趙也一主緩進一主急進宋義以爲秦勢方强盡吾力以敵之恐不能一戰而勝不如先鬬秦趙以挫其鋒秦而勝則兵力罷不勝則士氣餒罷矣餒矣勝之如反掌也項羽之意則反是以爲秦勢之强甲於天下苟勝趙則其勢益張否則亦未始卽爲所挫也故不如遽爾擊之我攻其外趙應其內勝利或可冀也二子之意殆所謂各有所是未可偏非者也然以當時之大局論之未免優劣判然矣夫趙猶犬羊也秦猶虎豹也虎豹與犬羊遇則犬羊寧不爲所制乎乃宋義猶預望秦敗而兵疲也豈不謬哉趙旣制於秦矣則凡趙之所

有。無非秦之囊中物。趙愈弱。即秦愈强。而宋義猶預計秦勝而氣餒也。又豈不謬哉。項羽深知情勢。以爲趙固不足以挫秦。楚亦未始能挫秦也。然苟合而攻之。其力蓋較勝萬萬也。故欲於秦趙未鬭之前。使趙爲內應。而已爲外援。集二國而共擊之。是蓋合力易舉之高見也。不然。如宋義言。先鬭秦趙而已。則遷延不進。是正所以弱趙之力。而非有以挫秦之勢也。趙苟爲所弱。則楚寧不失其內應乎。內應失則勢孤。勢孤則力微。有不受强秦之所制者。未之敢信也。不特此也。先發制人。古有名言。楚旣不發。吾恐虎狼之秦。行將乘其挫趙之銳氣。而先有以伐楚矣。則宋義待時而動之策略。正秦之敗楚之絕好機會也。豈不殆哉。要之宋義之策略。亦未始無。非不合大勢已耳。此判別之我見也。

議論平允。筆亦指揮如意。

●問太史公言本富爲上末富次之以今世言之農牧與工商何者爲急試推言之

王恢先

富國之道有三。曰出產豐富。製造精良。貨物流通。是也。欲求貨物流通。不可不講求商務。欲求製造精良。不可不振興工業。欲求出產豐富。不可不注重農牧。農牧所以出物慮其粗劣也。必假工以製之。慮其滯塞也。必假商以通之。無商則貨不銷行。貨不銷行。則財幣不裕。財幣不裕。則工農牧無以致富。故善治國者。必以農工商三者互相爲用。不可廢一也。然農牧爲民生之本。工商所以助農牧以爲利者也。蓋農牧可舍工商以爲業。工商不可無農牧以營生。工商無農牧。則出產空虛。雖有公輸子之巧。無所施其技。雖有子貢之智。無所中其億。縱當海國交通。得以工商而獲鉅利。然珍珠美玉。饑不可食。寒不可衣。何若以農立本。並注意工商。使倉廩充實。利源不絕之爲愈也。故鼂錯論貴粟。太史公言本富爲上。末富次之。蓋同出於重農之意也。雖然。觀夫我國近狀。工商不可不視爲急務。以我國出產之富。而日用物品多待外求者。工之製造未精也。以二十餘省之精華。不善自取用。而坐視他人水陸輪轉而去者。商務失敗之故也。對病下藥。則提倡工商。較改良農牧爲急。從根本言之。則改良農牧。實較提倡工商爲重。

議論周密。筆尤簡練。

●問漢書藝文志小說十五家千三百八十篇迄今無一篇存者其故何歟

王元漢

昔曾子固序蕭子顯南齊書。以爲史遷才識閎卓。足以融會五帝三代秦漢之精華。故其書自成一家。爲羣史之冠。然遷究非大聖。於三皇五帝之道。相去尙遠。故不免牽强附會。埋沒大道於毫釐之間。徵乎奧哉。子固之言也。苟細此說以論天下之文章。則庶幾有得矣。夫文之爲類至繁也。其大者正者足以磅礴萬物。貫通天地。藏諸名山。傳於後世。歷千百年而不朽。其小者偏者。初亦未嘗不足取悅於世。卓然成名。惟其道小。其言野。爲君子所不齒。故日削月滅。浸假而蕩焉無存。故非傳聖賢之心法者。其文不能存。非述國家之政本者。其文不能存。非紀歷代之興衰者。其文不能存。彼街談巷語。道聽塗說。芻蕘之言。狂夫之議。雖亦有足紀者。然而小言詹詹。不足登大雅之堂。今日傳誦。明日擯棄。不絕而自絕。不滅而自滅。雖欲存而傳之。庸可得乎。漢書藝文志一篇。彙古今藝文於一室。舉凡經史儒墨道醫兵法堅白同異之流。靡不畢載。學者至今宗之。考其所載。大都尙存。獨小說十五家。今日不存一篇。噫。可以想見其理矣。大抵無聊之人。或不得志於身世。或有感激於心胸。於是詼諧隱寓。借村夫鄙婦盜賊姦邪。嬉笑怒駡。發爲文章。徒快一時而已。故小說之佳者。閭巷爭誦。上夫稱賞。喧傳一時。日久則絕。蓋時勢易遷。風俗不同。今之制不合於古之制。古之俗亦不同於今之俗。稗官者言道小而識淺。非若堯舜禹湯文武周公孔子之道。亘萬古而不變者也。故小說之不能久。

存者。勢也。今日之世。固有主用小說體以代國文者矣。其亦坐井觀天之流歟。

樹義必堅。摛辭無懦。

●問漢書藝文志小說十五家千三百八十篇迄今無一篇存者其故何歟

夏孫鴻

古昔聖賢。參古酌今。褒貶適中。著之爲史。書傳之天下後世。雖秦皇焚書坑儒。而三代之文。仍能見諸今日。誠不可謂非無故也。漢書藝文志小說十五家千三百八十篇。迄今無一篇存者。蓋閭閻小智者之所及。文辭乖異。事蹟荒誕。非失之離奇。必近乎鄙猥。僅足助談資。不能爲天下後世之繩墨。且年代更迭。附會尤甚。漢代迄今二千餘年。宜其堙沒而不彰也。嗚呼。稗官之不足爲信史。夫人而知之矣。近人酷好立新標異。妄貶古文。著爲白話。以科學之發達。無取乎文字之雅馴。教育之普及。又何關學術之深淺。是誠捨本求末之道。非爲國家久遠計也。吾國文字廣博。使之解譯科學。決無牽強隔膜之弊。白話瑣鄙且繁。不如文之簡潔遠甚。以之教育兒童。則吾國日後之教育。吏將不堪問矣。聖人之書。言如其文。文如其人。且我國文字肇啓最早。卽北斐埃及之古。亦不能相頡頏。今欲一旦廢之。人民頓失規矩。文者國之魂也。文字已亡。國又何賴藝文志小說之流。其鄙俚且不如今之甚。而自漢迄今。已無一篇存者。其文亦無足取也。教育遲滯。工商不振。咎在吾民。與文何尤。今日邪僻之說。充溢海內。道德淪滅。風化尤壞。嗚呼。豈非今日文學之革新有以致之哉。

議論痛快。足以箴砭當世。

●問北齊北周之國力孰強後高氏卒滅于宇文氏者何故

王振欽

孟子論仁之爲用。曰大則以王。小則以霸。又曰。將五十里也。猶可以爲善國。此言也。余固疑之。繼讀南北史。軌以齊周之興亡。不啻有若合符節者也。夫齊周固非勢均力敵者乎。而齊顧亡於周者何也。曰以宇文泰之任蘇綽。復周禮而已耳。夫周禮非易復也。綽之所復。特其小者。較之三代。奚啻百一。而卒以此收民心。鞏國基。則仁之爲用。其亦云溥。而孟子之言。有足垂諸不朽者矣。且夫亂世民心。有如水也。傾之易。覆持之易。靜而高歡宇文既勢均力敵。其存亡自視民心爲歸矣。則一國者宜如何孜孜兀兀。以求固夫民心也。乃北齊有不然者。逆得逆守。高歡奮戰。高洋暴戾。洎乎末世。殆有甚焉。是其民心。既承亂餘。復又傾覆顛倒。尚可問乎哉。北周不然。以宇文泰之明。蘇綽之治民。

心懷矣。民心既懷。故雖以宇文覺之專。亦無所用。加以北齊之暴。有不啻為淵驅魚為叢驅雀。兩兩相較。北齊之亡。有不待讀史而瞭然者矣。嗟乎。沙苑北邙之戰。齊非弱於周也。高洋之雄。斛律光之才。齊亦非弱於周也。徒以周能保其民心。持以恆力而已矣。乃周竟以興。齊卒以亡。然則為國者。其亦知有以保民也哉。

論事既合。筆尤簡當不支。

●問北魏太武帝及孝文帝國力強弱之原因　顧禮宗

國力之強弱奚視乎。曰視其君能保存其國性與否而已。澤國之民多文弱。有國者因不得不提倡尚武。以鑄成剛毅之風。然於文教一端。亦不可使之汰廢。何哉。所以保存國性也。山國之民多強梁。有國者亦不得不尊崇禮文。以養其肅肅雍雍之氣象。然於勇武一途。亦不可使之消滅。何哉。所以保存國性也。車之不能無輪也。舟之不能無舵也。國之不能無性也。斲傷其性。國未有不亡者也。知乎此。而後可與論北魏太武帝之所以強。與孝文帝之所以弱焉。夫拓跋氏素居高原。勁風烈烈。驚沙颼颼。軀幹之陶鑄也。非一日矣。悍武之風。宿鳴於世。太武帝以雄傑之資。日加訓練。卽貴族子弟。亦勗以從戎。因是六鎮之兵。著聲天下。乃東蕩西鋤。統一江北。雖為大江所限。不克南征。未免抱憾然太武之勢不已有奮破崙睥睨一世之概乎魏國之强於斯爲最迨孝文帝酷慕華風疏棄六鎮南遷都邑勞民傷財於是而北魏國勢一至於弱再至於亡矣夫華風非不可慕也即不可慕而慕之亦非所以喪國者也疏棄六鎮是其大錯內既不足以治安外亦不足以禦侮國將何所恃乎由此觀之北魏之强太武帝發揚國性之效也北魏之弱孝文帝斲傷國性之厲也嗚呼强鄰環列虎視眈眈救亡之策固不容不從人之長舍己之短然而襲人皮毛詡詡自足於己國國粹反漠然置之毫不顧惜嗚呼豈真欲蹈埃印之故轍耶嗚呼豈僅予之私痛而已耶

敷陳得法切響堅光

●問唐高宗時敗日本兵於何地其致釁也由於何國厥後日本於中國終唐之世何如試詳論之

薛椿蔭

初朝鮮百濟伐新羅新羅不敵求救於唐時高宗在位乃遣蘇定方率師往援會新羅兵以擊之朝鮮百濟遂求救於日本日本亦援之唐兵乃大敗其軍於白江口百濟全亡此爲唐日初次之國際交涉其後高麗內亂唐又遣李世勣討之攻克平壤高麗王降斯時日本知唐之强而鑑於前次之挫敗恐唐襲己乃築筑紫水城嚴兵備唐其後

唐使劉德高往約和而日本亦報聘如故自是以後唐日交好日本見唐制度風俗之美乃立意改革一掃其舊時之風俗往昔之習慣上自天文地理兵制官制下至語言文字再而至於閭巷之俗市井之風以及遊戲等事無不一倣唐制而兩國互相往來冠蓋絡繹不絕至唐昭宗時交通始絕以斯知敗日本之地者白江口是也其致釁所由之國者朝鮮百濟及新羅是也終唐之世何如者兩國交好是也嗚呼自五胡之亂以迄於隋其問垂二百餘年中原板蕩夷狄紛乘堂堂赤縣孰非戎夷之土莽莽大地竟成蠻貊之邦四夷之無中國也亦久矣得李唐而振興之恢復之攘夷狄征匈奴揚漢威於異域建偉績於東瀛其功不亦大且偉乎至今人猶稱我國爲唐人者良有以也雖然往者已矣今也何如撫今追昔能不感慨係之乎

文氣清疏非徒以對答詳盡爲長

●問藩鎭之禍終唐之世果有爲國禦侮之功否

張望良

自來亡國或由於女禍或由於宦官或由於尾大不掉或由於孤立無助三代秦漢是也而唐之亡則由於藩鎭唐自太宗一統後內修政治外攘夷狄天下向治威振殊俗京師有宿衞之士地方有折衝之兵得內外兼重之道雖有武韋之亂而不害於治迨

玄宗廢府兵。行彍騎。而藩將橫。而行營競。迨行營一弱。失內重而天子爲所制矣。肅宗又順士卒之心。受廢立之旌。而藩鎮擅權之禍以起。終唐之世。叛服無常。卒傾皇室。安史以藩鎮叛。而貞觀開元之治。以衰。河朔三鎮。橫而朝廷不能制。雖子儀光弼。克復二京。而國勢卒以不振。以趨於亡。其後李希烈。朱泚。僭號稱尊。致德宗蒙塵於外。當此時也。苟非陸贄草詔。引罪自責。李晟勤王。收復京城。則河朔諸鎮。不惟無忠主之心。且將聯合賊人而返蹕。終無日矣。至憲宗而劉闢吳元濟。自主朝廷。征罰數十年。始得平復。彼藩鎮者。擁強兵。享厚祿。而未聞加以一矢。助以一卒。以勤王室。而攘奸凶。視國家之安危。如越人視秦人之肥瘠。不加喜戚於其心。甚且結合私黨。以脅天子。以鎮地爲封茅。以貢賦爲私產。自署將吏。以傳子孫。暗助叛逆。以困朝廷。澤潞之平。非德裕先撫河朔之心。則三鎮又叛矣。其後朱溫以殺宦官爲名。而唐爲梁矣。溯唐自中興以後。藩鎮與朝廷爲難。致國勢不振。而卒爲所篡。然則藩鎮之肇禍於唐也大矣。而究其源。則因玄宗之廢府兵。致不能與藩鎮相抗。而成外重之局。以趨於亡。爲國者。毋使成外重之局。其可也。

洞見癥結。一結尤醒。

問柳子厚在柳州設法贖回奴婢其用意安在

陳維敏

原夫造物之生人毫無軒輊也然世界人類有富貴貧賤之階級而致生安樂勞苦之不平事者蓋所謂天演公理優勝劣敗此固無可怪也雖然貧賤也勞苦也猶不失爲自由之人類也若夫奴婢者遭家境之困頓被父兄之質賣苟所遇家主而兇暴者驅之若牛馬稍有逆意鞭撻隨之或因是以致死可謂慘矣然則奴婢之與禽獸有何異哉嗚呼貧賤者之子女亦人類也豈可如禽獸畜之耶昔柳子厚在柳州設法贖回奴婢其用意蓋在是乎雖然竊有疑焉子厚之法乃破除子本相侔沒爲奴婢之俗例與書傭相當使歸其質二者此不過生一時之效力而非永久之良策也彼以男女質錢者實因生活困難無物足供典質以餬口乃出己子女以質之耳則欲解釋奴婢固當破除男女質錢之例然欲破此例非先謀人民生計之充裕不可此蓋如水之有源木之有本果能源浚本固則水自遠而本自茂人民之生計亦充裕也則俗自無男女質錢之例而奴婢亦得從此免除矣否則如子厚之法今日贖回苟明日而不能生活也又不得不出於質錢矣如此則奴婢安得因之而解釋歟是則子厚設法贖回奴婢特治標之法而非治本之策也使子厚久居刺史之任或更能爲柳民謀生計之充裕不

復見以子女質錢之事，未可知也。乃奄忽物化，未竟其事，豈不深可惜哉。今之世號稱文明平等，而凌虐奴婢之事，日有所聞，有改良風俗、主持人道之責者，可不起而革除之乎。

前路用意清切。中段進一步立論，更見精深。

●問石曼卿交友主兼愛惟儼主介試言其利弊並表示己之方針

沈奏廷

交不可以介也，交而介則隘矣。交又不可以兼愛也，交而兼愛則不恭矣。夫介，交之清者也。非賢士不交，非豪俊不交，非學勝於己而德高於己者不交，其得之清而失之隘矣。若夫兼愛，交之和者也。賢士豪俊可友也，庸夫俗子亦可友也，優於我者可友也，劣於我者亦可友也，故曰和而不恭也。石曼卿、惟儼二人，殆各持此二義者耶。惟儼之言曰：吾不交妄人，故得天下士，否則賢者安肯顧我哉。蓋其交之介，正所以成其友之清也。又聞石曼卿之言曰：君子汎愛而親仁。蓋其交之和，即所以示其愛之兼也。雖然，惟儼之介，惟惟儼可行之；石曼卿之兼愛，亦惟石曼卿可行之。是以伯夷隘，終不傷其聖之清；柳下惠不恭，亦不失其聖之和。要皆可慕而不可師，可嘉而不可效也。奚以知其然耶夫賢士也豪俊也不多得亦不易得者也處於鮑魚之肆而欲聞芝蘭之香勢不行也苟師惟儼之交而無惟儼之友則惟謝絕世緣孤隱終身矣可乎哉可乎哉若夫賢亦交不肖亦交則直濫交而已矣曼卿行之故美其名曰兼愛耳否則烏乎可哉故曰之二者可慕而不可師可嘉而不可效也或曰然則二者擇一君孰與從曰從惟儼何也蓋從惟儼不得猶不失爲高士所謂刻鵠不成尙類鶩者也師石曼卿不得則直妄人已耳所謂畫虎不成反類狗者也一清一濁邈不相同可不辨之又辨哉

意義顯明詞亦圓轉

●問交鈔盛行於元世祖時厥後流弊若何試詳言之

陸肇鑫

聖人創法必利於民而其憂也深其慮也遠故又必求利於後世而後行其法也不然圖目前之利而無以慮其後必有無窮之禍蓋大利之所在其中必伏大害此聖人之法所以必出乎萬全也昔元世祖時交鈔盛行致每年印鈔之數有十萬至百萬之多以是遂盛行於天下然不久而僞造者遂日多交鈔之價遂日賤以至廢而不行而人民之於經濟遂大受其影響矣噫交鈔之法享其利尙未能久而害卽隨其後矣可不

懼哉雖然行交鈔之法豈獨元世祖之時爲然哉今日俄羅斯之交鈔其價日賤昔羅布之價今僅值得其十分之一二再數十年後吾恐其廢而不行與元時之弊相同豈不惜乎雖然又豈特俄羅斯爲然哉今我國之交鈔日多一日而銀行設立之權在於人民是以富者皆得設銀行於通商大埠我國人民皆知其利而不顧其害於是銀行日夥而交鈔之數日益增多吾恐他日之害將與俄等又將與元時等矣夫聖人之作金幣將以大利於民也今改爲紙幣反爲民之大害豈聖人之所用心哉亦可痛矣今我國可謂富乎而事莫不多弊信託公司交易所日漸發達而政府曾不加禁吾亦無望其有改交鈔之日矣豈不人可哀哉

議論緊策首段尤佳

●問交鈔盛行於元世祖時厥後流弊若何試詳言之

劉存樸

凡事有一得必有一失有一利必有一弊得失相因利弊相隨此天下之定理也要之利與弊較利居百而弊僅一二則其事可行若弊大於利則其事萬不可行者也知此可與論交鈔流行一事考交鈔之用始於宋高初不過喜其輕便而已後漸流通全國

交鈔與錢幣幷行至元世祖時又作中統至元等交鈔每年印鈔之數自十萬至百萬以上丁錢田錢且許納交鈔噫亦盛矣夫交鈔多則錢幣少以方寸之紙而空載值價若干以當確有價值之錢幣以理而論已不合矣人始以其輕便而樂用之者蓋不知其害也至於全國盡爲交鈔不見錢幣則交鈔所載之價值無處兌換而又多僞造之交鈔淆亂真假則人知悟矣一旦廢鈔不行則經濟上大起阻礙此元世盛行交鈔之流弊也是交鈔者僅爲利於輕便而行之而其弊乃至於如此之極愚哉世祖蓋未權得失利弊之輕重者也雖然少用交鈔以補助金融之流通且每歲嚴加稽查不許濫發則僞造者自無亦未始不可也若元世之盛行則非吾之所敢知也今日者鈔票之盛較元世爲何如耶前車可鑑若不設法以補救之吾恐其流弊有更甚於元者矣

相題有識筆亦不平

●問元代兵力及於歐洲其用兵次第若何所討服者爲今何國試詳言之

沈奏廷

元代兵力之强亘古以來絕無而僅有者也初蒙古起於北漠其主號成吉思汗者欲征服西方率其子拖雷窩闊臺察合臺朮赤四人自也里的石河源經伊犂附近渡西

爾河大破花剌子模花剌子模者蓋即今之阿富汗等國也其主號謨罕默德爲所敗走死子札蘭丁復舁散兵欲圖北出成吉思汗因遣將躡之札蘭丁敗入印度時以溽暑遂罷兵先是成吉思汗別遣二將一曰哲伯一曰速不台沿裏海踰高加索山而進襲欽察部欽察部者今之西伯利亞西北也時聞成吉思汗已罷兵遂不復進掠俄羅斯而還此元太祖之西征概略也太宗繼之與其弟拖雷復征歐洲直達德意志其版圖蓋又倍於元太祖時也後又遣朮赤子拔都太子貴由進征歐洲蓋其時屢次西出道途既熟進兵自速而歐洲諸國亦皆畏元兵之强懾服不敢動故聞風即降無抗禦者至今歐人猶稱黃種曰蒙古利亞蓋自元始也抑又有聞者元力出征凡統率長官必爲衆所信服而負有厚望者故其部下咸畏而敬之軍令嚴肅誠元代用兵之特點也要之元起於北漠陸戰素所擅長者縱橫大野所向無前立空前絕後之偉功亦其應有事也雖然元代兵力强則强矣然其享祚之不永亦未始非兵强致之也蓋當斯時也兵則克捷於外民則窮困於內卒之國庫空虛天下騷然雖有跨歐亞之版圖無所用之噫嘻元往矣後世之好窮兵黷武者尚取以爲殷鑒哉

精心結撰語語的當

●問元代兵力及於歐洲其用兵次第若何所討服者爲今何國試詳論之

侯毓馨

蒙古世居漠北。所部剽悍過人。誠以冰天雪地之民。初非尋常所能相較。其室韋一部鐵木真立。遂有西侵之志。當是時西方有大國二焉。西遼及花剌子模是也。西遼位於中國之西北部。花剌子模在今鹹海西南。裏海以東。阿母河下游以西之地皆是。太祖鐵木真因花剌子模城主殺其商人。卽率大軍與子朮赤察合台窩闊台拖雷四人西向。又以西遼未平。別遣將哲別往討。哲伯殺其主屈出律。西遼以平。太祖率四子俄比河（在今俄屬西伯利亞）岸。經伊犂曲城附近。而渡錫爾河（在今中亞細亞）侵入花剌子模。其主謨罕默德自見敗於八吉打後。兵氣沮喪。不能抗拒。太祖圍其都城尋思干（卽今俄羅斯撒馬爾干）遂分兵爲二。一由朮赤察合台率師前進。下沿道諸城。一由太祖自與拖雷陷布哈爾（撒馬爾干附近）旋下撒馬爾干。又別遣將速不台哲別。以滅西遼之師。由葱嶺出。轉追謨罕默德。謨罕默德死於裏海島中。其長子札蘭丁聞信。卽募散兵。謀北出。時朮赤以取沿道諸城在外。卽命之攻札蘭丁。大敗之。札蘭丁退入印度。旋逃海外。朮赤乃收軍與太祖由布哈爾達撒馬爾干以歸。亞洲之西北部。已爲之征服矣。當此時速不台哲別既走謨罕默德更沿裏海西岸踰高加索山西向此所謂西征之師也遂襲欽察部（即在今西伯利亞西南烏拉嶺西裏海黑海以北之地）又破俄羅斯於黑海之東北附近阿里吉河畔而進至多烈敷羅河（在歐洲俄羅斯）至哥立米（按哥立米疑即今之克里米半島臨黑海屬俄）臨黑海未渡而旋軍故德意志匈牙利諸國尚未侵入然而元軍之名已早在歐人心目中亦可謂盛矣太宗窩闊台立頗有父志故先遣肖乃台往討欽察及東方稍安乃命朮赤子拔都率大軍五十萬征俄羅斯蓋繼乃父之創業未全也拔都沿阿爾泰山之麓過也爾的石河源經哈薩克遂入俄境更北趨歐境遂陷莫斯科（俄京）更取幾富（俄京附近）所過沿道諸地勢如破竹所向克捷遂更分兵二路以侵歐洲內部一軍過黑海（自匈牙利渡多惱河臨德境）入一軍自波蘭土（在德國東北）侵入普魯士東部所至殺掠自創世以來歐人未遭亞禍如是者也而亞洲諸族之能遠服異族四佈威聲亦未有如是者也時歐洲諸侯王連擊蒙軍於里格尼自皆轉敗於是全歐響應至於德意志諸部人民各相逃亡嗚呼觀於今時之所謂歐洲大戰以十餘國之力與一德支連兵數年尚未全能克取若以我亞族當時西征之師置於此時則黃龍直抵豈但一敗而已哉拔都既克德因太宗殂未克再事延兵而旋不然所謂英吉利法蘭西等不至於失地喪師者幾希其後拖雷子蒙哥受推即位是謂憲宗時中亞又

亂回徒時謀反叛乃命皇弟旭烈兀自天山北麓西至柯提而伐木乃奚國（木乃奚位於裏海之南世爲蒙古大害）破其都因進兵八吉打（在直波斯灣西北據底格里士河源）亦克之旭烈兀之西略直至阿刺伯不幸亦以憲宗之殂而旋師焉總之蒙古自崛起以來亞歐二陸皆爲所克其西征也皆出陸路之師蓋精騎善射剛强耐苦爲彼所長此所以能制勝一也蒙古世法其可汗須經大會推戴非世襲也故自太祖太宗憲宗以及世祖其勇略才智有以過人此所以能制勝二也太祖太宗西征皆首由俄羅斯入蓋俄據歐洲上部破俄則猶居高臨下歐人自不能支矣此所以能制勝三也太宗之命拔都攻歐至幾富而分軍爲二一攻其東南一攻其東北使歐洲各國無以兩防且有相應之勢此所以能制勝四也蒙古族亦可謂世界傑出者哉

了然於心脫然於口望而知爲潛心向學之士

◉問中國列入國際同盟與否究有何種利害

陳文松

自協約戰勝德奧之後而國際同盟之聲洋洋盈耳各國皆預備加入中國亦嘗有此議至於今日國際同盟已將實現而吾國究應列入與否孰利孰害尙爲一待決之事就愚見所及則列入後之利害相參無甚軒輊而世界大勢所趨則吾國有必當列入

者在請分別論之。

一、關於利之方面者。　大戰以前。各國皆抱侵略之野心。吾國地大物博。每爲各國所垂涎。五十年間。喪權辱國之事。不可勝數。迨德奧屈服。而正誼和平之義。始得漸伸。吾國亦爲協約之一。各國亦漸有以正誼相待之事。如退還賠款也。收回租界也。皆嘗加以討論。行將實現。苟吾國列入同盟。則與各國之關係。較協約更進一層。且國際同盟爲永久性質。與協約之一時者不同。既有同盟之關係。則利害自應相助。以前種種不平等條約。皆有廢除或減輕之望。卽以前條約不能減輕。而以後各國侵略吾國之野心。必可減少。卽中日交涉。或可得各國扶助。而日本不敢過違衆意。此其爲益於吾國實非淺鮮。儻不列入。則明示拒絕各國對於吾國利害。皆將不顧。或且與日本協以謀我。則以前之一切運動。概歸無效。而以後之危險。必將不堪設想。失計之尤。莫甚於此。此中國列入同盟之利也。

一、關於害之方面者。　此次大戰。雖曰公理戰勝。而實際則强權終不能卽滅。野心終不能卽消。各國外交。仍用武裝和平之手段。卽如此次和會。苟各國果能維持公理。則中日交涉。應得公道之處置。種種密約。皆應無效。而乃因牽掣之故。遂令日本得逞其欲可知所謂公理所謂正誼皆不可恃惟和會之中尙可拒簽尙可退出假令列入國際同盟而各國又爲日本所牽掣而仍如前議則同盟已成勢難退出拒之不可諾之不能其爲害甯有紀極况按同盟規約盟主皆由强國分任其他各國一切事務皆須聽其處置違者各國共伐之假如吾國加入同盟而各國仍如前議我國勢不能不再拒絕則嚮之一國爲吾敵者今且多樹數敵以一敵一猶虞不足以一敵衆國將奈何此僅就中日交涉而言若其他各事則今日旣非强權野心完全泯滅之時則他日吾國國內苟有他事發生或有整頓振興之事難保各國不藉口盟約加以干涉加以阻止則我國自主之權完全喪失而事事皆須受人節制則其爲害亦非小可此中國列入同盟之害也

以上所陳利害皆甚重大偶一不愼卽易失計然而中國究應列入否乎則謹應之曰以利害而言則列入與否利害惟均以世界大勢而言則吾國有不容不列入者在蓋進化程序由分而合由碎而整乃必然之道今日之國家固爲最高之組織然安知他日不有更高之組織在其事維何則世界大同是已世界大同久爲世人士所稱道而皆承認爲將來必抵之一級而欲抵此一級必先有一過渡時代有此過渡時代而後

世界大同始有達到之一日此過渡時代之事業非國與國相聯不爲功欲國與國相聯則國際同盟尙已故國際同盟者乃由今日之國家抵將來之世界大同之過渡時代之事業也吾國同是國家同此世界必不能自外於進化之途則大勢所趨舍列入同盟誰歸乎但就今日計苟不能力求振作則列入固有節制之害卽不列入亦何嘗無之患在不能振作耳不患受人節制也故愚以爲列入便謹對

就中國利害上論列入與否無甚軒輊就世界進化上論則有必當列入之勢分別頗極明晰措詞亦甚妥詳

◉問吾國實業逐漸發達惟機器購自外洋非獨金錢流溢且易爲人所挾持今欲自行製造以應需要其進行之方法可得而言歟

彭道南

製造機器首在人才而資本原料次之無資本斯無原料有資本原料而無人才則不能成機器原料供其質資本利其通人才總其成三者俱備則機器製造之發達可預卜也故培養人才是治本也充實資本原料是治標也今吾國人才少資本微原料未闢固不可諱言然從此猛進前途正未可限量也竊以爲製造機器之進行治本之法

問吾國實業通商以來機器購自外洋非獨金錢流溢且易爲人所挾持今欲自行製造以應需要其進行之方針可得而聞歟

二。今日培養人才。莫善於派優秀者留學外國。然或以學未成者往。則所得無多。或限其期間。則不能竟其學。故派人留學。首不限其年。而以對於該科具有經驗者往。則所得既多。又能探其深邃。回國後能獨立展其所學。此其一也。今吾國之留學回國者。或用非所學。或賦閒家居。不獨不能展其學。而有失其已知之虞。故工廠對於留學回國者。宜盡量徵用。則其所學既全發展。而工廠又可增其經驗。啓其發明。以改良其製造。此其二也。雖然。人才之成。非朝夕所能致。其效固大。其年實久。則量現有之財力。充分發展。以與培養人才並進。誠不可緩也。計治標之法四。夫設工廠以造機器。政府與國民當同力並進。今政府既無財力。則亟宜獎勵從事於此者。以勸其勇進。而社會有志者。多立工廠。有財者勇於投資。則工廠既多。出品自富。其法一也。機器之原料。鋼鐵最多。吾國在鄂有大冶鐵鑛。其餘如晉皖蘇湘等省均產之。蘊藏富饒。礦質純良。故此後應急集資開採。以供製造之用。其法二也。機器有繁簡。需要有緩急。機器之繁難者。在今日自不能造。而需要緩者。亦可待諸異日。故製造機器。須簡而易做。而社會需要最急。如蒸汽機。火車頭。紡織機。發電機。及小工藝需要品等。其法三也。如資財缺乏。則可暫借取利輕微不受挾持之外債。以求發展。或有必求外人者。則不妨請其助教。又工

廠內應備之機器。仍可購自外洋。蓋購之以製機器。嗣後無容再購矣。其法四也。綜此四法苟能猛力進行其發達可斷言也

條列辦法頗有次序。妙在語皆切實無泛作空談之弊

●問十字軍之興以耶路撒冷之聖墓故綿亘至一百七十二年吾人於青島問題其感想當復如何

王守恆

事有可忍有不可忍可忍者。雖受屈於人受辱於人。無害也。若事之不可忍者則必出死力以相爭而不可含垢忍辱泄泄沓沓以自弱也。昔基督教參聖於耶路撒冷土人阻之。毀其教堂佔其聖墓。教徒引爲大辱。組合十字軍以攻之。初凡數敗。經一百七十二年之苦戰。始得恢復聖墓。今日青島問題。豈特小辱而已哉。彼教徒爲耶穌而戰。雖屬迷信觀念。然彼之信教。固以崇信禮拜耶穌爲唯一宗旨。人或恥辱耶穌。則彼之奮起助戰。不亦忠憤之所結乎。而吾獨不可爲孔孟之地。爲文化之產生地。爲山東而戰乎。魯自上古爲禮教之邦。郁郁乎周公之化。民勇敢而尚氣節。闕里之多士。固不待賢者而知矣。抑又有甚者。賢聖豪傑之廟堂墓宅。所以留資瞻仰者也。觀孔子之廟堂。莫不有景行高山之想。今使淪於異國。阻遏吾文化所發出。而返晏然自安。奈之何其不。

亡且滅且絕也夫地本吾地權本吾權奈何爲外人無故而取之也彼基督教徒以一墓故卽動干戈吾爲孔孟計固已宜死力爭此大辱而况青島亡則山東亡山東亡則中國亡中國亡則永無恢復之機矣吾人安可不枕戈待旦臥薪嘗膽哉且夫耶路撒冷爲土耳其之領土彼基督教徒猶且爭之非特爭之乃戰至一百七十二年之久其爲基督亦已甚矣至各國雖承認日人之所爲而青島山東尚未陸沈彼教徒戰於已亡之後猶得爲功而吾則尙未至亡猶可有背城借一之勢安可坐視其亡乎嗟夫耶穌不過一宗教家耳何益於文化而吾國之孔子則上繼堯舜下垂法於萬世其神靈所擁護之區域豈可屬之他人乎吁

激昂中多沈着之語

●問古人書少文辭學術乃勝於今人今人書多文辭學術反不逮古人試言其故

趙乃謙

自淸之末葉以迄於今有所謂文學革新之人物從事批評古人之著作曲引旁徵必得其當而後已於是膚淺少年畏古書之精奧更從而和之視古學如糟粕不屑置語晚近以來此風尤甚斯文將喪國粹淪胥憂國脈者未嘗不時太息焉蓋文辭學術繫

乎國脈揆之進化論後勝於先今超乎昔中國文學復代有變遷宜較古人之文詞學術猛晉不可以道里計已顧充其所止境適足相反古人書少今人書多古人樸穆今人機巧今不如昔其故何與曰此文學革新家之罪惡也吾人稽覈文學史考思想之最發達者莫過於周末秦初中國中部哲學產生於此時期莊子列子可爲其表率至文詞之瑋麗首推六朝繁而無實后代莫取然凡此種種俱足以代表一代之文學當時學者處於君主威權之下民智閉塞之秋上古遺流典籍類多近於神話無所依恃獨闢蹊徑而所獲效果反百倍於此世有清一代學者爲宋漢學派大起爭執本科學之精神創不朽之文學每著一書必互相討論疑慮盡釋方付剞劂其時文字之獄屢興而學者志不稍懈故彼時典籍雖少而文學之淵源乃非今人所能想見蓋亦有由來也今世革新文學家挾政治之胸襟寓傳佈主義於講學爲之徒者不惜失名節以曲從之互相標榜以干利祿每一書行世輒盲從其說以爲此新說也古之人何有於斯焉有講學之名無講學之實而出版事業益不堪聞問以書牟利書乃愈卑誨淫誨盜卷帙孔多究其有用之籍百不得一故今世之書雖夥復何益乎重以世俗澆漓人心不古亦非昔代學者可比此世此書已墮前緒而有餘何況革新文學家又立異說

而趨之乎世人多以社會領袖爲嚮導而爲嚮導者多屬政客變相之革新文學家文辭學術欲過古人庸可得乎

文學退化之原被作者一語道破氣深語沈襟標獨出佳士也吾心許之

●問本校爲吾國工程大學而現時所用書籍均屬外國課本將來應否採用本國文字課本試詳言之

彭無荒

立國之本在乎文字救國之基在乎科學代表國粹於世界者文字也代表國策於史乘者文字也是以文字之關於國粹國策有九鼎之重千古不易也立國之道必取人之所長以補其缺吾國之所缺者科學也實用之學也非文字也文字者代表中國也其用外國課本而研究科學者乃所以補我國之缺也夫研究外國之科學一時之研究乎抑永遠之研究乎使後世子孫世世研究外國文字科學乎抑使後世子孫世世研究本國文字之科學乎吸收外國之科學據爲己有以保萬世乎抑研究外國科學使科學仍爲與己無涉之外國科學乎若一時之研究與研究外國科學使科學仍爲外國之科學使後世子孫世世研究外國科學則亦已矣若永遠研究必吸收外國科學據爲己有以保萬世使後世子孫世世研究本國科學則本校爲吾國工程大學爲

吾國科學國粹攸關現雖用外國文字以研究之然將來必吸收外國之科學變而爲本國文字課本使高深之科學據爲己有之國粹使我校爲吾國高深之學府使後世子孫研究科學者可直接研究無須乎研究外國文字而後研究科學也且夫人之生也聰明智力以一二人而比較之則有高低之別以一國人民之平均而算之則相差不多東西一也我國學者之不逮泰西各國我國學者之研究之不逮泰西學者研究之精何哉蓋人之聰明有限平均相等泰西學者以根本之方言而求同文之科學其研究也直接向上無別種之困難我國學者以異種之方言而求異文之科學若抱研究科學之志必抱精求外國文字之心是研究科學而另生一種困難也聰明智力無形多受消滅也甚矣保存國粹創業垂統爲後世子孫計焉可不改革外國文字書籍而用本國文字課本乎然則將若之何以達此目的乎余曰此則根本問題也解決此根本問題必具有根本辦法我校大學也然其學制未備研究院未設其畢業也僅有普通專門科學之智識非有特別高深之學問故我校必從事擴充添設研究院院制略仿外國大學畢業於院者必須碩士博士之銜院之設也研究之目的也全以譯書爲主其頒銜也亦以譯書之多少及精粗而定則外國文字科學雖妙而徵而我國學

者之研究精而細外國文字之科學雖多而我國譯才叢出足供應用如此則泰西各國數千年所得之科學不數十年盡收爲我有矣工程科學事業之書籍無不一一胥爲中國文字所有是科學之書中外相等豈患校中課本無本國之文字乎羣校中各書無不應有儘有豈獨我校之課本乎甚矣立國之本在乎文字救國之基在乎科學本固則國不衰基實則國必强以我國未有之科學吸收而納於我國文字之中是救國之基藏於立國之本之中也若徒事外國課本永不設法挽救則吾恐神農華胄徐徐化爲條頓異族也直下單音之文字徐徐變爲橫向複音之方言也嗚呼已矣我國前途危險不可言志士焉得不畫策以圖救乎

發揚蹈厲語必透宗

△感言類

●五國公使勸告南北息爭感言

曹麗順

嗚呼吾國自內爭以來民生凋敝工商停滯湘閩川陝瘡痍滿目地方之糜爛國本之斲喪亦已極矣吾民之呼籲亦已屢矣而當軸武人漠然無動今歐戰告終世界和平惟吾國尚以武力相角逐遂有五國公使勸告之舉吾因之有感焉夫南北所爭爲何

吾不敢知然試問有益於國家有益於人民否乎苟有益於國家人民則吾民將鼓勵之贊助之彼友邦烏敢勸我息爭者協約戰德爭正義人道其人民無怨言各友邦且稱頌焉吾國之爭以國家爲兒戲必待旁觀者爲之勸解此南北當局之恥也中國者中國人之中國也人民其主也官吏其僕役也中國之事中國人不能治之而有待外人之勸告猶主人不能制其僕役之詬誶鄰人憐而斥之此吾國人之恥也人而不能自立不得爲人國而不能自立不得爲國夫以一國有待人之勸告則必無自治之能力自立之資格可知將何以自儕於列國之中此尤吾國全體之大辱也然此皆既往試思前途更有可爲寒心者五國勸告曰不涉內政善意可感使吾國竟能息爭則亦已矣否則勸告無效五國將若何戰爭再起蔓延愈廣五國又將若何彼將以吾國內政爲不可干涉乎置其僑民之損失於不計乎抑將進而代謀和平乎此五尺之童莫不知也聞勸告後有監視督軍限制軍隊及旁聽和議諸事其端已見矣夫所謂干涉內政者彼之言也在吾則爲亡國勸告者彼之言也在吾則爲干涉且不干涉云者干涉之前提也干涉之第一步也勸告無效則干涉立至干涉至則吾國已滅亡吾民已奴隸而萬刼不復矣然則勸告者不啻亡國之警告也聞有憤激者欲假外力以定內

治無論爲極羞恥抑亦世界絕無之事內治成而吾國亡矣可不痛哉可不痛哉幸袞袞諸公雖不聽國人之呼籲而不得不顧友邦之忠告諸公不好自爲之而待人民呼籲可恥也不聽人民呼籲以致外人勸告尤可恥也吾國固當以友邦之善意爲可感而尤當以朝鮮安南之亡國爲可戒

語氣憤激沈痛之極

●民國十四年雙十節感言

朱代杰

雙十之節與客興遊既倦而退客有所感而質於余曰鼎革以還已十有四載外患頻臨國事日非察其已成之跡究其未然之象或治或亂或安或危論者多端莫衷一是或言財政破產軍閥禍國官吏棄職民罹於災有如傾屋牆圮棟朽扶之不能摧之甚易舉國若狂亡無日矣此持悲觀者也或言國興在民政治雖摧民心猶固五四以還新潮澎湃文化更新自治迭起有如朝日國運以鴻此持樂觀者也聞聽之餘悲喜莫從子夙留心國事於此二說孰以爲當應之曰是二說者各有其理然以言國事之將來變遷之大勢則尚未能洞其理而察其微提其綱而挈其領也吾國現象誠至奇變以言悲觀固不可以言樂觀則又非自政治上觀之勢如崩潰至屬可嘆然輿論之進

步至速人民之智識日高卽彼軍閥專恣有時亦順從民意而莫敢違外交上聲譽日起能得列强之同情不可謂非國民左右之力雖然上下不交其象爲否而觀而剝捷於影響徒言不行何濟於事此可慨也夫裁兵統一政府之宣言自治制憲人民之自標論之綦詳言之有物自表面觀之則固一力圖改革極謀振興之國家然其實乃尤趨尤下歐洲學者論吾華民族緩性而缺乏實行能力蓋謂是歟前此英日同盟喧傳於歐土太平洋會議召集於美洲是皆爲解決遠東而起人民政府無不曰力謀自强以圖對外然而南北紛爭如彼黨與之鬨鬭如此也嗟夫吾國而欲救亡舍力行其是實施改革何道之從細思此十四年中政治不良之原因翻然改革立誓曰自今而不自强者有如此十四年之雙十節將日討國人以警之不暇奚事紛紛焉虛言慶祝徒爲此繁文不實之舉哉客聞予言聳然曰子之言是也乃記其說以質世之熱心愛國者

感不絕於予心遡流風而獨寫　盧炳田

◉軍隊多空額感言

徐承熙

憂時之士觀國勢之不振軍閥之擁兵僉謂非裁兵不足以救國然督軍之尊榮如故

虛糜國帑如故余不覺慨言曰裁兵固善計也然亦有知軍隊之黑幕固非一裁足以了事者乎中國之全國軍隊號稱百五十師然綜算其實不過四十師耳平日國家虛費國帑實則經手之中飽而軍士之得不過三之一耳不試觀乎今之擁兵者無不擁巨資試問果何從來者今倡議裁兵彼實無兵何裁之有是裁兵之費又入其私囊而人民之困如故也爲今之計如有一二軍閥稍具良知者剴切陳言此弊使一二巡閱使巡遊各省實核軍額如有浮報處以重罰庶幾稍可減少然與虎謀皮與鹿謀角彼輩肯安然無動乎勢必多方阻礙其勢或至用兵所苦者人民耳嗚呼不幸哉中國之前途也

簡練老成

◉觀奕感言

王羽儀

壬戌之春學校春假將整裝北上省親同學王君告余曰君非嗜奕成性者乎今有二國手一來自瀋一來自洛將決勝負於都門君北去省親可以一飽眼福矣余曰確乎友曰報章明載君觀自知自瀋來者號赤髯子出綠林中來自洛者則一秀才也余曰奕乃文士用以消遣不謂綠林巨憝亦效西施之顰毋亦太不解事乎友人曰否否不

然。方今之世無真國手。昔之睹。宣城太守者。今茲其人矣。彼雞鳴狗盜之流。何一不能弄柔翰使長劍。具不可一世概。曾謂綠林中。顧無其人耶。予聞而益心訝之。次日起程北上。屆其日驅車前往。至則圍而觀者數重。幾無立足地。見所謂赤髯子者。鬚咸紅色。誠不愧赤髯之號。秀才身頗清瘦。目炯炯有光。旁有老者。正襟危坐。狀有憂色。觀客有識之者。曰老人即局主水竹邨人也。以奕起家。擁貲百萬。今來此監奕。室中懸一圖。題大好河山四字。乃希世之寶。將以歸之勝者。局中互見勝負。惟赤髯子下子甚遲。稍一失勢。輒出詈言。或有時憤而拍桌。聲達戶外。嗣有兄弟二人至。掖秀才袖。意若勸其去者。秀才默不應。局未終而齟齬作矣。老人從中排解。向所掖袖之旁觀二人。亦偏袒秀才。赤髯子怒愈甚。立取圖而裂之。擲之戶外。子聲丁丁然。並揮拳肆擊諸人。老人負重傷。搖手徐吁而出。秀才與赤髯子。鬬益烈。觀客有殃及者。余幸以稍遠得免。次日偶過前門外。紅日觀前見二矮人共對一圖。近觀之。圖似當日赤髯子所裂者。詢之果然。上有補綴無異。厚壁旋有索圖者二人。至附耳與矮人語。矮人掉頭不顧。余心訝此二人似曾相識。向座上一梁某詢之。梁某瞠然語予曰。汝不知此人乎。此乃將軍魏武之子孫。昨日之憤事。渠亦在局中。故來此索圖云。

上海交通大学百年报刊集成·第一辑（1896—1949）·学术学科

異史氏曰。奕文人學士所以怡神養性者也。尤重品。今觀斯兩人之奕。以躁而負。以負而爭。更殃及局外卒之。圖窮而匕首現。大好河山。至爲他人所得。黑白未分。輸贏已角。昔人稱觀棋局於長安者。不圖吾於今日見之矣。吁可感哉。

涉筆成趣。極卷舒自得之妙。

此中有人。呼之欲出。筆亦錯落有致。 盧炳田

●歐洲停戰紀念感言

范存忠

歐洲停戰紀念日者。公理戰勝强權。而得和平之第一日也。血戰四年中。壯士拚熱血與頭顱。以換得此世界和平之紀念日。循是以往。則庶民於以郅治。心理於以大同。然則是日所紀念者。宜以鐵血鎗礮爲紀念品。陣亡諸壯士爲紀念人。以千秋萬歲。年年有此舉。爲紀念之希望。昔者宋向戌設弭兵之會。而不能止晉楚之爭。今於血流漂杵之後。得有和平之機會。寧不大可寶貴耶。吾人處此。自宜踴躍歌呼。手舞足蹈。舉國若狂也。雖然吾人一察停戰以來之經過。覺此三年來。國際間之信義無所進益。而潛勢力日以滋長也。西大陸之問題未盡消除。而亞東戰雲又復朕兆也。所異者昔日之戰以巴爾幹萊茵河爲根據地。今者將以血濺太平洋兩岸耳。此則有未盡樂觀者在也。

蓋以協約勝利而後國際之成見未能消除而民族之野心仍見蓬勃是故波蘭與捷克爭礦區意大利與巨哥爭海岸侵略之見於敵對國者既如是德波爭上西萊亞則英助德而法助波土希戰於小亞細亞則英助希而法助土異趨之見諸協約國者又如彼此皆國際侵轢之顯而易見者而彼扶桑島國則方龍奮鷹揚鼓吹其帝國主義封豕長蛇久欲染指神州此乃國際後患之隱而難知者循是以往則均勢之局易破其結果不至流血不止果如是則既辜負四年之血戰而無補事業於將來吾人追維景運方開之紀念日能勿感慨係之幸也此日新大陸有華府會議之進行從事於解決國際問題雖會議前途不甚可必然果能實行我所有者我自饗足人所有者我不覬覦之義（二語係哈定開會辭）不難消滅侵略之野心而增進國際之諒解今日雖不可謂為世界和平成功之日而在有可望成功之時當此發軔之初國際徹悟共謀永遠之和平則可由可望成功之時而有真能成功之日庶不負此停戰紀念日已

國際侵轢險象迭呈作者洞矚其機憂盛危明詞旨悚切

●祀岳武穆感言

王樹芳

自來忠義威武之士死而受後世之追享為軍閥之先師者厥惟關公岳帥他如淮陰

汾陽雖亦各有專祀未有若是之昭且久者洎乎民國成立改制法典三年立武廟而並祭關岳由是岳公之德更彰然矣當金人犯宋侵入中原天子蒙塵國事靡敝岳公痛飲誓師披甲效死於疆場之上常立顯赫奇功切齒深仇北虜忠義之心不離胸襟守道至誠未嘗一事矯譎洵卓異罕逢之偉士誠堪與壯繆公相儔祀之當也至其不祀於前代而祀於今世抑亦有理與岳仇金人金乃遜清之先祖清之不祀岳也固宜今民國復是仇清仇清卽仇金幸而今日之仇清竟償其志旣償今日萬民之志更復代償岳公之志滿清敗滅岳公氣伸因其同志而追念其功斯今世之所以祀之也至於關岳之才德實非他人所能及其並祀也亦宜由是知古之所謂忠孝義烈者其身雖亡其忠義之氣則浩浩然流被天壤上自名公鉅卿下至里巷之氓莫不樂頌其姓氏歷世愈久愈不可磨滅相距幾千百歲猶昭灼在人口耳傳芳果不朽斯言誠信矣夫

持論旣得筆氣尤清挺不羣

●糴米者言

楊恒

吾蘇城南有平糴局焉每日黎明糴米者踵相接類皆衣衫襤褸形容憔悴門方啓老

者少者咸攜籃魚貫入既得米則欣然有得色余每晨入校必過其門而見其狀某年冬季晨冷霜滿地朔風砭骨余冒寒入校經局門而聞哭聲嗚嗚亟往視之見該局以米罄價漲高掛停市之牌有一飢民匍伏階下戰慄無人色憔悴可憐不忍卒視問所以飲泣之故彼乃嗚咽而言曰余近村小康之家也薄有田地粗足自存不意夏秋之交適值收刈之期風雨交加河水驟漲遂致顆粒無收不數日而一望汪洋遠近莫辨全村周圍數十里盡成澤國房屋人口隨垂熟之禾稻付洪波而東流肅肅哀鴻爰集無所顛沛流離束手待斃余雖倖獲逃生未葬魚腹然孑然孤身家產盡失吾將何恃以為生耶余自避難來蘇落魄窮途沿門乞食受人叱[illegible]以謀一飽乃盡日所得猶不敷購勺米之資甚矣糧食之貴一至於斯是固孰使之然哉吾聞蘇地產米甲於天下富戶之家倉箱所積千斯萬斯不為少矣苟能按量妥為支配稍以盈餘惠及災民夫何至米價之驟然暴漲哉奈何富室之屯積居奇如此而奸商之私運出洋又若彼忍使吾輩災民道殣以死前數日倖得平糶局之減價苟延殘喘今該局以米價飛騰自六元而九元自九元而十元存米既罄無力支持宣告停止嗚呼吾將何以為生耶終轉於溝壑而已矣言罷號哭余聞其言不禁為之歎息者再因念吾國國民之窮乏如

此等人者恐有無量恆河沙數也近年以來或被兵災或被旱災或被水災死者已不知幾萬矣蘇稱富邑尚多急公好義之人故有平糴局之設乃亦公私匱乏有名無實致因米珠薪桂而有枵腹呼號之人彼負民生之責者其亦有所見聞乎爰記之以貽世之秉國鈞者

氣局凝鍊頗得柳文精處

糶米者言

楊樹仁

某米商既以大宗白米賣與東洋島國獲厚利置田宅怡然自得團團作富家翁有頃邑之餓者咸集其門將攻之因詰米商曰我儕小民日作苦工以所得糴米僅作一飽當今米珠薪桂之秋今汝奸商販米出口售與敵人以致米價飛漲倍蓰於曩昔置吾儕貧民於死地爲富不仁是何居心余等願食汝之肉寧干刑典以洩衆忿米商婉言以答之曰余有一言請爲諸君告夫世之惟利是求者比比皆是創議販米出洋者內之爲各部長官外之爲各省重要人物非我商人所敢擅爲之也彼夫擁重兵刮民脂吸民膏出其財力以販米出洋者什百於我商人子不之責乃獨責我商人乎我以本國之貨謀他國之利於君等無直接損失也且吾聞今之政府將以地丁稅額抵與外

人果若此言吾國國民將爲印度朝鮮之續受外人之支配土地爲其所有賦稅爲其所定於斯時也米將連艘以出口視爲當然莫敢誰何甘不此之慮而反我責耶予聞米商之言歎其黠而且佞然其言頗足動人因筆而記之語多警世讀罷爲之慨然

雜文類

游西竺山賦 并序 俗名羅政石山

陳桂

西竺山者蓋句漏之別脈山岳之英靈神仙之方丈隱士之蓬萊也惟其託根窮荒寄身僻縣不遇才人騷客之游賞故無雄奇詭麗之文章以發揮殊采張皇奇跡既不得與天台黃山馳譽於中區又不能與獨秀風洞齊聲於西省雖山靈之有待亦士林之大恥也予自未冠之歲屢作茲山之游未嘗不怪茲山之奇險幽鬱雄崇峻峰自非冥搜幽討之奇士惡足以窮其妙自非博物工文之君子惡足以述其狀民國十四年六月養病家園消搖山水因約同志之士爲昔日之游其於高也則由名池而窮通天之巔其於深也則由蝙蝠而穿白雲之險其於奇也則探石筍石田之妙類多昔日所未至而爲天下之絕觀者也傳曰登高能賦可爲大夫僕野人也何足以當之客曰是不

可以不逮故聊追賦之幷約友人馮振心君爲之記以志勝游云爾其辭曰
出里門而徒步尋山水以尙羊忽東南以仰望見鉅驥之高驤（由吾鄉望玆山儼如駿驥）何天公之神駿欲騁力乎康莊騎誰爲之控縱勢將奔而未行青松如鬣白雲爲裝雖天路之廖廓余將駕兮周章客指以語余曰此所謂西竺山者也距十里乎吾鄉於是約友就道向山而前一里二里或後或先倏遠近之旣異遂景態之累遷何雙峯之高峙作柱石乎南天慨人世之變化慶不知其萬千唯玆山之特立常寄傲乎雲烟方同爲之感慨乃忽至乎山邊爰攀石而直上不百步而止焉客曰此所謂西竺巖者也山之名以是傳爾乃褰回山阿兀立巖麓雞狗相聞家戶相屬野田鱗次遠山起伏清流綠波嗚咽斷續卷萬里之松濤和斷崖之猿哭永眺長哦駭耳驚目於是栖遲佛寺頫仰仙鄉旣宏敞以瓌麗亦虛寂以清涼復窅然以冥尋更飄然而神揚忽黯淡而無色怳稀敚其若光信列仙之攸宅兮非吾人之所宇也遂反步而出戶兮凜乎不可以處也旣出戶而南游兮經頹垣且焉止息歌彼黍之離離兮感寒螿之唧唧悲風唬之颯颯兮陰氣凄其瀝瀝豈狐兔之窟穴兮將虎豹所潛匿忽將入而慄讋兮欲舍旃而未克舉微火以燭幽兮勉臨危以相翼上蝙蝠狂叫驚飛以相射兮下怪石紛拏交錯而崱劣恐鬼

魅之吞噬兮疑戈矛之相擊雖萬死而不顧兮將以求夫玄冥既居安而若危兮故履險而猶寧爰側身以隙行兮路崛曲而崚崢忽欲退而躡足兮奮一進而衝纓方自悔其勇進兮乃忽至乎山亭穿山南而山北兮窮百怪之所呈是何巖路之奇險兮既嗟歎而復驚客曰前所謂蝙蝠洞後所謂白雲巖者也吾子豈未之嘗經爾其廢寺崩頹高樹扶疏荒榛載道有鬼一車饑鷹相傳寒鴉驚呼徬徨大樹之下坐臥殘壁之隅感莊生之消搖兮羨風露之能茹顧妖姦之可畏兮亦幽閒而足娛余既安而欲息兮客指余以前涂復然薪以遂行兮石徑削其如鋸寒凜凜以侵膚兮怪六月之飛霜經石池之淒冷兮詠涉洧之搴裳忽匪慎而碌足兮乃幾淪乎渺茫幸蛟龍之藏伏兮果出險而獲康歷石田之參錯兮入石筍之叢篁俄薪火之已盡兮衆太息以憂惶欲橫奔而無路兮如瞽盲之相將忽閃閃其若明兮疑鬼火之光芒形神離而失色兮乃嗒焉其若喪潛默聽而無聲兮豈明珠之夜光爰膝行以仰望兮忽陰極而逢陽仰中天之白日兮信餘生之可慶客曰是所謂通天洞者也遂與客而上行拾石級以徐步兮乃至乎崇岡耦頫首而左望兮噫乎莫知其所終危石屼以壁立兮黑霧黕其迷濛鴻鵠欲升而力罷兮玄狖欲下而心忡爰戰兢而他適兮嗟奇偉之難窮僕夫告余以日暮

兮悲壯志之莫從暫返息於蝙蝠之洞兮聊舉杯以銷憂樂嘉賓之滿堂兮歌招隱以相酬鳥棲林而依依兮雲出岫而悠悠夫何茲山之幽絕兮名不聞夫九州痛奇彩之未彰兮終淹沒於遐陬哀士生之不辰兮感茲山而長愁慨塵事之鞅掌兮要終老乎巖邱悲列仙之莫我遇兮豈吾德之不修謝山靈而遂歸兮何別淚之難收風雲爲之慘色兮山泉爲之咽流忍涕泗而頻行兮忘道涂之近修忽抵里而極目兮猶將騰駕以遠游

橫空盤硬類於昌黎鑿險縋幽類於長吉若其纏綿悱惻悲壯蒼涼之音節又酷肖靈均真奇才也　盧炳田

●弔屈平賈誼　黃文峯

明月獨舉兮高霞孤映屈野寥廓兮湘流淒勁二子長沒兮誰與商余懷鬱結兮徒悲傷麋有角兮龍有鱗麋如犬兮龍爲蚓嗟二子兮不得逞虎豹颷颷兮爲喜爲瞋駮獺升堂兮驅逐麒麟橫流涕兮瞻蒼旻願有言兮遠莫陳黃昏不可以期兮夫何罪而見屏芳草之始發兮何鵜鴂之先鳴騏驥之方遇兮值伯樂之信侫二子豈憚乎身之殃兮惟耿耿乎此心美人暮兮怨我君星辰亂兮哀下民皇輿敗績兮故國不靖於戲何

忍兮。寧蟬蛻以絕塵。闤中邃遠兮。懷才可伸。高丘有女兮。余獨難近。哲王無輔兮。終難及乎堯舜。虎豹盈野兮。願辟穀以忘情。雲杳杳兮。雨陰陰。余懷情兮作幽吟。亂曰。魚赴餌以中鈎兮。雉慕媒而膺鏑。鳳凰翔於丹穴兮。又何患乎矰弋。忠有蔽而不昭兮。道有塞而不行。名不可强而立兮。功不可期而成。吁嗟兮。其惟天之所命。

仿騷難得神似。此作庶乎近之。　盧炳田

●球德頌 有序

薛紹淸

蓋聞尙文尙武。立功以道德爲先。相競相爭。處世惟和平是尙。武鄉侯綸巾羽扇。司馬魂驚。蔡穎川雅歌投壺。公孫膽落。不有威望。曷克臻此。他若籌唱重圍。道濟之機謀鎭定。圍棋別墅。謝安之態度從容。心雄萬夫。目空千古。是以勳業爛然。名垂後世。校長唐先生以仁義禮樂化導全校。猶復提倡體育。足球運動。馳譽中邦。連占錦標。屢膺上獎。陽明門下。皆匡時經國之才。光武軍中。無負氣爭功之士。爰頌球德。以審名實。其辭曰。

猗歟。我校冠冕南洋。績學兩紀。流譽孔長。芳風遠扇。道德文章。科學深邃。遠媲鄰邦。蹴日蹈月。足球寡儔。絕塵而奔。以藏以修。雄視東方。橫軼亞洲。三年於茲。克繼壯猷。惟我球員心術背同臨事無餒氣定神雄其止如山其馳如風視勝若敗以守爲攻伺機勿失得隙斯衝批隙導竅斂穎韜鋒奔騰止伏如虎如龍爰執牛耳以耀軍容惟我球員挹挹謙和不戁不聳高唱凱歌自視欿然功奚足多勝兮勿驕敗兮勿餒南洋隆譽與日俱新愔愔其德奕奕其神好修爲常有聞無聲志以日奮德以日明上德不德大名無名謹告前馬用垂頌聲

序冠冕堂皇選言得體頌英詞鑠古壯采切今並美董生可稱一時瑜亮

陶靖節先生贊 有序

霍道彛

嗚呼三代而下世道陵夷人品日乖而況値典午之末造耶惟淵明先生則不然先生爲潯陽之高士其氣節之高風度之遠夐乎其不可尚淵乎其不可測觀其爲彭澤令不肯以五斗米折腰罷職歸田自耕自食蹈鴻涯之遐迹履胼胝之勞瘁翔區外以舒翼超天衢以高峙恨與俗而浮沈願遺世而獨立於此見先生之高尚矣蓋先生之不仕既可保形神於不毀且可全氣節於太虛素絲自潔人孰得而汚之歧途雖多又孰得而迷之國可亡而志不可奪如先生者可謂善全其天者矣且先生之所以善全其天者每以醉鄉爲寄託焉有不愜意輒至是鄉先是有劉伶阮籍之徒亦操有隱君子

風藉尋是鄉之樂。時人皆謂劉阮輩亦先生流亞。然余觀其所嗜好所趨向及所爲者。誠亦相類於先生。至若志尙之高風度之遠。堅志不易。浩浩乎不可方物。汪汪乎不受纖塵。則劉阮之徒。尙不能歷其藩翰。况堂奥乎。噫先生志高氣傲。不爲人屈。誠可謂有晉之逸民。西山之高躅矣。雖與日月爭光可也。是爲贊。

贊曰。歸去其來兮。志不可窘。榮華空虛兮。奚足尊寵。優哉游哉兮。寄情畝隴。身居鄙野兮其樂無窮。晚食當肉兮。適得其中。晚步當車兮。杖履雍容。不受纖塵兮。如鑑之明。不辱氣節兮。如水之澄。舉世皆濁兮。先生獨清。吁嗟默默兮。誰知先生之靜貞。

序辭意多合。贊亦清朗。

●陶靖節贊

沈嗣芳

於戲。靖節既明且哲。遭時喪亂。懷才不泄。人謂我公。既廉且潔。余曰否否。此特小節。晉祚既屋。劉宋僭興。一時故臣。獲間競登。公獨恥之。辭聘卻徵。末俗大厲。峻節崚嶒。生不報國。死猶歉仄。輀哀薄斂。永志吾忒。退哉往矣。芳流息矣。如公高風。永程式矣。

簡亮。

●與友人論詩經大義書

黃丕傑

某某先生史席。承詢校中近況。弟自入校後。研究英算兩科。幾無暇注意國文。惟於星期日溫誦詩經。以爲涵養性情之助。兩月以來。略有心得。謹就正有道。希指示焉。憶曩歲讀衞風凱風章。但知教人之孝。而不知其言之悲。今遭家不造。痛膺大故。重讀是篇。痛母氏之聖善。而益悲小子之無良。望父兮不見。慰母兮無從。一字一淚。非孝子不能言序稱美孝子。尙不若孝子自責之爲似也。鹿鳴之什。皆爲君臣宴飲之辭。於以見周之盛時。君臣之間。毫無隔膜。非若後世上下之不相通也。四牡皇皇者華二章。皆爲重視使臣之證。故使絕國者與將相並重。周爰咨諏一語。尤爲使臣之不可不知。近代西洋各國。遣使來華。雖語言風俗各異。而能持大體。不辱其國。於吾國政治內情山川形險民俗習情。皆能言之鑿鑿。著書立說。餉其國人。而吾國使臣所著述類。皆流連光景之辭。此中得失。蓋可知矣。棠棣一篇。終始皆言兄弟患難相扶之義。友朋兄弟親疏之別序稱閔管蔡之失道。豈非以其不知兄弟之親於友生耶。文王大明緜皇矣諸篇。類皆表揚周之先德。俾後世子孫。知周之所以一戎衣而有天下者。皆厥祖厥考涵濡覆養於數百年之深也。蓼莪一篇。孝子自悲己之不能終養。痛己之不肖負親之厚望。故曰蓼蓼者莪。匪莪伊蒿。然彼猶能盡力於王事。移孝作忠。若夫席父母之餘蔭。承祖宗之基業在校不知勤學在家不能承歡受罔極之深恩不逮一日之反哺而遽無父之孤兒若余者其將何以自責耶生之時不能貽令名以榮父母而期之於旣沒之顯揚其庸可得耶生之時不能盡色養以悅父母而報之於旣沒之烝嘗其庸有濟耶有父以怙之其所得如此又安知他日之必有成耶父沒而丁不能肖其又將何以慰母之心耶嗚呼此所以抱恨終天傷心飲泣而每念責任之重來日之難又未嘗不憤然興起也故蓼莪一篇有父母者讀之知父母之深恩油然生孝親之念而無父母者讀之其悲哀當尤勝於常情惟其尤勝於常情然後知父母俱存之樂人能知父母俱存之樂雖欲不孝弗可得矣以上所述皆弟一得之愚然詩學精微欲窮其義蘊非深造自得不可也足下深於經義務祈有以教我弟某謹啓

釋凱風蓼莪兩詩一字一淚語語自至性至情中流出他日勉爲令子希蹤歐范庶盡顯揚之道竊於作者有厚望焉

●擬鷸與蚌搆和書

吳宗傑

年月日飛空之鷸謹拜書於不安滄水曝露沙渚蚌君左右惟鷸干擊青雲馳騖於杳冥之中蒼穹乃我廬而君潛處深淵浮沈漪漣風馬牛不相及也我有羽翮之用天地

任我飛。君欲四游、則北溟、天池、憑君、所之。雲夢、孟諸。惟、其、所欲。蒼、海、黃河、下、至、青、溪、碧澗、一、不、限、也。至若河渚之上。沙磧之間。我輩。獵食魚蝦。藉之以養我身。即沙鷗皐鶴亦時。翶翔奔趨。豈獨我也哉。君爲波臣。不足於水之乎。崖岸而臥。身。沙礫。有甲不。以被袒曝。爲逸樂。寧能避我之喙。即君恃被甲之利。以箝我。不。得去。欲與俱死。不任。獨生。於君以。爲計。甚得也。雖然。君以我二物之爭持。能不。令沙鷗。皐鶴。之來。耶。嘗聞物。傷其類。彼知君。之舍水而陸。亦皆思磨礪。以須。撕君而食之。我之受制。必能出我。若合力以攝君至於青冥之外。然後釋之。君無御風之術。碎身礁巖之上。至爲螻蟻食。豈不殆哉。沙鷗皐鶴猶或無暇及我。而漁翁之潛踵躡足。延頸企望。固已久矣。時欲得我輩而置之刀俎。今我輩相持。兩不能釋。則是漁夫無上之機。我知其併息。奔赴。以乘我輩之後。君欲俱死而甘心於我。而漁夫且先制我輩之死矣。俯仰之間。我輩且爲所虜。君欲殺我亦已無及矣。俱傷兩敗。甚無益也。物各有生。亦各有所。君處沙渚。固已失其所矣。猶欲以一時之氣。不自思取禍之道。不欲生而反求其死。鷸雖愚。爲君不取也。願君速自爲計。兩息爭端。於漁夫未至之時。過不測之禍。而今而後。君姑伏處水中。不必更來陸地。以肇釁取禍。瀝膽披心。誠款之言。惟君圖之。幸察。

按切時勢寓言八九。

◉述志

高爾松

人為智靈之動物。得天獨厚。自必有所作為。卽不能不有所志。蓋志也者。一切事業之始祖也。武穆之所以能大破金人者。以其志在盡忠報國也。哥侖布之所以能開闢美洲者。以其志在發明新大陸也。是知志之所在。卽事業之所在也。余雖愚陋。然既為社會一份子。卽不能不定我志。願終身行之。以冀有所造就。藉報社會之厚我於萬一。今我所處之學校。非一工業學校乎。工業學校之學生。自必志在工業矣。提倡工業以救社會。此果余之素志。亦所以入工校之初衷也。然而事業之成。貴在有精深之學識。非膚淺所能言也。欲求精深之學識。必需相當之體格。然余以目疾之故。將來於機械電器測量繪畫上。必不免有所妨礙。與其不能有深造。徒貽後悔於將來。不若急變我素志。努力於他項事業。此誠余不得已之苦衷。而深為痛恤悲憤者也。故余今後之趣向。亦惟以最熱烈之腸。擇余力之所能者。奮身圖之而已。教育事業為社會進步之根本要素。今日社會之黑暗惡濁已達極頂。實有改造之必要。余有鑒於以上二端。是以願於最近之將來。以全力為教育學社會學之深究。一俟學有成就。然後出而實施。然黑

暗之環境每多消滅青年人之志趣余惟有堅守我純潔之志願一方與環境相抗拒一方爲不絕之奮勉以達我高尚之目的而已

不爲夸詞直抒胸臆作者心地純實將來於社會必有裨益僕敢以此文決之

◉歡送土木班同學至唐校贈言

張紹琨

憶自本校肇造念載於茲爲國儲才多成偉器本年夏實行改組辦法故吾校土木班同學須歸併唐校以收教授上劃一之效然吾人共處多年晨夕相共學問互磋出如逐陣之魚入似歸林之鳥融融怡怡和樂一堂今一旦遠別同人等不能無今晨琴席明日河梁之感故謹書數語爲臨別之贈言吾聞夫唐校之地附近多曠野及礦山而土木一科以實驗及測量爲主唐地既具有高山曠野及鐵路所在皆足供諸君之實習以資熟練異日所得之效果當較本校爲勝將來出而應世必能收駕輕就熟之效是土木一科之地點以唐校爲宜且唐校地處燕幽氣候嚴寒故其人慓悍勇敢有百折不回之精神有堅忍耐勞之氣概習俗移人諸君當能得其稟賦而練成强健之身體忍耐之精神蓋有强健之身體然後可求學有忍耐之精神然後可任事於諸君前途裨益殊非淺鮮尤有進者今日國勢凌夷貧弱至極商務失敗工業凋零墾林無法

採礦之術。考其所以致此之由。皆因交通不便。轉運艱難之故。諸君學習土木。功在建築。將來欲使交通利便。國勢富强。皆在諸君遺大投艱耳。然則諸君責任之綦重。吾國十年後工程界之榮譽。將於諸君此行卜之矣。願諸君共勉旃。

簡練名貴。文有紀律。

歡送土木班同學至唐校贈言

蔣鳳五

昔人云。樂莫樂兮新相知。悲莫悲兮遠別離。竊以新相知固足樂。而遠別離正無足悲也。太史公二十而南遊江淮。上會稽。探禹穴。闚九疑。浮於沅湘。北涉汶泗。講學齊魯之都。觀孔子之遺風。鄉射鄒嶧。戹困鄱薛彭城。過梁楚以歸。是以其學大進。況夫工藝之道。貴乎實施。閉門造車。出門而合轍者。蓋不多覯也。歐美學制。在大學畢業。更進而習工程碩士者。必在工廠實習一二年。蓋機件之構造。及其施用方法。有冊籍言之所不能詳晰者。苟非躬親其事。雖兀兀經年。明其理而不能覩其實。今中國交通漸便利矣。由上海至唐山。向須一旬有餘者。今則四五日而已。至入唐校土木科。便於實習。學識與經驗。可相輔而行。工藝課程中。凡所載公式公理。皆有機械爲之指證。則事半而功倍。習之既久。經驗日富。其機件之構造如何。裝置如何。施用如何。修理如何。皆能了然於胸較明於理而昧於實者多矣然則經驗之爲用不較學識更重且要哉唐山扼京奉鐵路之樞麗近多高山有煤礦諸君習土木重測量在滬時輒以滬地無實習地爲憾至錫杭等處測量則往返須時以地利之關係阻諸君實學之增進今遷之唐校舉目四顧峻嶺在望出而實習無舟車之勞頓無時間之損失附近有煤礦諸君更可以餘力研究鑛學一舉數得諸君此行爲不虛矣夫吾國進化之迂滯在於鮮實業人材國內大學不免偏重文藝少數工業學校又每以地利與經濟關係不能得良好之效果唐山工校在中國固屬難能而可貴諸君負笈前往有新相知之同學足以慰離索之感其樂爲何如耶抑吾又聞北方之學者崇尙樸直不事浮囂又能耐勞苦與南方浮靡之習判若霄壤諸君至彼坐津浦車以遄征望泰山之崒嵂仰曲阜而景行動心忍性仔肩大任異日學成致用國家庶有豸乎驪駒在門不禁鄭重爲臨歧之祝矣

暢茂、條達、機軸、絕佳。

◉鳳簫玉笛兩生合傳

李家俊

簫生姓管陳穎川人也其先出於唐虞之世舜命夔典韶樂夔授簫生以節奏之道時則雲爛星輝光華復旦書所稱簫韶九成鳳皇來儀是也簫生既參差管樂著名進退

抑揚動合矩矱態度安詳象鳳之翼故人咸以鳳簫子之笛生姓玉本西夷人舜時隨西王母來朝因卽家於中國笛生行備五德溫潤而澤似仁縝栗而理似知堅剛不屈似義廉而不劌似行折而不撓似勇守身如玉其出詞氣也聲又清揚遠聞當虞賓在位羣后德讓之日舜命笛生奏樂以和神人百獸率舞與簫生相得益彰笛生雖來西夷然喜習中國俗令其子若弟與簫生通譜系迄今笛生後裔多姓管而簫氏亦有襲玉姓者各樂道其先人流風餘韻以爲佳話然兩生雖志同道合此倡彼和相與和聲以鳴盛世而其抱負殊異趨向不一簫生素主合縱而笛生則尚連橫兩家子弟世守其家學其主合縱者不問可知其爲簫氏也其尚連橫者亦不問可知其爲笛氏也太康尸位有窮倡亂五子作歌居於洛汭兩生憤雅樂之淪亡典型之蕩滅乃相約遁於荒涼寂寞之濱或曰兩生得異人術騎丹鳳仙去或曰非也夏道衰簫生隨笛生避中國亂至西夷後遂不知所終云

論曰孔子稱天子失官學在四夷吾國自兩生肥遁從樂經散佚其子孫雖有存者然阿時尚以求容悅於世爲大雅君子所不取簫氏喜通脫遨遊市井或至效乞兒之行笛氏則務新奇與軍士游失其本來面目而法曲流傳反在流沙以外吾傳兩生不禁

爲之深慨也

筆意高渾文有矩矱

●幽秀少年與國傳

吳保豐

少年大中華人也幼孤貧秉性靜穆好讀書聞江東黃髯翁多藏書因徒步往從之髯翁固任俠好義者見少年奇其貌與之語大悅之乃盡發所藏書勉之曰大丈夫生當亂世不能竭智盡忠以報國家將何用是七尺軀今中原板蕩外侮頻仍老夫髦矣無能爲已子年方壯愼勿自菲薄也少年聆其言大感動爲之飲泣乃日發憤不三年盡通其書欲有所建白而不果慨然曰時勢造英雄非眞英雄也吾將以造時勢者造天下之英雄於是辭黃髯翁束裝渡新大陸得觀彼邦風俗制度文采學術大歎服益自勵知改革中華之不可一日緩嘗中夜起舞悲歌慷慨人以爲狂少年夷然不屑與之較居新大陸十載徧讀政治法律經濟工商諸學善演說每登臺聽者輒萬人歡呼擊掌聲不絕才氣橫絕不屑屑於字句一書出傳誦當世羣服其才壯其志多樂爲之用當世亦漸有知少年者時大中華國勢日促羣小竊位益不能自保少年憤然曰男兒報國此其時矣吾此行必滅彼醜類以光復吾大好河山乃隻身回故國大中華諸青

年聞之要於途願投身自効少年乃與之道古今中外政治得失史略及其所以補救之法諸青年都愕然驚服不能贊一辭羣小忌其才欲致之死少年知民智未開不足與言改革乃日以近世政治社會學說教導平民不數十年間國中大學校大工廠相繼設立無曠土無游民昔日跋扈軍人以及權姦政客知民心之歸少年也銜之深顧廹於衆怒相繼竄逐卒不能施其技時大中華國勢富强民德日昌鄰邦驚其勃興遣子弟來學歲以數十計少年此時已五十餘歲矣鬚髮斑白雄心未衰國中欲奉以爲主少年獨不欲慨然曰吾自少至老所耿耿於吾胸中者惟知愛吾祖國耳賴天之福吾祖國得以振興何敢貪天功以爲己力且吾少時常以破壞爲能血氣方剛輒不能加以制裁今而後始知無建設能力者不足與言破壞吾所以欲畢生著述啓發民智者此也丈夫報國何事不可爲諸君休矣吾將從黃髯翁遊耳遂遁去客有知少年軼事者言少年喜讀諸葛武侯出師表岳武穆集及意大利建國三傑傳略善擊劍每唱法國馬賽歌輒揮劍擊桌聲震金石云

贊曰少年一有膽識之男子也綜其事績多勇猛精進不肯一息其肩才氣卓絕不鶩虛名而以躬行實踐爲天下倡蟬蛻軒冕不爲物汚其志潔其行芳詩云山有榛隰有

苓語云十步之內必有芳草世而復有幽秀少年其人乎爲之執鞭所欣慕焉

英姿颯爽超軼絕塵非鈍根人所能望其項背

◉幽秀少年與國傳

沈昌

寂寂空谷森森叢木琴聲泠泠蘭香馥郁中有少年怡然獨處才維管樂品若由夷痛神州之陸沈憂國家之多故一琴一鶴自遊自樂時或手揮五弦目送飛鴻高山流水古調獨彈時或案頭一卷閒寫黃庭窮經研學琳琅滿腹時或引吭高歌激昂慷慨時或臨流吟詠悱惻纏綿茹野肴飲青泉衣白袷戴角巾往來山谷中人莫識也噫此非幽秀少年乎此豈秦漢遺民乎何厭世嫉俗至於此耶吾聞之凡物不得其平則鳴少年之揮琴吟詠豈自鳴其得意耶抑洩其不平之氣耶如是者五六載少年年將弱冠山中人習聞其琴聲漸樂往聽之少年亦不自得出門訪道求友恆數月一返於是少年之名稍稍聞於外然人皆比之空谷幽蘭謂稍異於闒茸之徒而稱之曰幽秀少年終不知其一腔熱血恨無發展之時燕雀豈知鴻鵠志哉一日有客入谷訪少年告之曰子潔身獨處與木石居與琴鶴侶誠自得矣方今大陸鼎沸戰雲危迫强鄰脅侮萬民爲奴勇健之士投筆從戎能辯之人游行演說子何獨默默無聞乎少年一歎置之

若不忍訴其衷者蓋少年痛嫉當世少年之好爲誇張絕不韜晦議論多而成功少也少年又深慕越句踐之爲人臥薪嘗膽垂二十年卒以沼吳其於二十年中未嘗揚言於衆曰我臥薪也我嘗膽也我誓欲滅吳也故少年常自命幽秀而不露頭角人亦多以幽秀目之而不以爲意無何兩國對壘行伍森然鏖戰數月勝負乃決論功給賞誰爲首功引而上者手挾仇頭甲裳盡赤詢之卽幽秀少年也蓋少年已投身軍界矣神洲奧區工商薈萃中有巨廠規模最大若紗若絲出品之夥莫與倫比分廠之多幾遍國中汽溜嗚嗚時作蘇門鸞鳳之音誰主其事詢之又幽秀少年也蓋少年又提倡實業矣開闢之地學校林立成績超凡設備完美比戶學年之童子皆口唱愛國之歌誰主其事詢之則又幽秀少年也蓋少年又振興教育矣於是少年之名震遐邇往時稱其爲幽秀少年者相與驚告曰少年之能力圖興國也如是少年之能奮身力戰也如是少年之能提倡實業振興教育也又如是昔日之幽居深谷孰知卽謀猷籌備臥薪嘗膽之時也昔日之手披一卷孰知卽兵法實業教育諸書也昔日爲幽秀無用之士孰知卽今日轟轟烈烈之偉人也自此人皆稱之爲興國少年古人云不鳴則已一鳴驚人不飛則已一飛沖天其少年之謂乎然少年仍深自韜晦研鑽學術一琴一鶴無

異昔時其運量直欲提歐挈美跨輿躡非也少年吾婁人沈其姓隱其名連拳海上湘瑟江頭此中有人呼之欲出抱負不凡其陸陳先生之繼起乎七十二潭蓮芬結實企予望之蔚芝加評

●無腸公子傳

陸競智

公子不知何許人亦不詳其姓氏或曰彭越之後裔也或曰蔡人之同族也終以其非類遂以無腸目之公子亦以是名焉公子量宏大食不知飽故腹隆隆然如覆盎嘗讀唐書慕安祿山爲人故時作垂腹過膝之態謂滿其中者皆赤心之容積耳公子喜也則引頸郭索以鳴歡盧張手足以作勢公子怒也則圓其目唾其沫擺其如刺之足奮其如鉗之臂有志呑山河囊括四海之慨然有奇焉公子每效越人以文繡刺於腹背以壯觀瞻又好議論常嘘氣成烟雲吐欬如珠璣聲嚦嚦然如誦水晶宮賦日以繼夜無時或息有旁若無人之勢而不知人之惡之否也每當夏秋之交金烏西墜清風送香輒見公子與其親屬徘徊河岸飽餐三江五湖之烟景雖或泥水沒脛有所不顧其流連風景有如此而公子徒恃才能一無所事日横行於田隴之間視秔稻爲己物足跡至處或踐或齧故終其身不知稼穡之艱難誠濁世之佳公子實則心貪黃白物自

謂吾可稱金玉其中也於是益儼然自負覺軀幹之大手足之健天下一我而已故常傲物凌人爲法不軌橫行草澤肆無忌憚怒至之處皆爲箝盡是以其江鄉之同族畏之順命無敢犯焉公子誠一世之雄也然未幾朱夏已殘金風繼至草木黃落湖乾水涸當斯時也竄穴畢露頓失所依則公子雖鐵鎧在身刀矢不得入亦難免受鼎沸矣蓋公子雖空空一無所有而潔膩其肉青蒼其色頗耐人尋味及夫寒風蕭瑟楓赤如錦正菊花盛開之時墨客騷人酌酒賦詩或設筵享客僻棄世慮莫不樂致公子以侑觴而公子亦諾諾應命低首下心任人調蘇沃桂甚至請君入甕一聽客之所爲以博客歡嗟乎何昔日之壯今日之弱也殆所謂食焉而怠其事必遭天殃者歟幸公子無腸不能九曲不然不知其愁苦何如也

工於摹繪筆意雋妙

●往浙江觀六大學運動會記

曹麗順

世界公理進步由於競爭競爭由於比較故欲求進步必先比較於是有個人之比較有團體之比較復有大團體之比較比較之種類愈多則競爭益烈而進步愈速晚近體育日益發達有萬國運動會以覘世界各國體育之成績有遠東運動會以覘東方

各國體育之成績。小之有一省之運動會。一縣之運動會。一校之運動會。人與人班與班校與校皆有競爭卽國與國亦有競爭。於是體育之進步。有一日千里之勢六大學者我國東方各校之領袖也。在上海者三。曰南洋。曰約翰。曰滬江。在南京曰金陵。蘇州曰東吳。及杭州之之江。斯六校者。於講道德攻科學之餘復鼓勵運動不遺餘力以一校之範圍爲狹不足以資觀摩。而收他山之助。遂有聯合運動之舉。競爭烈。進步速成績斐然可觀。其尤者可代表吾國與遠東各國相角逐。法至良意至善也。民國七年五月十一日。舉行第五次運動會於杭州之江大學。先一日。吾校童子軍赴浙。余亦與焉。校址在月輪山巔。錢塘江畔。風景絕佳運動場則鑿山使平築岸使高亦饒勝處。是日也風和日暖十時開會。上午預賽。下午決賽學校之來參觀者以十數。人數逾數千。場中奏樂者。吾校之軍樂隊也。維持秩序者吾校之童子軍也屢屢得勝而衆人拍掌歡呼以賀之者吾校之運動員也比賽之節目凡十四。吾校無不與者。亦無不得分者。而以徑賽爲尤優。有得勝之四人。均屬吾校者。甚有預賽之選手。皆吾校者決賽時反讓遜。相後時則軍樂隊正奏吾校校歌也。孔子曰君子無所爭。必也射乎又曰其爭也君子。非吾校運動員之謂歟。此非特見吾校之運動抑亦見吾校之有禮讓焉。約翰某君折一足。吾童子軍爲之縛傷。送之山上。孟子曰。愛人者。人恆愛之。則吾童子軍。受人之感德稱道也。亦宜。運動既畢。羣集司令臺前。評判長宣布曰。南洋第一。以大銀杯爲贈。於是體育會長升臺受獎。負之而行。飄揚於暮色蒼然中者。吾國旗。吾校旗也。震動天地山鳴谷應者。非錢塘之潮聲。山澗之水聲。乃爆竹聲。校歌聲。南洋萬歲之聲也。次日離之江遊息一日。復次日乘車歸校。時則銀花萬樹。蜿蜒若龍。燦爛於車站者。吾同學之提燈會也。汽車前導。載於其上者。赫然之大銀杯也。於是爆竹聲。校歌聲。又雜起。不已。乃由虹橋路。繞徐家滙。鎮經霞飛路。唱凱返校。則又有演說聲。擊掌聲。蓋大禮堂開慶祝會也。慶祝者何。吾校再得六大學運動之勝利也。

若綱在綱。有條不紊。非爐火純青者不辦。

◉記夢

毋本敏

余好遊。尤好與人偕遊。以至滬日淺。少伴侶。入校功課又忙。故思滬上一覽以廣眼界。而不得逞。一日課暇。學友某謂余曰。君來此匝月矣。曾一踐壯麗之場。以覩世界之大觀。能無憾乎。今此閒暇。盍往遊乎。余曰。無伴奈何。友曰。然則我伴君何如。余曰善。共約作夜遊。余心大喜。晚餐甫畢。驟見陰雲密布。狂風陡起。俄而大雨如注。約不果。甚懊喪。

開卷不能入遂就寢入睡鄉焉忽聞足踏聲門啟聲笑語余聲視之則友某也曰子欲遊乎余應曰欲甚遂相偕而出外見飛機一强余乘渠司機手動機轉兩翼齊伸振振有聲而上旋翔乎空中高穿雲表極乎青天飄飄乎若羽化登仙而不知其所止俯而下眺則見煙霧陰濃海波汹汹如帶者江也如垤者山也傾而紅日東湧海面呈黃金色光輝可人煙消霧散街衢如珠網屋宇如粒城則盆如村則斑如也汽車蛇行蟻附鯽遊閭閻萬千盡於一目掠扶搖而西進見有形勢如心字令人注目問友曰此何地也友曰君不知武漢耶遂取其輿圖視之不訛按圖西南行過雲南滇越汽車直達昆明西入西藏山峯橫亘銀冠素衣起人懷思南來鐵道似窺藏心踰喜瑪而上紅海蘇彝士運河咽喉歐亞達歐陸而望巴黎景象一新樂工可羨越英倫而渡大西巴拿馬既鑿中斷蜂腰而關東西汽船則魚游鱗比島嶼則星羅碁布時見扶桑數島如盆中粒而浩大之洋界無限之海權主人翁其誰乎不覺唏嗟長嘯忽聞友曰留意不知飛機已下旋近地躍而外跳夢也是爲記

筆情恣肆如讀相如大人賦飄飄乎有淩雲之氣

此大夢亦奇夢倘真有此夢勝於華胥南柯萬萬何必過邯鄲而借呂先生枕頭哉

盧炳田

空谷尋蘭記

李家俊

乙丑之歲暮春之時天雨放霽綠蔭繽紛慕先賢童冠詠歸之境思約學友數人作山水遊折簡相招久而未至案頭有史記一部因反復閱誦歎史公遊覽名山大川而文益奇遂寄臥遊之意倦而假寐忽若身入桃源絳英吐艷紅萼含苞羣芳齊放美不勝觀源畔髣髴有光繫一扁舟蕩漾中流若備遊人之濟渡也者余乃解維放棹徐徐前往行十里許忽聞香氣徐來引人入勝心目爲之一暢須臾見一高山峯巒突兀倒凌溪水山隙有一道紆曲繚深停舟登岸往觀其異覺香氣益多旖旎撲鼻曰異哉斯香也何爲乎來哉乃覓徑以尋之十步之外芳草叢生山巔有石坐而四望曠淡夷遊歌詩自樂忽聞有人度曲曰空谷佳人宜作伴貴遊公子不能招小窗相對讀離騷乃和歌以答之曰若有人兮山之幽餐風飲露淩素秋跫然與世無所求和歌未竟見谷中有一高第額曰馨列侯循途而入相去不過數步入其門珠簾高捲玉佩鏘鳴明窗淨几纖塵不到一幹一花素葉紫莖盡蘭蕙也室曰世愛室小憩其中覺性曠神怡久而不聞其香正錯愕間忽有一老人撫予背曰子遊樂乎斯乃空谷數千年未有人至余

葦悼世途之荆棘恐膺當門之忌故來此隱居請爲子奏猗蘭之曲可乎砉然一聲振動林谷驚醒而起知其爲臥遊也翌日文課朱師出空谷尋蘭記爰述夢境以爲之意境超邁略似淵明桃花源記

▲古今體詩類

▲五言

●汎舟至梅園

陳柱

吾生真似鳥獨有山林癖萬刼抵天涯愛山情未息晨興發孤櫂盪憂隨所適溪水如明鏡北風似吹笛初日入膽寒宿露當心滴瓊林忽相值芬芳何藉藉感我郊島姿對此冰雪色成然如一夢化身千萬億不知身即梅誰辨動與植漠然平等觀天地但一色

●由梅園步行里許至萬頃堂望大湖

好奇心未已徒步青山旁松柏何森森寒鴉呼且翔桑木尚蕭索野菜欣向陽共言田家樂忽至萬頃堂萬頃何茫茫但見金銀光迫射復入天熊熊萬丈强過目閃如電光怪不敢望狂風如馬嘶千里肆騰驤巨黿出復沒波瀾抑且揚一行一縱送一聲一慨

慷始知天地內自有大文章何人奮壯筆發此無盡藏

●由萬頃堂汎舟太湖至花神廟

盧炳田

我眼高於天我身小如粟我遊天地中天遊我眼目煙波浩何處天水青以綠驕陽似苦熱臨水思清浴忽看湖似鏡誰然鏡裏燭照耀萬花叢輝光皎如玉維舟叢林下徐步登山麓徘徊幽寺旁生氣感化育綽約姑射仙萬花仵幽獨天風湖上來紛然襲芳馥此樂誰能同但苦白日速天人兩相忘長歌震山谷

前人之效李青蓮者惟明代之高青邱爲逼真作者亦堪彷彿

●詠蟹

霍道彝

君爲無腸品君號橫行屬森然具甲戈有勇徒仡仡新酒菊花天滿筐而滿籠紫蟹推銀盤燈紅兼酒綠雄者持利斧雌者含大腹雙螯黑如泥背紅則成熟黃者適其中白者剔其肉尖團著牝牡入饔形觳觫嗜者私心慕惡者臭欲嘔薑桂爲君仇見之則蹙戮託夢語相如蟛蜞亦吾屬君文橫一世吾獨遭赤族一爲人所縶縛之恐不速蟛蜞獨倨傲朝湖暮江瀆造物何不仁同付此軀殼腥燥反得脫肥美恣敲剝豈有時命在就君詹尹卜相如張目視君脂凝其足況復輸稻粱恭順稱臣朔方今主席者十九恣

摸捉曷不清汝肌曷不瘦汝膊奈何恃多足冥行聲郭索脫然江湖中秋風任獲落君既號無腸瞠目未警覺蘧然夢醒時已在編葦竹老饕伸手求醉我以醽醁

典雅而頗饒雋味

哀湘災

九佳章

吁嗟彼湘民亦是父母身遭家既不造遘此雲雷屯兵燹蔽野是虎狼怒目瞋洪濤復湯湯我民苦沉淪碩鼠爲輿歎哀鴻無所棲田宅化荊棘妻子相流離襄河爲橫決流來血與骨欲遁無所歸欲哭成嗚噎憶彼湘人士代有賢且哲身抱濟時才救國拚鐵血憶彼湘中土山明水復秀關隘險可據九嶷爲列岫迺者丁陽九虎狼肆奔逐曾無戡定者來爲秦庭哭吁嗟乎昊天不弔降鞠凶觸景傷懷淚滿胸

哀情纏綿聲膽俱裂

哭張友藝 名蔭熙無錫人

陳柱

共和十一年六月廿四日我友蔡虎臣告我張君卒初聞歎復驚再聽淚橫溢夜歸不能眠平生想彷彿容貌清以癯意氣勃而鬱言語寡以辨性行愼而密當昔識君初傾蓋談文術君追楊班文我好馬韓筆耆尙雖微異大道共馳突其時唐夫子東南開文

物四科何濟濟彬彬文與質我雖幸附驥君才實第一文若不經意千錘百鍊出時若千里馬長塗肆騰逸忽若潛淵蛟首尾不許悉又若黃河水天上來汩汩亦若桂林山拔地高屼屼或若西湖月清光照人骨復若大海濤百怪來怳忽天下才一石君占十六七我昔矜才氣自謂少所匹及得誦君文歸視乃自失豈特俯至地直將逃入窟君亦愛予作每見必稱述聚首四五年心情㑹膠漆一朝我西歸別君苦蕭瑟講學蒼梧城隕越時戰慄迎君萬里來教學共磋切爲文說頭陀作賦賞秋月森嚴文酒戰征伐各不屈睋然聞失眠遂報君得疾珍重送君歸江頭久嗚咽後來得君書平安抵鄉邑天涯雖稍慰相思獨難歇一別三四年夢魂勞訪謁去歲避兵戈萬里遠奔越恭承長者命講學龍山側離君一里許方期慰胸肊作書問君家覆言疾尚亟室邇人實遙有情竟莫達何期數月間凶聞報永訣嗚呼哀哉兮良朋已云沒將淚以爲酒灑向君靈室一灑哭君身大才竟天折二灑哭君親老眼不堪泣三灑哭君妻相見期同穴四灑哭吾生執手負成說五灑哭蒼天胡爲禍英傑六灑哭厚地好好獲君骨七灑不能言聲淚俱斷絕歸來臥房室萬象俱寂滅

抒寫事實音韻淒涼

春郊試馬

管柏春

春草碧於煙晴郊試馬天華林同校射紫陌任盤旋楊柳垂金勒桃花襯錦韉中原正多事努力着先鞭

音調逌逸

秋感

柴福沅

幽齋人習靜抱膝對燈釭蟋蟀鳴東壁蝸牛上短牕有懷訴涼月無興泛秋江何日剡溪去持竿坐釣艭

去住誰能那秋光看漸添高梧聲策策寒菊影纖纖惆悵人千里蕭疏雨一簾寂立還足樂未便歎遲淹

神似郊島妙無寒瘦之態

一起得勢以下便如破竹故八十字能一氣呵成 盧炳田

河上

河上秋蕭瑟牢愁在鬢絲微吟消永日羈恨負芳時歷碌終何補艱難只自知人生貴適意不樂亦徒爲

筆致瀟灑。

約翰球場散歸

歸路隨笳鼓秋風捲旆旌長橋雲外聳落日水邊明散亂餘人影咿呀聞棹聲球場猶在望評騭起深情

音節響亮雅近唐音。

晚霞　　馬長庚

散綺滿長空晴霞一抹紅波光新雨後山色夕陽中把盞餐秋菊停車愛晚楓忽驚天地白明月又升東

晚江

獨自上危樓江天一覽收炊烟迷荻浦漁火認瓜洲帆影追歸鳥鐘聲警睡鷗興亡無限恨舉酒且澆愁

圓轉合拍題情宛然

寄馮振心　　陳柱

一時多少恨鐙下讀君詩遠近暫微異興亡同大悲有才無可問此地竟難歸遙想山

中月還應似昔時

雄壯

▲七言

●國旗歌 趙柏成

大旗矗立崑崙東，五洲共仰大國風。扶桑出日何朦朧，五色飄揚比日紅。漢滿西藏回與蒙，五族一體憂樂同。大旗忽動有東警，蠻夷醜虜侵我境。王師一出何勇猛，笑爾奸謀不得逞。大旗既固復增輝，蠻夷一見肝膽飛。萬國震慄均來歸，天下遍豎我國徽

靈警稱題。

●國旗歌 程義乾

黃龍墮刼去杳然，慶雲五色飛下天。散作旗章滿東亞，華國氣象新且鮮。中華五族建民國，蕩掃陰霾見月日。萬衆一心成大功，趙幟漢幟俄拔植。官民朝市交表彰，舟車水陸紛飛揚。東西萬里遠建樹，觀國光比三辰光。中原自古煥文物，比象卽今昭統一。五方色彩大和同，朱雀玄武何南北。慶祝紀念三鞠躬，祀旗典禮古媲隆。卽旗卽國致欽重，尊賢神聖將毋同。怪哉剪綵幻童稚，競起招搖羣過市。撫時感事深長思，璀燦國家

供兒戲扶桑旭日東海東獅鷲花旗爭長雄是誰一麾鬭耳目泱泱表國揚華風
詞藻流動

謁西楚霸王廟　陳柱

湖水何茫茫停舟謁霸王中原擾擾今何世古來英雄誰最強霸王當年好身手指揮諸侯如犬羊虞兮一歌霸業盡我來弔古空慨慷登臨縱目亦何有但見英風殺氣來堂堂忽然瞑目不敢視坐覺天地一低昂漁父揖余而言曰是乃霸王之靈光怪石怒立兮湖水揚風蕭蕭兮天地荒望美人兮水中央（對面花神廟）

此學隨園老人而有得者　盧炳田

讀蘇東坡先生詩慨然有感　陳柱

江山一旦歇雄風憔悴英姿想象中暫友鹿麋故山上更誰砥柱大江東芭蘭蕭艾今何似猿鶴沙蟲料已空賸有詩人堪詠處杜鵑花比昔年紅

妥帖排奡

留別短褐生　王沖

貧賤方知別更難茫茫塵海強爲歡十年書劍埋愁用千古文章皺屣看太息有誰知

敗覆可憐舉國解偷安臨歧多少傷心語班馬蕭蕭欲上鞍

豪情依舊去年眞湖海蓬飄賸一身未必襟懷終濩落但留肝膽自輪囷十年青眼肯憐我三載螢窗愧故人最是鞭絲殘照裏斜陽無賴送征塵

渺渺關山何處家中原萬變逞龍蛇賈生有志終難合范叔無衣願總賒但得芻蕘驚海內不妨風雨遍天涯此行莫便等閒負國計今如墮溷花

肯信兵戈擾擾中將軍猿臂未能封欲求醫國三年艾（借句）去掃人間萬丈虹濁酒卻添豪氣白殘燈無語劍光紅明朝又逐輪蹄去消息茫茫付太空

詩以風名謂其能覘國情也歷觀四首其殆亂世之音悽以婉耶　盧炳田

●秋月

沈觀瀾

纖雲卷盡嫩寒輕獨倚高樓看月明寶鏡開時秋有影銀河瀉去夜無聲韓郎詩思今宵起杜老歸心此夕生更有潞州城上笛一聲催起故園情

當行出色

●晚江

趙柏成

蕭蕭颯颯雁來天滾滾長江在目前兩岸蘆花映秋月萬山黃葉罩寒煙露沾蓑笠悲

騷客風動蒹葭憶昔賢遙望故鄉千里外滿江星斗照長川

妥帖當行

●題壁　柴福沅

歷盡歧途此息機蕭疎几硯共依依當窗日影花雙面徹夜風聲柳四圍吟苦最宜茶味永坐深看到篆煙微始知靜極能生慧悔煞營營計總非

寫情寫景盡態極妍人謂其神似香山我謂其逼近劍南　盧炳田

●放假呈諸先生　陳柱

近對清流遠枕山樂山樂水意長閑共依夫子宮牆下不外文章性道間氣誼只期迴末運尊杯聊得解愁顏明朝分手情何似我獨天涯卻未還

閒淡有致

●詠琴 七絕三首　馬長庚

金徽玉軫錦文囊法曲端應奏廟堂薰陛五絃鳴盛世賞音莫受蔡中郎

天風蕩往海山蒼太古遺音接混茫趙瑟秦箏方競奏成連何處泊孤航

雍門多事泣齊嘗陶令無絃意可忘古調只今惟自愛松風蘿月共山莊

語饒感慨有弦外音。

含情緜邈惆悵蒼茫海上移情應推此作。 盧炳田

●春郊試馬 何仁龍

長堤十里亙西東吹面不寒楊柳風欲試男兒好身手一鞭馳騁夕陽中

買得名駒意興濃追風逐電竟如龍繡鞍金勒豪華甚惹得遊人欲駐蹤

競賽曾將好友邀良晨趁得是花朝歸來笑與姬人語今日圍場奪錦標

彈丸脫手員轉自如

●小樂居題壁 小樂居鎮江車站旁茶酒肆也 柴福沅

四野雞聲月半輪到門便有酒盈樽應知隨處皆能樂心地平安即故園

門對荷塘能卻暑牕含柳蔭更宜春十年此地頻來往店主相看似故人

詞意雋永

南洋大學國文成績三集卷八終

中華民國十五年十月初版

南洋大學國文成績三集

每部八册定價一元

評選者 太倉 李聯珪
無錫 鄒登泰

校訂者 無錫 鄒登泰

總發行所 蘇州 振新書社
上海 蘇新書社

分發行所 上海 商務書館
上海 掃葉山房
南京 天一書局
無錫 文華書局
各省 商務書館
各大書局